原 学（第一辑）

主 编 刘海滨 邵逝夫

复旦大学出版社

《原学》编委会

主　编　刘海滨　邵逝夫

编　委　孙大鹏（浙江工业大学）　　张卫红（中山大学）
　　　　吴孟谦（台湾中山大学）　　陈　军（复旦大学出版社）
　　　　王　蕾（出版人）　　　　　邵逝夫（自由学者）
　　　　刘海滨（上海古籍出版社）

理事单位

博众精工科技股份有限公司

河南吾福中医药研究有限公司

目录

发刊词 / 1

笔谈
学与时代　罗　颢　张文江　冯焕珍　邓秉元　张卫红　邵逝夫　柯小刚 / 3

经典新读
《论语·言志章》新解　邓新文 / 37
《五灯会元》讲记：洞山良价　张文江 / 50
元典的"前两章现象"　陈嘉许 / 93

义理探讨
从情之中节与不中节论至善生命之可能　邵逝夫 / 109
不诚无物——碎片化时代的晚修短课导论　曾维术 / 129
正本清源话童蒙　邓新文 / 142

人物·现象
常道与常识——重估梁启超之路　刘海滨 / 159

讲演实录
先立乎其大——孟子之学的现代意义　邓秉元 / 207
真知笃行　冯焕珍 / 222

工夫讲求

修行切忌浮光掠影：回归八正道　成　庆 / 243

庖丁解牛：关于书法的一种解读　燕　凯 / 250

志道游艺

缘东坡诗词入无常观　孙大鹏 / 259

禅解红楼梦·总说　陈嘉许 / 268

对话：书画作为工夫修养的形式　柯小刚　燕　凯 / 286

人文山水

江右纪游　张旭辉 / 305

寻找弘一　成　庆 / 310

往事追怀

真人与真知：管窥毓鋆老师的人格与学问　吴孟谦 / 325

漂泊在家乡的土地上：记我的父亲母亲　柯小刚 / 341

稿约 / 354

发　刊　词

学之不讲久矣夫！

今人所谓学术、学习，早已偏离学之根本。《论语》开宗明义："学而时习之，不亦说乎？"孔子所说的学习，是修身、修道，目的在成人、成德，此为生命之根本，因此也是一切学问的根本。《大学》"八条目"中，修身居于中心，是齐家、治国、平天下的前提，格物、致知、诚意、正心则为修身的方法，以故云："自天子以至于庶人，壹是皆以修身为本。"此种意义的"学"，佛道二家称为修行、修炼，具体路径、境界或有差别，此修养身心、精神上出之方向并无二致。此三家共通之学，孕育中国人的慧命，构成中华文化的根本。

清末以来，学之内涵发生转变，识者曾一语道破："今人以求知识为学，古人则以修身为学。"（程树德《论语集解》）此乃"三千年未有之大变局"之实质。其结果则"天地闭，贤人隐"，生命流于扁平干枯，超越精神湮没不彰。此之谓学绝道丧。当今人类面临的种种灾难危机，莫不导源于此。

《原学》的"学"，是修身之学，德性之学，智慧之学，是生命的学问，本源的学问。古今之学既已产生变异，首先须予以区分，而不能以知识的方式对待、曲解修身之学——不知此而为之，乃混淆；知此而为之，是误导。混淆与误导亦久矣。世人值此物极必反之际，亟需亲近经典、回归身心，然而或独学无友，茫然不知入处；或盲从于专家名流，误入断港绝河。有鉴于此，本刊倡导重归传统学问之大道，以此反求诸己，修治身心，乃至立人达人，经世观物；所谓下学而上达，上达唯在各人，下学则端赖讨论讲明,切磋砥砺,此《原学》创设之初衷也。

《原学》之"原",乃回到本源之意：学问须回到本源,由体发用,才能适应时代所需、引领时代方向,此之谓"返本开新"。因此,原学不是故步自封,而是面向时代,立足当下。此其一。"原学"是一个动态的过程,我们都是"学人"——在学习的人,在此"回到本源"的过程中,以学会友,以友辅仁。因此本刊同人,不以成功自居,但以学人自处；不求途辙相同,但求方向一致。此其二。

"有朋自远方来,不亦乐乎!"《原学》乃共学的园地,非利益之场所,故以激扬志气,砥砺德业为宗旨。虽有作者、编者、读者角色之不同,俱属共学之友朋,且三者可以兼具互换。《原学》乃公共的平台,非一家一派之私属,故立足传统,儒佛道等平等尊重；放眼世界,注重中西互发融通。

古云"解行相应",生命的学问虽有义理、工夫之别,但二者不可割裂。须知解来自行,证成于行,理论应以实践为准的；实践亦有多层面,各人或侧重不同,固当以修身为一贯。是故《原学》就内容而言,"志于道,据于德,依于仁,游于艺",学问可有多层次多角度,莫不归宗于修身实践；从形式而论,不拘一格,长短不限,但须文以载道,有益于修身实践。

平台乃寓平等之义,非平面之谓。《原学》同人愿以此为基础,因应时代,逐步构建立体的共学空间。既有落地活动,借鉴宋明儒讲会方式,切磋琢磨,还可发展网络空间,增加线上交流。同声相应,同气相求,以期促成新的学问共同体,为转变学风、净化人心尽己之力。

二十世纪初,人心思变,新式报刊纷立,然而向外追求渐成主流,终至迷失本根,舍父而逃；风雨百年,而今穷子思归,始有一阳来复、返我故园之机。《原学》之草创,固属因缘,亦有愿力焉；"命也,有性焉,君子不谓命也",诸君其共勉之!

2020 年 9 月 15 日　庚子七月廿八

笔谈

学与时代

罗 颢　张文江　冯焕珍　邓秉元
张卫红　邵逝夫　柯小刚

【编者按】本刊约请了几位学人(这里使用的学人一词,乃是学习者、修习者之谓),以笔谈的形式探讨当今时代学问的意义。为便于讨论,围绕"原学"这一中心论题,设置了以下分论题,希望参与者选择一个或多个分论题笔谈,也可以另辟新的角度。

1. 传统的学是怎样的,当今学术的异化或变化
2. 近代以来学术发展经历了怎样的历程,为什么会发生,怎样评价
3. 我们今天需要什么样的学问,时代的需求是什么
4. 在现代环境下如何实践(修身工夫)
5. 如何看待生命之学与知识性学术、其他技术性学科的关系
6. 学与生活、艺术的关系
7. 结合自己的问学经历谈谈对学的认识
8. 对于有志于学之人的建议

收到的发言稿,对以上问题分别有所涉及,但各有侧重,意见也未必一致。此仅按所涉主题稍作排序。

学以成人

罗　颢（上海古籍出版社）

学是人类通过一定的方法与途径去了解、认识，乃至把握某一对象，从而使自己的生存状态获得改善，或心灵世界得以提升的行为。这就是说，不论是为求生存，还是图发展，甚至是全凭兴趣出发或纯是对意义的探索、追寻，作为动词的学，必有具体的对象，有相应的目的性、趋向性。

学是一个由无知向有知行进的过程。学有目的，学有对象，于是构成了能学与所学的问题。而既有所学，则又有作为名词的学。相对于动词的学，名词的学似有后有之意味。但能所相合，既然两者是一种关系的存在，就无法截然相隔，应以一体视之。而这个一体性，当非一般词性上的动宾结构那么简单，实乃由人之为人的性质所决定的。

人有所求，就需所学。凡人，都会有学的问题；唯有人，才会有学的问题。人自呱呱落地到慢慢成长，其面对的就是一个未知的世界。无论是为求生存，还是长大后图发展，乃至更高的追求，都离不开一个"学"字。古人说"人非生而知之者，孰能无惑"（韩愈《师说》），不知则有惑，去惑就得学，学的基本功能就是解疑去惑。圣如孔子，也强调他自己不是生而知之者，其一生所示，即展现了一种好学不倦的典范。如更哲学点地说，那就像亚里士多德所指出的"人类求知是出自本性"（亚里士多德《形而上学》）。这句话揭示了"学"对于人而言是具有结构性意义的，是一个合于人之所以为人之本性的自觉行为。

说人之所以为人，不仅点明了人的本质有超于一般动物性的一面，更是为强调人之为人必有其决定义。此决定义，也就是通常所谓的内在价值。此所以孔子有"天地之性，人为贵"（《孝经·圣治》）之肯认，孟子复有人禽之辨、义利之辨等。这也就是为什么泛泛地唱说天地并生、万物一体会被批评为"蔽于天而不知人"(《荀子·解蔽》)。即使佛教主张"众生平等",指出人仅为五趣(或六道)中的一类,佛性遍在,同处因果铁律之下,但还是特重人的殊胜性。这个殊胜性,当然不是物理性的或生理层面上的,因为就这两方面言,天道(天人)都远远高于人间,但人却并不因此而希天幕神,以为目标。佛教认为,人间苦乐参半,忙暇相间,易催发人思想,促动人学习。也唯有人,才会有对究竟解脱的追求,即无论顺逆悲喜,都能将一己的遭遇与感受从当下的境况中超越出来,去作深一层的反思、进一步的探索,生起学道、学法,希圣希贤的向上之心,练就成佛做祖的真手段。再以孔子为典型,他老人家自述从十五有志于学,一直到七十随心所欲不逾矩,一生所学,指向甚明,即人生境界的不断递进直至圆满。它不仅告诉我们"学不可以已"(《荀子·劝学》),人生是个不断进步的过程,更明示了这个进步的内涵。

因此,我们可以进一步更明确地说,学不仅是唯人所有的带有明确目的性的行为,更必须强调,这个目的性,绝非物理(生理)意义上的,即非仅为满足一般生存欲望而有,而是有价值目标与意义设准的。换言之,人生意义的追寻与生命价值的实现,才是学的第一要务,或者说是学之根本义、究竟义。当然,这样的强调并不是要否定为物质生活的改善而学的必要。古人有"富而后教"这类的提法,即含有对为生存而学与为意义而学这两个维度的认识与考量,但这已经属于第二义的问题了。其实,孔子还明确说过"富与贵是人之所欲"(《论语·里仁》),但它们与人并非构成本质关系,富而有义,贫能乐道,价值同等,一样的体面而有尊严。贤宵之别只在能否以道得之,以道处上。善恶由我,仁义内定。所谓君子忧道不忧贫,人生的意义更有高于一般的追求在,这一点应该是任谁都不会否定,也是无法否定的。

不过,还需强调的是,即使说生存所需,也不等于纯限于欲望的满足。同样,为生存而学,也不能简单地说只是生命本能之延展,且与"成人之学"也并不一定相悖,但这毕竟不是学的第一义,人生意义的探寻与生命价值的实现肯定远超于此。诚然,学技能(术)、学知识、学专业,无疑能像通常所认为的那样,能改观我们生活的现状,使生活变得更好点,更体面点;又能改善吾人依之而生的器物世界(这只是泛说,其实也不尽然),确实也不容易,不能轻忽。但人之所以为人的逻辑显然不是建立在技术的高低、知识的多少、专业的深浅这些之上的。所以,如仅限于功利层面来论"学",其普遍性意义就有限(有形则有限),可讨论的空间也仅在相对义上的范畴内——此都是就本质义上言。功利主义或能带来物质的发展与表面的繁华及成就,但既然纯粹意义上的学是关联着人之本质义的,那肯定就应该是超功利的。

外在的获取与成功,固然会赢得诸多的名闻利养,或也会带来一时的满足感与成就感,但如没有一种超越的理性力量,缺乏一种深切的人文情怀,没有一种坚定的信仰(念),其心灵依然可能是弱小的,精神也难免处于枯涩的状态,人生还会时有彷徨失落——生命的意义显然没有得到。人是一个有性情的生命体,其精神世界的丰富远高于外界的物质世界,甚至可以说,存在世界的意义,都决定于其心灵感受,此借用西哲的话是世界作为"意志和表象"(这个观点其实受启发于东方)的存在。一个人无论其财富、地位、权力——一切外在的成就如何,如精神世界没有完全撑起来,生命得不到贞定,依然会有无尽的迷茫、困惑与烦恼,情志也难免时有痛苦乃至失常。甚至还可以肯定地说,人在其生命无限向外追逐的过程中,总有一天会生起疲惫、怅然、空茫或厌倦等诸如此类的感觉,更甚者还会有厌生的念头。此所以当一代雄主亚历山大横跨战马踏在他以为的世界尽头时,却反会生起一片惘然与喟叹。显然,一味地向外,一味地索取,非人生之究竟。可是由于近代以来,因科技的发展给人类的物质文明带来快速的进步,世人大都被这种力量所震慑,不由得向之顶礼膜拜,于是普遍认为,读书改变命运,拥有知识,掌握技术,是为

"学"的重心所在,甚至被视为是唯一的目的与方向。这其实是一种极其偏颇又相当狭隘的认识,也是一种对社会人生的健康发展十分有害的观念。兹事体大,应予专题讨论,现仅以与本题相关之点说之,其问题的核心,无非就是对生命意义与本质缺乏认识,对人来到这个世界上,为什么要学,为什么有学,究竟应该学什么等诸如此类问题的认识还是方向有偏。而既然说价值内在,那么,同理,凡向外"求学"者,皆为游离于生命本质之外,非学之究竟义。

我们说生命的价值非由外铄,不因为活着且活得好(指物质层面上的)就算得到体现(实现),也不因日子过得比别人优越而显得特别的高贵,这个道理在平常或还不突显,但在遭遇大事件,面临大关节时就会明显地展现出来。生命须有尊严,子路临死而整冠,外人有说子路"性刚",或以为迂,甚至说此正见出孔子批评由"未入于室"之所在,等等之谓,每个人都可以有对生命不同的理解,但为什么我们不能更正面地去理解,看到其背后实有一种令人起敬的精神与价值观在,是一种生命尊严的体现呢!当然,这并非鼓励每个人都去追求那些惊天动地的壮举,以成就卓越。因缘不一,每个人都有各自的点,就像成语嗟来之食的故事所示,再贫困,再落魄者也一样地具有人格的尊严,能表现出他的自尊与骄傲。"富贵不能淫,贫贱不能移,威武不能屈",这不仅是一种气概,更主要的是一种理想,一种人格的力量。这是一种精神,也是一种文化。精神支撑起每个人的生命尊严,文化造就真正健全的社会文明。精神之于人,文化之于社会,都是内在的,都必须是在日常中去培育去涵养的。而决非像战前动员那般,由一股子热情,靠一时冲动激发起来的。社会的文明,人生的理想,一定是常态化的。换言之,社会人生之价值,应该且也只有建立在常道之上,才能实现,才可称之为健全。这就是常道。而凡是能称之为常道的,则一定是基于其内在逻辑的,即是内生性的。但长期以来,由于整个社会过于看重物质经济的发展,并有意识地通过鼓动人的私心、激发人的欲望作为推手,相应地,无论是社会的教育还是个人的学习,全都落在知识与技能一面,成为向外逐利的手段,甚至其逻辑还被不断地加强。乃至于返身向内成就自身价值即真正属于生命智慧的一面教或学几乎完全是缺失的,甚至有一类知识人士对此也大多报以不屑,以至于学以成人、成德之教这些传统几被视为一种奢谈、空谈。这确是太令人可悲,令人忧虑了。然也正是有鉴于此,成为本文写作的一个刺激。当然,即使坚持一种批评的立场,同样必须基于事实,依于理性,注重论理的公共性与逻辑性,这应该是一个读书人应有的本分与学养,也可以说是一种广义上的学以成人的实践与体现吧。

诚然,读书明理,依理而行,人尽其分,乃人人可学而致的事,这就是学以成人的普遍义之所在。这就是说,人生的意义也好,生命的价值也罢,都应该是一种常态下的实现与呈现。所谓超越"平庸",对治"平庸的恶"(借用西哲阿伦特的概念),它不是呼唤英雄,不是激扬舍我其谁拯救世界的伟人情怀,也没有战场上"冲啊""杀啊"那么激动人心,使人血脉偾张,甚至于没有一丁点"博人眼球"的亮点,但却实实在在地可以在每个人的自处之道中去落实,得到体现。超越平庸,随缘生相,所谓道在平常日用间,无需刻意追求卓越,表现独特。人格的高低优劣,与地位处境无关,是谓求仁得仁,求义得义。不然的话,就失去学以成人之"学"的普遍义了。

平常心是道,子不语怪力乱神,切莫从庸俗的有神论无神论角度去揣度发挥,其实很简单,没有神秘,没有奇特之相,不故作高深而已。孔子"四教":文、行、忠、信,人人可学,人人可行。其归宗,无非就是教以人之为人应有的规范、准则(有高于今人所谓的"文明人"),明了人之为人的道理,从而去实践有意义有价值的人生之路。教以成人,学以成人,教学相应,其理不二,所以孔夫子能有教无类,能有弟子三千,成为真正意义上的教育家。

那么,学以成人,是否就孔子四教可涵括?如仅就方向性、原则性而言,可以这么说。但如果涉及具体内容,那就比较复杂了,因无关本质义,为免生枝蔓,暂不予论。那么,何为原则性?古人就一句话道明:"人不学,不知义。"义是什么?也简单,就是道理,做人的道理。此义、此理,人人应学,人人应有,因为它是"(人)心之所同然者"(《孟子·告子上》)。做人有做人的最基本的道理,此理当然应该是人同心同,人人所具,人人应该承认并予以遵守之理。这个道理其实很显然,如平常两人发生矛盾,争执不下,甲说,你这人怎么不讲理。这句话其实很重,意思是你连如何做人的道理都不懂(讲),共同沟通的基础就不存在了,那还有什么可以说,还有什么再争论下去的必要呢。当然,理也好,义也罢,都非由外来铄我,更不是为"对付"人的,其意义只是为提升自己、完善自己,成就自己的道德人格,这也就是孔子所谓为己之学的精神所在。

顺此精神,或可再拓展一层地说,作为一位伟大的教育家,孔子的教育理念,主要不是使你成才(狭义的),而是"成人"。而人格的成就,是建立在人人所具的道德主体基础上的,所以要启你自觉,告诉你这是人人可学,人人可致的。我们读《论语》,看孔子的言行,大都是呈现性的;对学生,往往也是启发性的,没有教条,不做太多的训诫。如孔子回答宰予守丧之问,不予太具体的解释,仅以心安作答。既然你的认知(也可叫觉悟)还不到这个份上,强行规定就没意义了。或许在未来的人生经历中,在以后的学习过程中,你会有新的感悟与体认。而在智者看来,只要你学到了,能结合自己的人生去思考去体会(学与思互动),总有一天你会真正地明白,得到属于你自己的认识的;如再结合自己的人生实践,履道而行(荀子说"为己者,履道而行"),内化到你自己的生命中去(学与行相应),终将提升、完善你自己的人格,成就生命的价值,真所谓求仁得仁矣。当然,成人之学的逻辑有它的前提,那就是你自己首先得要有此态度与志向,有学为君子、学为圣贤之志,即阳明先生所说的"士之学也,以学为圣贤"(《王阳明全集·应天府重修儒学记》)这个大方向。反之,"学不立志,如植木无根,生意将无从发端矣"(《王阳明全集·与汪节夫书》),生命不会壮大。诚然,圣贤难得,说是满街都是,同时也可以说都不是,这其实是实然与应然的问题,不在本文讨论范围内。但君子务本,先立其大,学为圣贤之志要有,这也就是为什么孔子要说"中人以上,可以语上也"(《论语·雍也》)的意思。总之,为己之学的核心命题除此成人成德之一端外,再无其他。

为进一步说明为己之学的精神所在,似还可从反面略作发挥。我们说道德自觉,它只要求自己,而不是用来规人的。这就是为什么道德说教会招徕反感,令人讨厌的缘故。同样,义理铄我,是在修身进德这个维度上讲的。如学得一番道理,练就一种说辞,只是用以装饰自己,显耀自己,成为一种满足自己虚荣与欲望的手段,而全无相应的德行,那就成了荀子所批评的"徒能言之"者了。更有以道德自居者,能说尽天下好话(道理),往往习惯于将自己置于绝对高度来俯视众生,对人指手画脚,甚至藉某种外缘(如权、位、势)来强制推行,给人以逼迫,都可视为一种为人之学。(长期以来,世人一直在反思教育的问题,对时代风气的卑薄多有忧虑,其重要的一点,就是教育的方向,不但没有将"学"落在真正的意义上,甚至还有意识地导向于一类偏执。)过去讲"以理杀人",其实理本不错,它不会杀人,只成就人。唯执"死理"并藉权力打压弱小者,才会作孽,才有危害,甚至造成大灾难。这或也正是孔子对为己之学与为人之学要予以分辨,复特别提醒弟子应做君子儒,勿为小人儒的考量,甚至可以说"洞见"。

综上,我们说,成人之学,就是为己之学,也是成德之教。其基础,即在于对人所俱有的道德主体的肯认。"孔门四科",一以德为本("四科"之间其实没有分张),弟子颜回,并非以言语、政事、文学等科见长,但孔子特许其"好学",实由其始终能在日常间"不违仁",德性之纯、德行之笃明显地超出同侪一筹之故。荀子说:"君子之学也,以美其身。"(《荀子·劝学》)学为君子,"我"是道德的主体,以德润身,增进自身人格的完美。所谓充实而光辉者,是之为美,是之为大。而以是为学,是谓好学矣。总之,学以成人,此即学的本质义,学成君子,此即学以成人的核心义。

文以载道,任重道远

冯焕珍(中山大学哲学系)

言是人的心声,文是言的形象,所以所谓文言,就是人心的声音和形象。从表情、达意、传心来看文言,它只是一个工具,虽然有古今中外之别,并没有高下优劣之分。那么,我们今天为什么要复兴文言文教呢?其根本的原因还是在于人心有高下。

人心的高下体现在哪里?就是有人心和道心之分。古人云:"人心惟危,道心惟微,惟精惟一,允执厥中。"(《尚书·大禹谟》)这是宋儒宗奉的儒门十六字心传,这十六字说尽了人心和道心的性质、含义、功用、目的等种种差异。

道心是本于天道之心,是高明广大精微之心。人由高明之心,体悟大中至正之境;由大中至正之境,开显天人合一之道;由天人合一之道,垂示内圣外王之学;由内圣外王之学,施行化民成俗之教;由化民成俗之教,则臻于自他两利、万物并育的境界。人心则是本于人欲之心,是愚痴狭隘危殆之心。人由愚痴之心,执着对立偏私之境;由对立偏私之境,开显物竞天择之道;由物竞天择之道,兴起人我争执之学;由人我争执之学,施行趋利避害之教;由趋利避害之教,则陷入自他冲突、物我相伤的境地。

如果一个人、一个群体、一个国家,乃至于整个世界,能够以道心作主宰,不让人心喧宾夺主,这个人就能够得到安宁,这个群体就能够得到和谐,这个国家就能够达成文明,这个世界就能够成为一个万邦协和的人类命运共同体;反之,如果人心喧宾夺主,主宰了个人、群体、国家、世界,道心就隐覆不显,就会陷入个人焦躁、群体矛盾、国家动荡、世界混乱的困境。

无论任何时代和世界,只有圣人才能纯然一片道心,凡没有成为圣人者都处于道心与人心并存的状态,人心强则道心弱,道心显则人心隐。因此,无论何时何地,人类都必须高张克服人心、归本道心的学问,不可张扬隐伏道心、屈顺人心的学问。前者可称为道学,即开显天道、回归道心之学;后者可称为器学,即遮蔽道心、沉溺人欲之学。因道学由圣人开出,又可叫做圣学;器学由俗人开出,又可叫做俗学。

或许有人问:本来道器不二,哪里有离器之道或离道之器,乃至离器之道学或离道之器学?从根本道理或体悟到道器不二、安住道心的圣人来讲确实如此,但对不知不信此理、沉溺人心人欲的凡人来讲,他们眼中确实只有器,只有基于器形成的器学。

吾国人文始祖,看到人类这个事实,作为先知先觉者,为了教化愚夫愚妇,依惟精惟一之道心,体悟天人合一之大道,又将大道显明于圣教,道学由此出现于世。文王称王天下,周公制礼作乐,衣冠制度大备。孔圣董理六经,显扬天道圣德,文言之旨自此得到彰显。所谓文言就是载道之言,文言的宗旨就是教化愚夫愚妇,先超越禽兽,次成为君子,更希贤希圣,最后转凡入圣,成为"与天地合其德,与日月合其明,与四时合其序,与鬼神合其吉凶,先天而天弗违,后天而奉天时"(《易·文言》)的大人(圣人)。

华夏历代先民,无不敬天法祖,尊奉惟精惟一的道心和发明道心的圣贤,依照圣教修习文言,通过文言体解圣教,由体解圣教而正心、诚意、修身,进而齐家、治国、平天下,形成了高耸于世界文明之巅的道德智慧文明。这是一条逆人心而开显道心,上达天命、天道的修行之路,随时都要与溺于人欲、下趣畜生的人心相斗争,只有如此才能够保得道心不失、道体光明。

未曾料到,近代以来,世界工业文明的推进,将一个个相对独立、封闭的农业国家卷入了工业文明这台大机器之中。工业文明的最大特点,就是把所有人都变成它这台机器上的零件,为人类肉眼所见的身心快乐生产各种必需品和奢侈品。这样的文明,古代在中外都有一股潮流,只是在中国始终处于支流地位,而在西方,大多数历史阶段处于相对主导的地位,只因有天主教的统摄才不至于失控。到了文艺复兴,西人高举"将人从神解放出来"的大旗,这种文明终于突破宗教管控,不但主导了整个世界,而且很快带来了两次世界大战。中国的礼乐、道德和智慧文明,自然免不了被这种文明蛮力冲破的结局,中国从此陷入了半封建半殖民地的局面,差一点国破家亡。

面对这"三千年未有之大变局",我们的很多先民、祖辈不知道其根本原因是人心胜过道心、道心隐覆不彰带来的后果,竟然把罪责推到华夏文明本身。他们纷纷问罪于历代祖先,诿过于华夏文明,有的数典忘祖,高呼"打倒孔家店";有的丧心病狂,发誓要把仓颉所造汉字废掉;更有甚者,竟然说我国一切不如人,连身体也不如人,最好把黄皮肤、黑眼睛的中国人变成外国人种。这些先辈先民固然是为富国强民才发出这类言行,他们的发心固然值得赞扬,但是他们由此采取的举动却适得其反,足以亡国灭种。中华文明的浩劫,此时达到了最惨烈的境地;中华民族的自信心,此时下降到了罕见的谷底!

经过一百多年的工业化,我们的物质文明大有赶超西方发达国家之势,但是我们的精神文明怎么样呢?十分堪忧。我们的世道人心怎么样呢?非常不古。我国的世道人心,因为传统道学的衰微、俗世器学的膨胀,陷入了比西方诸国更加焦躁不安、无所皈依的流浪汉境界,这大概是近代以来好几代先辈始料未及的事情。

好在无论世界多么黯淡,无论人心多么浇漓,总是会有寻找解决人类困境之道的有识之士出来高呼回到传统道学去。这样的呼声在西方比在中国出现得更早,我们吃尽苦头之后也终于明白,只有把心安顿到道上,才能够真正得到安乐、幸福与和谐。

要把我们的心安顿到道上,从哪里开始呢?我以为有两个点:从理论的学习上,须从学文言文开始;从实践的修行上,须从恢复儒家礼乐开始。由此看来,复兴文言文确实是复兴圣教、上达天道并最终达成天下大治的基础,如果不复兴文言,圣教无由兴,大道不能彰,道心不得复。

下面,我提几点如何复兴文教的粗浅建议,以供各位先进同修参考。

第一,复兴文言文教应该秉持一条准则,这就是"道学为体、器学为用"的准则。这个准则与张之洞提出的"中学为体、西学为用"之说有所不同,张氏是从中国与西方两个地域的相对性来说的,而"道学为体、器学为用"的准则是从道器关系来说的,具有更加普世的意义,因为无论东方西方,都必须以此为准则才能建设幸福美好的生活。如果复兴文言文教时坚持以道学为体,就能够以道摄器、以器归道,器学就不会喧宾夺主,更不会隐覆天道;反之,如果沉溺于器学之中,天道必定隐伏不彰,也就不可能实现复兴文言文教的目的。

第二,就复兴文言文教的形式,个人以为,民间的推进是一种自发的运动,这种运动确实非常重要,它能够从黎民百姓的内心发出一种自然、强大的渴望和呼声,引起国家政府的重视。但是,如果要使复兴文言文教的工作向深广开展,必须在国家开办的各种教育机构中设立文言文教的教育。现在,学校里面虽然也有文言文教等方面的教育,但内容非常稀少,与复兴文言文教的要求不成比例;其在整个教育中的地位也非常边缘化,离复兴文言文教的需要还有很大差距。

第三,说一下复兴文言文教的急务。个人认为,当前复兴文言文教的急务是培养师资。一百多年来,由于精神、文化和语言等领域的全面俗化,我国能够真正理解、传承、发扬古圣先贤道学的师资严重匮乏,无论是在高校、研究院还是在民间;相对说来,这种师资在民间还丰富些,在大学、研究院甚为稀少。据我所知,现在大学里教中国宗教、哲学、历史或文学等学科的老师,真正能够以"道学为体、器学为用"来认识、传授这些学问的人才少得可怜。如果不解决师资问题,我们教出来的学生有能力传承道学吗?更不要说面对新的时代条件创造性地发展道学了。因此,我建议把培养传授道学的合格师资作为复兴文言文教的头等大事,至少作为一个很重要的方面。

第四,谈一谈复兴文言文教应当克服的一些弊端。首先要避免民族主义的弊端。我们在复兴文言文教的过程中,要有民胞物与、四海之内皆兄弟的心胸,要真正认识到,中国近代的衰落、失败并不仅仅是西方人带来的结果,根本上是人心暂时战胜或者遮蔽了道心的结果。无论是中国人、西方人,只要拘于人心之内,在人心范围内认识世界、发展学问,依这种学问生活,都必然会产生无法解决的困境和痛苦,都需要我们依道学去救助。

其次,要避免宗派主义的偏执。从华夏文明的构成来讲,到两汉之后,形成了儒、道、佛三足鼎立的格局,虽然儒家历史更加悠久,但道家和佛家两家也是植根于道、回归于道的道学,是其中不可或缺的两支,对我们回归天道具有重要的价值。因此,我们在复兴文言文教的过程中,不能够或舍此取彼,或去彼取此,或非此即彼,而应当看到它们都是中华传统优秀道学的内在构成部分。

最后,还要避免舍本逐末的毛病。这里所谓舍本逐末包括两个方面:第一个方面是不能够透彻地了解、领会文言后面的圣教、圣道最终是为了安顿人心,只停留于辞章之学。如果这样,不光是不能够给他人、社会、国家、世界带来利他的利益,连自己的烦恼也没办法克服。第二个方面是不以复兴文言、圣教与大道为根本事业,而去从事种种其他的事情,这也是舍本逐末的一种表现。

我想,如果我们能够照顾到这些方面,在复兴文言文教的过程中能够秉承古德识字以通经、通经以达道、达道以致用的次第,慢慢地学习与修行,一定能够实现我们渴望的目的。

读《论语》的入口

张文江(同济大学人文学院)

《论语》最后一篇《尧曰》,是全书的后序和纲领。尧相当于前轴心时代,孔子相当于轴心时代,"尧曰"(全书仅此一处)为鲜明标志,其背后依然是"子曰"(全书)、"孔子曰"(以十六章《季氏》为主)。前轴心时代和轴心时代的融贯,深远地影响了华夏文明。"尧曰"提出为政的理想,建立政治的标准。此即《尚书》所传"二帝三王之道"(伪孔《序》),也是孔子所立之教。

《汉书·艺文志》记载《论语》的流传,分《古论》《齐论》和《鲁论》。各本的末篇,皆以"尧曰"为主。《古论》中只有一章"尧曰",而今本的"子张"和"不知命"另外分篇,故《古论》有两《子张》(其一即今本第十九篇,其二即今本《尧曰》第二章和其他,名《从政》)。《齐论》同今本为三章,此外多《问王》(一作《问玉》)、《知道》(知,海昏侯简、肩水金关简作"智")二篇。而《鲁论》只有二章,没有"不知命无以为君子也"。如此看来,在《齐》《鲁》《古》三论分合之间,尚有编纂未定的痕迹。今本《论语》先后由张禹(西汉)、郑玄(东汉)综合《齐》《鲁》《古》三论而编定。

"尧曰"代表了孔子所认识的古史,其顶端是天人关系,其次是人人关系,包括君、臣、民的关系。华夏文明的形成和演变,来自深究天人关系,理顺人人关系,在政治运作中安顿好权力结构,引导人民过上良好有序的生活。

开篇为尧对舜的训诫,可以看成传位仪式,也就是传递政治的合法性。此训词照样由舜传禹,禹以下不传了,继承环节发生了改变。由于这里的断裂,五帝的公天下,变成了三王的家天下。于虞夏之际,将禹不归于二帝而归于三王,其义至邃(参章太炎:《〈孝经〉本夏法说》)。

总观《论语》中的三代,承认夏而史料相对缺乏,而商周则商略而周详。"尧曰"叙述络绎而下,于禹后直接汤,与考古学界是否存在夏的争论一致。所言大致采纳《尚书》,应该是弟子连缀老师的讲授。全章似断似连,意义坚定而富含解释空间,与《孟子》末章由尧舜至于汤的连贯性不同。

> 尧曰:咨!尔舜!天之历数在尔躬,允执其中。四海困穷,天禄永终。舜亦以命禹。曰:予小子履,敢用玄牡,敢昭告于皇皇后帝:有罪不敢赦。帝臣不蔽,简在帝心。朕躬有罪,无以万方;万方有罪,罪在朕躬。周有大赉,善人是富。虽有周亲,不如仁人。百姓有过,在予一人。谨权量,审法度,修废官,四方之政行焉。兴灭国,继绝世,举逸民,天下之民归心焉。所重民:食、丧、祭。宽则得众,信则民任焉,敏则有功,功则说。

尧传舜帝位之训辞,大义同《尚书·尧典》。"天之历数在尔躬",乃当时最高学问,可以有二解。一,天之历数犹岁时气节之先后,明帝王相继之次第(朱熹《集注》)。以尔躬承担之,承担者即执政的天子。二,"天之历数在尔躬",万物皆备于我,道不远人,天人合一。"允执其中",公允地、诚笃地掌握中的标准,相应时势变化,调适整体布局。"四海困穷,天禄永终",如果老百姓生活在水深火热之中,得不到改善和发展,统治的合法性也会自然丧失。

舜传禹之训辞相同,此上对下的嘱托,犹后世以宪法宣誓。此节来自《尚书·大禹谟》。由虞而夏,转折发生于禹。禹不再以此言命其继位者,二帝过渡为三代。禹的历史地位也因此有属上、属下二说。

禹以后跳过夏直至汤,于"曰"上未标"汤"字,或出于尊尧,或显示时代的裂痕。《集注》:"此引《商书·汤诰》之辞。盖汤既放桀而告诸侯也。""予小子",帝王自称。"履",汤名。前文上对下,显示天人之道未绝。此下对上,已无"唯天为大,唯尧则之"(《论语·泰伯》)之人,故以祭祀感应为主。以下告上的形式承接天之命,《易·革》所谓"汤武革命,顺乎天而应乎人",《尚书·多士》所谓"殷革夏命"。

"敢用玄牡",以黑色的牲口(牛)祭祀,夏尚黑。敢谓不敢,敬畏也。又儒家用"玄牡"相对道家用"玄牝"(《老子》第六章),恰成有为和无为之对立。"敢昭告于皇皇后帝",皇皇后帝是抽象之天帝。《尚书》常以天和帝对言,当无形和有形两面。皇皇,大也;后,司也,《说文》曰"继体君";帝犹根柢。

"有罪不敢赦",如果有罪,请惩罚我。"帝臣不蔽",对越上帝,任何言行乃至心理活动,其功过都无从掩盖。《大学》:"十目所视,十手所指,其严乎。""简在帝心",最后由你选择,而"天视自我民视,天听自我民听"(《尚书·泰誓》)。简,阅也,择也。"朕躬有罪,无以万方",当纯洁身心,有一丁点渣滓都要化除。"万方有罪,罪在朕躬",此承担天下的责任,犹释迦、基督担荷人类罪恶之意(语出王国维《人间词话》)。

由殷商延伸至周,"二帝"和"三王"时代不同,而敬天事人一也。《集注》:"武王克商,大赉于四海。见《周书·武成篇》。"赉,赐予。此言其所富者,皆善人也。善人是有德之人,包括经济和文化,为周初封建的基础。在《论语》中善人是国之栋梁,与今义不同,当兼外王而言,其地位高于君子。比较《老子》"天道无亲,常与善人"(第七十九章)。

又引《周书·太誓》,众多的至亲,不如众多的仁人,选亲不如选贤。"百姓有过,在予一人",承接前文"万方有罪,罪在朕躬",决不居功、邀功。言过不言功,为后世"罪己诏"的经典依据。

"谨权量",校正律历度量衡,慎重地决定判断标准。"审法度",审视法律与制度是否合理,是否需要调整。"修废官",整顿吏治,看看是否缺失,或当裁减无用的职级。"政"者正也,政行而行政,打通阻塞,畅行无阻。"兴灭继绝",在共同体内实现政治和解,保护种类的丰富性和多样性。由春秋而战国,以战乱整合,此取逆行走向。

所重民:食(生)、丧(死)、祭(死生联结)。引《武成》:"重民五教,惟食丧祭。"由物质到精神,民,基础,国之本。食,民以食为天,生,维持空;丧,死,由空入时;祭,生死之感通,由时入空。

"宽则得众"三句,由重民而来。"宽则得众",民众享有充分的自由。"信则民任焉",兑现作出的承诺,在上者有律于己,民方可有合理预期。"敏则有功",勤勉于工作,响应民众的需求。"公则说",上下高兴,发出内心的欢笑。这里的"公"照应章首的尧舜禹之禅让;而"说"联系《论语》开篇的"不亦说乎",意味深长。

从"尧曰"到今本的三章,呈现今天读《论语》的入口。"尧曰"章《齐》《鲁》《古》三论相同,是全书必不可少的重点。《论语》首章"学而时习之,不亦说乎",以修内圣为始,而此章以通外王为终。子张在当时影响很大,《论语》第十九篇言弟子,以子张为起点。《韩非子·显学》言儒分为八,也以子张居首。"子张"的编纂未定,旁通歧出,酝酿着解读《论语》的另外可能性,不得不关注其无形的指向。以"尧曰"对应"不知命",前者是共同体治理(外王)的目标,后者是个人修身(内圣)的目标。前者的实现需要一定的条件(圣人所为之事),后者人人可以致力(君子所为之事)。

以三章呈现的结构而言:"尧曰"内圣、外王统一,呈现文明建立的可能性。"子张",呈现外王的可能性,由于编撰未定,包含其他未知道路的可能性。"不知命",呈现内圣的可能性。三章任择其一,都可以入门,彼此融贯，相互支持，贯通整部《论语》。

儒者当同众生悲——读《生命的学问》

邓秉元（复旦大学历史学系）

1970年，牟宗三先生早前的一些报章文字被结集成书，定名为《生命的学问》。这些文字皆是有感而发，随缘写就，但精神气脉却与二十世纪的历史现实息息相通。按照牟先生的说法，"这些短篇文字，不管横说竖说，总有一中心观念，即在提高人的历史文化意识，点醒人的真实生命，开启人的真实理想"（《生命的学问·自序》）。

对于中国人而言，二十世纪无疑是一个痛苦的时代。除了生老病死这些人类普遍的痛苦来源之外，从十九世纪之前那种天朝上国心态跌落，也是国人痛苦的因缘之一。随之而来则是传统知识体系崩解，价值系统覆灭，山河破碎，花果飘零，这是人类历史上罕见的文化之厄。面对种种苦痛，有人选择殉其所爱，有的主张全盘西化，有人则怒骂祖先。二十世纪因此表现为一种情识纵肆的迷狂，文化亦因此处于困境之中。

当然，假如追本溯源，这一困境也是其来有自。在政治上，这与元明体制的建立有直接关系，但明代王学仍然欲返之本源，阳明在龙场的"居夷处困"，便是真正感受到了这一契机。可惜明运既终，清初虽经短暂的"夷之初旦"（黄宗羲语），但却在康熙晚期中西礼仪之争以后，关上了与世界沟通的大门。中国文化的生命也就在这一潭死水中，逐渐窒息沦亡。除了少数个体还能在和光同尘中保持真灵不昧，大都在"诸夏而夷狄"的过程中，失去了"致命遂志"的能力。《周易·困》："泽无水，困。君子以致命遂志。"所谓"致命"，就是尽"天之所命"，或者说尽其性分所固有。《说卦》所谓"穷理尽性，以至于命"。无以"致命"的结果，便是精神失其"中主"（《周易》谓之"有孚"），文化与社会中的"奴性"泛滥，一变为鲁迅笔下的"阿Q精神"。所谓奴性包括奴役与被奴役两个层次,两者在精神上是同构的,都是生命沦丧的表现。人之初生,皆是赤子,都曾孺慕父母,诚意拳拳,何以会沦落至此?

在牟先生一生中,给他以最关键触动的是熊十力先生。此前的牟宗三,对西方哲学已深入其间,甚至一生对理论经济学亦不乏兴趣,这都是纯粹的西式学问,以知性作为观察世界的基本视角。这一视角尽管在人类各大文明古已有之,但无疑在古希腊那里便达到了某种纯粹性,并在经过西洋中世纪培育的虔敬土壤中生根发芽,在近代西欧枝繁叶茂,后者也因此在所有文明中一枝独秀。只不过潘多拉盒子既已打开,便如同断线的风筝,特别是当十九世纪宗教自身遭到巨大质疑之后更是如此。二十世纪的两次世界大战在文明深处的起因都是来源于德性的失范,具体而言则是敬畏的缺失。如同扯着头发便欲使自己脱离大地的巨人,一个被知性所支撑的盲目自我要支配包括自身在内的整个宇宙。所以,知性学问的好处虽然同样来自于孤往精神,并足以加深对世界的理解,但弊端却是"悬崖撒手",这和中国文化后来的"作茧自缚"可以说相映成趣。

栖霞牟氏虽是当地大族,但在牟宗三的回忆里却只是一个生活穷困、"质而无文"的农家。这样的农家随着二十世纪九十年代小农经济逐渐消失,应该再也难遇了吧。作为一名农家子弟,牟宗三身上不乏诚朴,这是一种莫名的浑沌意识。"我自幼就是一个于具体生活方面很木然生疏的混沌。惟一使我怀念的还是那种暮色苍茫中几匹大骡子急急奔野店的情景,但这太苍茫了。又使我常常想起的,则是在我十三四岁的时候,一个马戏班子骑在马上跑的那个小女孩。"(《生命的学问·说"怀乡"》)浑沌里隐含着生机。牟先生自己常常回忆起这种心理状态。譬如,对于熊先生的脾气,特别是其对后辈的当头棒喝,稍有"志气"者往往敬而远之,遑论民国时期北大那些对师长已经了无恭敬之心的年轻人。

但牟宗三却可以承受。后来已经官拜少将、仕途前景蒸蒸日上的徐复观也能承受。牟先生把这视作一种"幽默"的能力,只有他才真正理解,熊先生的骂是不伤人的骂,这种骂不是世俗意义上的盛气凌人或人格侮辱,背后实是有着一颗"真人"之心(《生命的学问·为学与为人》)。熊先生的真不是道家"真人"意义上的真,也不是普通所谓率性之真,而是能够真诚面对自己的本心,时时愿意与本心照面的真。所以熊先生不无聊,很少"客气",也不是为了与人争胜。"为人不易,为学实难",自叹"知及而仁未能守",这些都是他一生直面本心的精神写照。在这个意义上,"真人"不是世俗所理解的那种需要他人仰视的"圣贤",毋宁说便是最现实的普通人,他有着常人所具有的一切局限、习气,甚至也会失足犯错,但又永远愿意去加以对治,并在这一过程中与圣贤那种超越性的精神照面,直至融为一体。其实孔子又何尝不然,所谓"七十而从心所欲不逾矩",便意味着此前尚未"从容中道"。后世不明此义,往往推许圣贤过高,把孔子视同通天教主,最终落实到自身,则要么流于虚伪,要么流于偏执。所以我常说,人能不以君子自居,而以小人(即常人)自处,方可以真正学习圣贤。儒家没有现世的圣人,本真意义上的儒者,也就是牟先生所谓"真人"。

浑沌意识植根在每一个人精神深处,但却很容易在成长过程中,在无数功利算计中刮磨殆尽。后者是世俗意义上的精明,作为知性的一种运用,这种精明不乏理性的成分,但却很难开出牟先生所谓"对列之局"。"对列之局"出现的前提是对天理的遵循,落在实践之中,反而是一种架构性的差异。如果说支撑理性的"乾元性海"相应于五常之仁,那么理性的开出便是礼(或"天理"),决定这一礼的边界便是义。《乐记》所谓"乐统同,礼辨异",这里的乐便是仁,礼便是义,也就是孟子所说的"依仁由义"。礼的别异性是宇宙万物各得其是、各正性命的关键所在。正是这种别异性才使宇宙万物显现其自身的条理,也就是"天理",而条理之间则自然呈现出某种空间(架构)。"形而上谓之道,形而下谓之器",由"架构"具体化为"结构",则成为形下之器,这是形与器的区别所在。器是生命的实现,反之就是"不成器"。老子所谓"大器晚(免)成",孔子也说过"君子不器",前者是从天道的意义说的,后者则是从大人角度而言。而从万物的角度来说,反而就是要"成器",如此才意味着"各正性命"。在尊重一体性的前提下,保持事物的别异性,方是儒学的真谛。所以《周易》虽然强调"乾道变化",指向的却是"各正性命",所谓"各正",就蕴含着这一别异性。在《周易》卦序中,万物因成器而大(临),方可以蔚为大观(观),并"镐之神明"(噬嗑)。所以子贡问孔子:"赐也何如?"孔子说:"汝器也。"曰:"何器也?"曰:"瑚琏也。"

在见到熊十力之前,牟宗三已颇具解析问题的能力,这一能力在二十世纪中国哲学家中罕出其右。许多研究者忽视他的《逻辑典范》与《理则学》,显然忘记逻辑学对于知性思维的意义所在。牟先生是二十世纪中国少有的,对从莱布尼茨到罗素这一系统予以真正关注的哲学家。对知性的自觉使他可以直溯西洋学术的知性传统,并深入康德的堂奥。这一进路在中国古典文化中虽然具备(譬如墨辩名家),但汉代以后却一直被僵化了的德性思维所限制。孔门的仁智一体之学遭到扭曲,德性陷于苟且,健全的知性一直难以开出。这与百家之学遭到罢黜有直接关系,更与佛教进入之后心性之学复苏的格局尚未廓大有关。甚至二十世纪中国的曲折命运也是拜其所赐。

对知性的契入使牟宗三摆脱了中国传统那种精明的知性,而领略了架构性的"对列之局",他称之为"理性之架构表现"(《生命的学问·尊理性》)。理性在西洋文化中的支撑根源于上帝信仰,此时已经遭到破坏,而对于中国文化来说,能够生发这一理性的应该是内在超越的本心。但这一本心却在清代以后的一潭死水中完全堕落,变成一种自我封闭的"坏的一体性",这种僵化的德性意识已经无法实现天理的畅达。关于这一问题,还可以作进一步申说。

熊十力所给予牟宗三的,则是精神上的灵光一现。这种灵光不是外在的给予,而是一种触发。在牟宗三所具有的、还没有被精明、傲气或分别心所占据的浑沌意识中,灵光还没有外泄。未发芽的种子可以发芽,但发芽未成的种子却往往失去生殖的能力。熊十力的作用,则是促使其浑沌意识与已经有所表现的那一纯粹知性水乳交融。牟先生一生最重要的学问——"良知的坎陷",便在此际被体认。不是先有良知后有坎陷,而是坎陷者意识到自己其实是本于良知。孟子所谓"反身而诚,乐莫大焉"(《孟子·尽心上》)。内圣与外王的关系也是如此。这是对牟先生真正的成全。他后来那么多皇皇巨著,在根本上都是证成这一心性结构。孟子曾经借尧之口,讨论师的作用,真正的师不是使学生对自己亦步亦趋,而不过是成就学生自己:"劳之来之,匡之直之,辅之翼之,使自得之,又从而振德。"(《孟子·滕文公上》)二十世纪的经学义理,之所以要以熊牟为大宗,就是因为两者在整体意义上呼应了孔门的仁智一体之学。前者相应于"乾元性海",后者则是"翕辟成变";前者为体,后者为用;前者归根复命,后者十字打开。假如以宋儒境界较量之,前者似大程,后者似小程。一个时代的精神结构往往被内化于几个人的心性构造之中,这就是哲人之所以为哲人的意义所在。

诚如牟先生所言,二十世纪中国文化的使命便是"开新外王",也就是民主政治这一"对列之局",或者用更为抽象的表达,便是"转理性的作用表现而为理性的架构表现"。而内圣与外王的关系不妨这样理解:一方面,欲"开新外王",必须由传统儒释道与耶教相摩相荡,激活"生命的学问";另一方面,生命的自由也需要新外王之学为其保障。就前者来说,生命的学问不只儒家才有,甚至也不仅是儒道佛,"儒佛耶俱有其精采,也俱有其限度,同时也俱有其不足处与艰难处"。因此他所期望的,是"这些大教所代表的生命道路",能够"重新振作与复兴,相与与相契"

（《生命的学问·关于宗教的态度与立场》），共同面对时代的危局。儒道佛耶皆为道术之一种，分别滋养不同的心性结构，无疑是更有活力的生命观。至于后者，依拙见所及，内圣之学要么是圣人心中现量的诚境，要么是贤者所明的理境，以此为基础，可以有政治经学的开出。只有经过政治经学的客观化，形成真正的制度，才能滋养普通人的生命。否则恐怕仍然只是那种自我封闭的一体性。

即此而言，新儒学与宋学虽有承接关系，无疑又有时代的不同。宋儒欲使个体回复天道，固然可以对治此前儒教之耽于"治世"，而与"治心"断为两截；但随着金元以后贵族社会崩解，社会权力失去依托，治法之学（政治经学）亦因之不畅，君师共治这一对列之局最终难以贞定，皇权所追求的法制一体性与周代的封建礼制一体性已根本有别。超越性的"乾元性海"既然难以接契，"参天地之化育"终究流于梦想。宋儒的宏伟理想，也就在实践中断为两截，有道之士退隐江湖，大盗乡愿窃据庙堂。由王学末流所鼓噪的各种"侏儒圣人"，以及由此引生的，颠顶无知而又狷狂恣肆的学风，便是理学丧失精彩之后的写照。那以后，刘宗周主张慎独博学，黄宗羲重提扬雄"通天地人者曰儒"之论，强调德性返本与健全知性的相互平衡，便是经学一阳来复的转机。可惜清学不副所期，只有到现代新儒学出现，才能稍见精彩。

近些年来，学界对于熊牟之学误解渐深，特别是对后者，甚至有学者以放弃大本视之，便不仅昧于历史大势，其实亦未能充分理解其精神实质。返本自然是恢复个体生命的应有之义，但孟子所谓"豪杰之士虽无文王犹兴"者，毕竟是少数；"若民，则无恒产，因无恒心"，假如缺少健全的理性与制度，文化生命如何真正畅达？芸芸众生当何以自处？明季以来，吾国学人最喜圆融之见，所见虽似甚高，但真正成器的反而绝少。倘若罄其底里，大多亦不过冒认圣贤，以求庸众愚民之膜拜而已。真正的大厦无法在沙堆上立起，每个生命的滋养亦需要因其性情。《易传》有言,圣人"吉凶与民同患";《西铭》所谓,"民吾同胞,物吾与也"。求学虽先为己,但欲习儒者,亦当与众生同其恻隐悲心。

身心一体:儒家仁学的实践与当代意义

张卫红(中山大学博雅学院)

众所周知,"仁"学是儒家思想的核心,其实践内涵就是"学仁"。这种学,并不是今人理解的学习知识。"学"字的甲骨文,字形是双手构木建盖房屋,本身就是一种实践性的活动,而不是停留在头脑中的知识思辨。东汉许慎《说文解字》中解释"学"的含义是"觉悟也"。在儒家思孟一系的心性之学看来,人和动物的区别在于,人对于仁德具有天然觉悟的能力,仁德之"仁"是人之为"人"的本质,正如《中庸》所说:"仁者,人也。"因此,"学仁"就是通过修身来实践仁,唤醒内心之"仁"的自觉,也即我们内心本有的仁德。换言之,即是觉悟人性真正的内在本质。

"仁"的本质含义是什么呢?许慎在《说文解字》中解释"仁"为"亲也"。我们长期以来受许慎解释的影响,把"仁"的内涵理解为对他人的关爱,因为《论语》也说"仁者爱人",表达的是我与他人关系的人际内涵。而笔者认为,"仁"首先指向我与自身的关系,自家生命的身心一体才是仁德的基础,也是"学仁"的第一义。其次才是仁者爱人,即我与他人的关系,这需要首先调适好自家的身心状态。换言之,自我的身心一体是关爱他人的基础和前提。

"身心一体"之"仁"的文字学根据是,在 1993 年湖北省荆门市郭店村出土的战国楚墓竹简(简称郭店楚简)中,"仁"字出现过 67 次,写作"上身下心"的是 55 次。也就是说,"上身下心"应当是战国时期楚国"仁"字的通行写法,反映了孔子后学中子思一系对于"仁""心性"的理解。有学者认为,这是一个形声兼会意字,"身"既是声符也是形符,作为形符的"身"是指己身。"上身下心"的意思是心反思并主宰着身,身心一体。尽管对这个字形的理解,学界目前还有争论,但许多学者还是认同"上身下心"的字形内涵为"身心一体"。实际上,即便没有郭店楚简中"上身下心"的字形,"仁"字仍然具有身心一体的面向。因为,《论语》之"克己复礼为仁""修己以敬"、《中庸》之"成己,仁也"、《荀子》之"君子之学也,入乎耳,著乎心,布乎四体,形乎动静"等等,都指向自我的修身与身心一体。广义而言,身心问题可以说是一切学问、一切时代的总题。

那么,怎样实践"身体一体之仁"?笔者结合儒家的基本修身工夫,作一点合理的阐发。

第一,"上身下心"意味着心反思着身,身之主宰便是心。

心指内在的本心、德性、精神意志,身指身体的欲望、发之于外的行动。心能够反思、主宰身体的欲望、外在的行动,如《大学》所说:"欲修其身者,先正其心。"这是修身工夫的第一步要求。

第二,"身心一体",要求心与身、思想与行动时刻保持当下的统一,这既是修身的工夫,也是君子人格所要达到的境界。

这个工夫,就是宋明儒者所说的"主敬"——"主一无适",德性做主为主一,精神不发散为"无适"。曾国藩解释主敬工夫为"整齐严肃,无时不惧。无事时心在腔子里,应事时专一不杂"。现代儒者伍庸伯解释《大学》中的诚意工夫为"心在当下,不走作"。走是游离,思想不能集中于当下;作是造作,言行不是出于良知本心,而有功利或私意之夹杂。这里主敬、诚意工夫表达的内涵都是一致的,就是身心状态的当下一体。比如你的身体在工作或在学习的岗位上,那心思就应该专注于工作或学习,如果心不在焉,就是心不在腔子里,身心不统一,那么工作、学习的效率和质量都不会高;再比如为了功名利禄而努力工作、学习,为了取悦上级而努力表现,都不是出自本心之自然,就是造作,有私意夹杂。从现实生活来看,在很多领域成为精英的人物,比如大学问家、大艺术家、体育冠军身上都具备一种素质,就是专一纯粹地投入某项技艺,心无旁骛,身心一体。特别是在体育比赛中,顶级运动员身上最能体现当下专一不杂、不受其他因素干扰的心理素质——比如不受对手成绩带给自身的心理压力,也不受"前一个动作没发挥好,下一个动作一定做好"等而自我加压,等等,而是保持心的空灵状态,专注于当下的每个动作,其结果往往是,体育技能达到了最完美的发挥。可以说,优秀选手的成功秘诀之一,就是在体育比赛这件事上做到了身心一体。

当然,对于修身工夫而言,安住于当下之心,根本上就是自己的本心,它不是一般意义的道德心,而是时时处处遍在、不受外界扰动、不被习性私欲遮蔽、澄明而觉悟的本心。它包含伦理道德又超越伦理道德,《大学》称之为"明德",宋明儒者称之为"心体""性体",王阳明称之为"真己"。它是人性的本质,真正的自我。以这样的澄明本心来主宰身,就能够在自家身心上自主自如。这样看来,"身心一体"之"仁"超越了通常理解的"爱人"之类的普通伦理内涵。

按照这个标准,一个人在日常生活中身心不一致的情况就太普遍了,比如失眠的状态是,身体很累了想要休息,但心思活跃无法停息,可谓心主宰不了身;比如心里想戒烟而身体又舍不掉;比如心里明知婚外恋不对但控制不住身体的欲望,也可谓身心不统一;再比如每天都立志要积极进取,却控制不住自己的懈怠懒散、胡思乱想等,由此消磨浪费了很多宝贵时间,经常对自己不满意,也可谓心主宰不了身。这些日常生活中经常出现的状态,形成一个个身心困境,导致身心不自在,最终整个人格布满大大小小的亏欠与漏洞。明代大儒高攀龙针对这种情况说:"人要于身心不自在处,究竟一个着落,所谓困心衡虑也。若于此蹉过,便是困而不学。"的确,大多数人都是在身心不自在处蹉跎马虎过去了,只能平庸而被动地活着。儒家把这种顺遂身体欲望、习气而随大流度日的人称作为小人,相反,君子就是不受世俗外境牵引、有着反省和修身自觉的人。他能够在身心不自在处奋力地究其根源,努力地克除习气,找回本心的觉悟能力和主宰能力,这就是修身成仁的工夫。

如果保持身心时刻一体,用德性的力量把一个个人格漏洞填平,让德性的光明充塞身心,那么本心原有的快乐就会充盈于身,如孟子所说:"反身而诚,乐莫大焉。"又如王阳明所说:"乐是心之本体。"如果保持身心时刻一体,本心原有的生生不息的动力也会充盈于身,如《易经》所说:"天行健,君子以自强不息。"因为,我们的本心原本就是光明、喜乐、生生不息的。修身的意义就在于,扫荡遮蔽本心的私欲干扰,回复我们的本来面目。

因此,"身心一体之仁"解决的是一个人安身立命的根基。这是极具现实意义的。现代人身心的最大困境就是身心分离、知行分离,用一句流行的话来讲就叫作"痛并快乐着",身体在放纵享乐,心灵陷入无处安放的痛苦。其实,解决身心分离的办法,是我们每个人从当下就能做到的。梁漱溟先生说:"饭好好吃,觉好好睡,路好好走,话好好说,如此之谓'敬'。"简单地说,"敬"就是听从本心的自然安排,该干什么就干什么,实实在在地做好当下的每一件事——工作、学业、家庭、交友等等,对每一件事都尽好自己的本分,就会感到内心踏实,这就是"心在腔子里",这是身心一体的初步修身工夫。进一步,身心一体的高级工夫,是一种通过长期自觉修身训练达到的定力,是一种内心保持澄明安乐、不为外物和物欲干扰的定力,如宋代大儒程颢所说:"所谓定者,动亦定,静亦定,无将迎,无内外。"古代儒者用尽一生心力所努力者,不外于此。

概言之,身心一体,是通过修身工夫来提升心灵的定力、智慧与正能量,以此驾驭身体与外境,不断提升生命的智慧境界。如是,身心一体又延伸为知行合一,仁与智的统一,做人与做事的统一,自我与世界的和谐统一。自我的修身之路永远向上开放,永无止境,其义理不囿于时代,而能贯通于古今。这是我们今天重视中国文化"修身为本"的意义所在。

也谈学以致用

邵逝夫（自由学者）

学是务必要有用的,这是儒家历来的传统,如孔子便说:"诵《诗》三百,授之以政,不达;使于四方,不能专对。虽多,亦奚以为?"程子注曰:"穷经将以致用也。世之诵《诗》者,果能从政而专对乎?然则其所学者,章句之末耳,此学者之大患也。"(《论语集注》)然则今日之儒者岂非大悖乎往圣之教哉?顾今日自诩为儒者者,大多整日钻在故纸堆里,经营着各自所谓的学术,动辄号称此专家、彼专家,然而,论其致用之功,则悉皆乏善可陈。数千年来,学问与世用的脱离,恐怕无过于今时者。而世俗之徒所谓学以致用,则又大多偏重乎技能与方法。盖技能与方法,学了即可运用,用了即可产生效应。故而,使得一些世俗之徒居然傲视学界,以为学问实无用途。哀哉!

我今日所谈的学以致用,自然不限于技能与方法,却是偏重于学问。学问之用,当有二者:其一,修身立德;其二,经世致用。观诸往圣先贤,大多能二者并举,既立德,又立功。至于立言,则是次要之事,乃是不得已而为之的。此则与今日的学者大不相同,今日学者除却立言,则德既不立,功亦不成。然则,修身立德与经世致用,孰先孰后?此在《大学》《中庸》等儒门典籍早已言明:其必先明明德,而后亲民;先格物、致知、诚意、正心、修身,而后齐家、治国、平天下;先率性合道,而后方可行教于世。盖不先修身立德者,不足以成其经世致用之功。由是观之,则今世诸多注重功利而忽略德性修养者,诚舍本逐末耳。如此者,势必若缘木而求鱼,终无所成!

学问之用,在乎修身立德与经世致用。此二者,又以前者为本,后者为末,故知为学当以立德为要。观夫四书五经,实乃诸圣垂示后世的立德之学,故读之"须熟读玩味,须将圣人言语切己,不可只作一场话说"(《四书章句集注》),但能如此,即可转圣人之言为我身之受用,如此便是学以致用。倘若"未读时是此等人,读了后又只是此等人","便是未曾读"(同上)。故而,横渠先生有云:"为学大益,在自求变化气质。"(《近思录》)此在古时,乃为学者之所共识。

然纵是学以立德,若不能有用于世,亦是无益。此所谓有体无用者也。阳明后学中有甚多人即是如此,他们将全副心力悉皆花费于立德之事——致良知,往往坐论心性,于世间事则甚是不屑,总以为良知一致、大本一立,诸事自然圆成,追求所谓"不思而得,不勉而中"之至诚境地。却不知事有事理、物有物则,尚须一一用心体味过,方能于应事应物时自在从容、圆融无碍。阳明子若非早年玩《易》习兵,而长于识人运筹,又如何能够计擒宸濠,以成绝世之功?

故知,修身立德之后,真要经世致用,同样离不得学。此时之学,当求乎一贯而避免支离。其法又当以朱子所云之"即物穷理"为优,"即凡天下之物,莫不因其已知之理而益穷之,以求至乎其极。至于用力之久,而一旦豁然贯通焉,则众物之表里精粗无不到,而吾心之全体大用无不明矣"(《大学章句》)。朱子之言是否为《大学》"格物""致知"之本意,诚有待商榷。然欲明经世之学,则其所言者,不可谓不精粹耳!

学以致用,本有二端:一者,为学在乎立德;二者,为学在乎经世。两者重心略有不同,然次第着实不可紊乱,务必先立乎其德而后经世。观乎世俗中人,尚不识德性为何物,便汲汲于经世之学,实不知无有德性为其主宰,经世之学常常会沦为谋取名闻利养之手段,历来功利学者之大弊正在于此。当然,先习经世之学,其后又能立乎其德者,于所用时,亦能以德性为本,则无过矣。

儒门之学,本可大有功于世,惜乎时至今日,儒学已然沦为书斋之学,几无治世救民之功。我久已有感于此,如鲠在喉,而今且借此机会,一吐为快。

通过书法，让学问回归本源

柯小刚（同济大学人文学院）

"学"愈益脱离身体之体，片面成为智性之用。如何重新找回学问之体，是未来学术还能否切身的关键。我的书法实践即源于这一问题意识。近年常有朋友问我不做学问了吗？怎么朋友圈里尽发书法呢？我说，因为书法好拍图啊。认真想起来，应该还有更深的原因。朋友们如果耐心读一下我发的图片，会发现那些书法并不是临摹，也不是抄书，而是日常阅读和思考的记录。

对我来说，书法不是专业，也不是业余爱好，而是学问的实践方式。我是想在毫端舞蹈，在舞蹈中思考。毛笔今天不再是实用的写字工具，但书法仍然可以成为日常工夫习练的修身之具。在书法中把思想给予身体，把感受给予思想。通过书法，让学问成为一种具体的生活内容，让身心状态的自我觉知和调适成为学问的具体内容。

书法为什么可以成为学的方式？因为书法是心灵的，也是身体的，是身心一体的，而学本来也应该是这样。在学术被高度专业化和片面智性化的时代，重新找回书法之于学的本源意义，可以成为一种活生生的当代实践。借助书法，学问可以回归生命的本源；借助学问，书法也可以回归艺术的本源。自学术以至艺术，"壹是皆以修身为本"。

但以书法修身，这是如何发生的呢？关键在于，毫端的舞蹈首先是笔锋觉知力的练习，而觉知力是顶纸而书的纸笔对话练习、身心对话练习，以及与古代法帖和先贤法言对话的练习。尤其是，当我恢复左手悬空斜持纸的古法书写时，书法也成为左右手的对话练习。一言以蔽之，这些都是"仁"的工夫练习。虞世南《笔髓论》辨应章论之详矣，我曾逐句注疏以发明此义。通过书法修身的工夫习练,可以让毛笔的毫端成为能感善应的触角,身体感受的触角,思想触及事物的触角。如此写出的点画,也可以成为身心收放卷舒的触须。

其次,这是"听之以气"的工夫习练。听觉比视觉在书法修身实践中有更重要的作用。书法自然是一种"视觉艺术",但以书法来修身的工夫实践却要求更精微更整全的身心投入。勿视之以眼而视之以心,勿视之以心而听之以气。听的书法是时间性的、生命律动的空间运动,更像是一种音乐和舞蹈。视觉仍然重要,只不过看的方式发生了改变。学会用耳朵来看,用眼睛来听,是书法对身心的自我教化。如果听不到康定斯基从一个点中听到的声音,书法就不可能会有帮助。在庄子、书法、巨然和康定斯基之间,肯定有一种深刻的关联。

最后,很巧合的一点,日常书写的碎片化与移动网络的碎片化,竟然可以合拍。而且,这是一种充满批判张力的合拍。因为,作为一种修身工夫的日常书写,背后是整全的生活世界理想。这个理想来自往圣先贤的经典文本和历代法帖的伟大书迹。所以,每一次只言片语的书写,每一张零余便条的涂鸦,都是以碎片化的形式实践整全的理想,是以朝向整全的碎片书写给碎片化的生活以整全的辉光。我给我的公众号取名"寓诸无竟",就有这方面的考虑。无竟而寓,零余而全。《论语》开篇为什么并列学而时习之悦、有朋远来之乐,值得反复深思。

(作者书法作品见书中彩色插页)

经典新读

《论语·言志章》新解

邓新文(杭州师范大学国学院)

一、不意与点心　朗然在子夜

"言志章"原文,可以说是《论语》中最长的一章,也是《论语》中最富文学色彩的一章。不光有个性鲜明的语言对话,而且有刻画传神的人物描写,还有若有若无的音乐伴奏,深入其中,如同观看了一部两千五百多年前的微电影。经过仔细参究,我发现这一章可以说是一个被沂水春风误导了千年的儒门公案。我初读"言志章",不免感觉虎头蛇尾,至"夫子喟然叹曰:'吾与点也!'"便觉高潮已过,后面的对话,颇觉拖沓冗赘,了无趣味。深怪记者,如此乏味的对话,何不索性删去?转念又想,《论语》的记者向来文学高古,神来之笔常常令人拍案叫绝,叹为观止,本章如此记录,编者爱惜不删,是否另有玄机?秉此一念谦谨,潜心参究多日,终于在丁酉年癸丑月丙辰日(2018 年 1 月 24 日腊八节)子时若有所契,即兴为诗志感曰:

夫子喟然吾与点,悠悠千载悬公案。高抬曾点比尧舜,后悔斯注伤晦庵。裁勇裁狂大手笔,怪禅怪道小心眼。行间情理今犹昔,寒夜孤明披沙看。

再经两日仔细斟酌,至戊申(腊月初十)子夜,贯通全章所有细节,确信此章得解。喜不自已，夜不能寐，又作绝句一首以表庆慰：

窗外漫天雪，经中一树梅。不意与点心，朗然在子夜！

二、张岱和刘止唐的启发

启发我重新解读《论语·言志章》的，有两部文献：一是张岱（1597—1689）的《四书遇》，二是刘止唐（1767—1855）的《四书恒解》。

张岱对我的启发主要有三点：一是他对曾点造诣的质疑，二是他所引杨慎及张尔蕴的评语，三是他提及的"曾子耘瓜"的故事。《四书遇·言志章》开篇就有一段很有意思的话，他说："千古圣贤经纶手段，今日不消借之明日，此事不消移之彼事，元无成见可以预参，亦无死局可以先定，曾点此时，实实见得到此否？"我初读时只知道这是一句质疑曾点学问造诣的话，后经查考才发现，张岱这段话只有最后一个"否"字是他自己的，其余全部抄自周宗建的《论语商》。不过，一字之添，意义迥别。周宗建是完全肯定，而张宗子却是根本怀疑。这一"否"字也点醒了我，让我看到与朱熹《论语集注》迥然不同的读解。张岱接着说："曾点四子言志，当自四子各就本色信口说出，圣门别无妆点伎俩。只曾点气象在当下日用平常自好，然他却信不过，后来再一问，便觉他胸中走作。若是颜子、曾子，自然直下承当，绝不再问三子，讨个高下矣。夫子到后应它，亦只说三子为邦为国，绝不把曾点再与较量。此意极微。曾点念念要与三子比量，所以不能信受喟然之意。大凡学问，要当下自己信得；三子若信得，只'有勇'、'知方'、'足民'、'为相'，却都是春风沂水，夫子何曾不许他？若信不过，恐怕春风沂水，亦是口头三昧，不是性地风光。所以曾点只叫做一个'狂'，不曾用得着。"

张岱对于《论语·言志章》的理解，与程朱的理解迥然有别，而对我来说却是别开生面。张岱接下来引用了一段杨慎点评曾点的话。话很短，却至关重要，是我做这篇翻案文章的根本准据。他说："点，狂者也。

本有用世大志,知世之不我以也,故为此言,消壮心而耗余年。此风一降则为庄、列,再降则为嵇、阮。"杨慎此见,可谓切中肯綮、入木三分。古来对于曾点的评点,未见如此敏锐、如此深刻、如此犀利者。杨慎的"故为此言",翻译成白话文,就是"故意说这样的话"。"故为此言"四字,堪称打开"言志章"千年迷宫的钥匙。张岱说的"妆点伎俩"与"口头三昧"或许亦受杨慎的启发而来。

"曾子耘瓜"的故事出自《孔子家语》。《家语》云:"曾子耘瓜,误斩其根,曾点怒,建大杖以击其背,曾子仆地而不知人久之。"张岱据此质问说,曾点"如此暴戾,岂是春风沂水襟怀?"

张尔蕴是张岱的四叔,故《四书遇》云:"季叔尔蕴先生作全章题,立二柱曰:'裁勇','裁狂'。现成有是二语,所以为妙。"这让我联想到《论语》的"狂简章"与"六蔽章"。子在陈曰:"归与!归与!吾党之小子狂简,斐然成章,不知所以裁之。"又,子曰:"好勇不好学,其蔽也乱;好刚不好学,其蔽也狂。"张尔蕴的"裁勇裁狂"说,很有可能就是从这两章获得灵感的。

刘止唐对我的启发主要有两点:一是对朱熹此章《集注》的严厉批评,二是他对《论语·言志章》后半部分的格外注意。他对朱熹的批评,一是态度上的"以沂水春风、鸢飞鱼跃为一心独得之奇";二是方法上的"以禅宗末流养空空之心,矜超妙之见,诂圣人之学";三是结论上的"朱注于点太说得过高";四是读解"言志章"原文时"于后半曾点之问未疏其意义"(刘沅:《槐轩全书》卷一)。这四点批评中,对我帮助最扎实的实际上只是最后一点。他对本章后半部分虽然有不少曲解,但他对这一部分的格外关注,却为我推翻先儒的主流看法,论证杨慎和张岱等人的观点,提供了重要的线索。

顺着刘止唐指点的线索,我认真仔细地研读了《论语·言志章》的后半部分,结果发现:张尔蕴对本章"裁勇裁狂"的四字提点,不仅非常高妙,而且十分可靠。孔子裁剪子路之勇,只用了两招:一是"哂之",一是"与点";裁剪曾点之狂,却别施手眼,颇费周折。就篇幅而言,曾点无疑占了绝大部分篇幅;就分量而言,没有一句话能跟"吾与点也"这句话抗衡。所以,与张尔蕴"裁勇""裁狂"平列不同,我认为裁子路之勇只是顺带,而裁曾点之狂才是本章真正的主旨所在。

三、"吾与点也"必须重新解读

"夫子喟然叹曰:'吾与点也!'"这句话毫无疑问是《论语·言志章》的核心命题。围绕这个命题,两千多年来看似盖棺论定的权威解读,实际上却是一个影响深远的谬种流传。古来学者,对于此章,浮慕有余,而谛解者鲜。有意无意附会老庄趣味者多矣,却自诩为禅,或被误认为禅,错会此章之旨者比比皆是。为此有必要对这一章进行一次彻底的重新解读。

(一)"吾与点也"的文献综述

对于曾点,朱熹的《论语集注》所代表的褒扬观点和张岱的《四书遇》所代表的批评的观点,到底哪种更合孔子本意? 为了慎重起见,我查考了古今十九家比较权威的注解。这十九家分别是:(魏)何晏和(宋)邢昺的《论语注疏》、(梁)皇侃的《论语集解义疏》、(唐)韩愈和李翱的《论语笔解》,宋人陈祥道的《论语全解》、郑汝谐的《论语意原》、朱熹的《论语集注》、张栻的《癸巳论语解》、戴溪的《石鼓论语答问》、蔡节的《论语集说》,明人刘宗周的《论语学案》、周宗建的《论语商》、张岱的《四书遇》、蕅益道人智旭的《论语点睛》、阳复子江谦的《论语点睛补注》,清人刘止唐的《四书恒解》,今人钱穆的《论语新解》和刘克苏教授的《创业向孔子学什么》。此外,还有理雅各和辜鸿铭的英译《论语》。发现将近百分之九十的解家都认为,"吾与点也"是孔子对曾点的赞叹,而且赞叹的是曾点的"道"。儒门向来有"道器之辨",而且旗帜鲜明地主张以道为尊，以器为卑，孔子说"君子不器"，即是此旨。先儒注解此章，几乎一边倒地将曾点与"道"挂钩，也就不足为奇了。

截至目前，我所能查考到的"吾与点也"的最早注解，是三国时魏博士周生烈（约220年前后在世）所作。他的注是："善点之独知时也。"意思是"赞扬曾点一人知时"。"知时"是什么意思？"知时"，简单说就是懂天道，识时务，出处进退合情合理，所谓"时止则止，时行则行，动静不失其时，其道光明"是也。孟子说："伯夷，圣之清者也；伊尹，圣之任者也；柳下惠，圣之和者也；孔子，圣之时者也。"从这个意义上说，周生烈肯定曾点"知时"就是把曾点与孔子相提并论了。后世解家承袭此见，一脉相承，直到明朝晚期才零星有不同的声音出来。

何晏《论语注疏》谓"夫子闻其乐道，故喟然而叹曰'吾与点之志'，善其独知时，而不求为政也"。皇侃撰《论语集解义疏》进一步解释说："所以与同者，当时道消世乱，驰竞者众，故诸弟子皆以仕进为心，唯点独识时变，故与之也。"李翱曰："仲尼与点，盖美其乐王道也。余人则志在诸侯，故仲尼不取。"程颐甚至说："孔子与点，盖与圣人之志同，便是尧、舜气象也。"陈祥道的《论语全解》说："若点，可谓知道矣，故有志于学，无志于仕，而孔子与之也。"蔡节说："夫以才自见者，二三子之志也；以道自乐者，曾晳之志也。"（《论语集说》）至明儒刘宗周判曾点已"进于道矣"。紧随其后的周宗建撰《论语商》，更是登峰造极，谓："今只勘曾点数言，直恁自在，略无意必，这便是千古圣贤实实受用风光，便是千古圣贤实实经纶手段。此正心性功名打做一团妙用。"曾点的境界，就这样在历代讲家的笔下一路攀升，简直与圣人不相上下了。这是千百年来我国学者对于"吾与点也"的主流解读。曾点也就伴随着这样的解读而一路美名远扬。

物极必反。儒者公开质疑曾点学问成就的观点开始出现。根据目前我所掌握的文献，最先站出来批评的，是作为明朝三大才子之首的杨慎。杨慎之后，有张岱叔侄和蕅益道人智旭。蕅益道人作为明末四大高僧之首，他的《论语点睛》影响甚大。他说，孔子"吾与点也"，实"非与点，乃借点以化三子之执情耳"，既是"以曾点之病，为三子之药；又以三子之病，为曾点之药"（《论语点睛补注》）。简直就是把《论语·言志章》视作佛家的"世界悉檀""对治悉昙"和"各各为人悉昙"了，见地迥超先儒矣。然而他的解释完全是佛家的眼光，颇有"佛以一音演说法，众生随类各得解"之意。这样面面俱到的解释，圆满则圆满矣，似乎还是没能发现此章的当机是谁，不免模糊甚至虚化了此章的主旨。而江谦的《补注》，更是给人一种置身事外、美不胜收却又无可把捉之感，直是把此章的主旨讲成"政教不可偏废"了。似乎三子就代表"政"，曾点就代表"教"，难道三子之志中就不含"教"了么？子路的"使民知方"是不是"教"呢？他最后总结说："故孔子叹曰'吾与点'，而亦兼赞由、求、赤之能为邦也。"（《论语点睛补注》）直是把蕅益的两边"与药"补注成两面"点赞"了。如此一来，孔子在此章中对四位弟子就是既批评又表扬、既表扬又批评了。

晚清刘止唐，盖一面受明代解家启发，识得此章"非与点"之旨，另一面又深染学界将明亡归咎于"狂禅"的风气，所以他的《四书恒解》解读此章，一方面严厉批评朱子等"以禅宗末流养空空之心，矜超妙之见，诂圣人之学"的解经方法是严重的"晦圣贤之实学"，另一方面又极力将孔子的主旨曲解为表扬"诸贤之实学"。所以，他解此章虽有许多可取的发现，对于此章主旨仍然未能明白，甚至不无误判误导之失。"禅宗末流"云云，是误判；谓此章主旨在显扬"诸贤之实学"，是误导。正如徐复观先生所敏锐发现的，唐以后"一般人多把庄与禅的界限混淆了，大家都是禅其名而庄其实"（《中国艺术精神》）。钱穆先生的《论语新解》亦不免这样的"界限混淆"。

刘止唐之所以要将《论语》"言志章"的主旨定为彰显"诸贤之实学"，是因为他想要用"人伦经济"之"实学"纠正"空疏鸣高"之偏。实则"空疏鸣高"之病根，不在不务"人伦经济"之"实学"，而在不得自由之正道。徒以浮慕空想、文字虚构,欲求摆脱世俗尘累绝不可能。诸子百家,不废"人伦经济"者多矣,岂皆孔子之道乎?能实现"从心所欲不逾矩"者有几?

古往今来,曾点之大病,唯杨慎一人看得最透;此章之主旨,唯张尔蕴一人抓得最准。《论语集注》所代表的古来成见必须扬弃,后世对于曾点之浮慕应该终结。

(二)"吾与点也"的情理论证

我说《论语·言志章》的主旨是"裁狂",与先儒判为"与点"根本不同。何以见得?单凭杨慎、张尔蕴、张岱、刘止唐诸家之说,欲纠千余年来的学界之偏,实在是杯水车薪,必须进行深入细致的论证。刘止唐批评朱熹"于后半曾点之问未疏其意义"这句话,对于破解孔子"吾与点也"之谜,堪称仙人指路,值得我们高度关注。在刘止唐看来,记者记此数问,是为了显示子路、冉有、公西华三子"其学之务实,其才之济时",从而证成他所谓"章首夫子发问之意"——"叩诸贤之实学,不欲其以空疏鸣高。"而他所理解的"诸贤之实学",说到底就是要落实为"人伦经济"。而我理解这一部分乃至整章的主旨,并非强调"诸贤之实学",而是为了让曾点自曝其学的"狂而不实"之过!如何裁之?且看夫子之手眼,及记者之妙笔!

原以为此章后半段是整部《论语》最大的败笔,现在看来却是整部《论语》最奥妙最精彩的手笔之一。其中,仔细观察记者的微妙措词、体会夫子答问之语气是关键。这组对话,由"三子者出,曾晳后"一句交代开启。一个"后"字,是记者埋下的伏笔,意味无穷,耐人寻思:大家都走了,曾点还留在后面,想干什么?是因为夫子赞同而想一探虚实,还是意犹未尽而欲得寸进尺?是真如张岱所说,想与三子"讨个高下",抑或真有义理不明,想请教夫子?我们细看他都问了孔子哪些问题吧。

第一问:"夫三子者之言何如?"孔子答:"亦各言其志也已矣。"只是重复前面刚刚对他说过的话,仅添"已矣"二字而已。可别小看这俩字,夫子兴致寡淡、不想搭理的神情隐约可见。答问才刚刚开始,孔子为什么就表现出这样的神情?这是值得我们注意的。曾点若敏锐识趣,就会马上停止再问,可他还是接二连三地问个不休。其察言观色的能力我们不能不表示怀疑。孔子曰:"侍于君子有三愆:言未及之而言,谓之躁;言及之而不言,谓之隐;未见颜色而言,谓之瞽。"如果说子路"率尔而对"不免有些"躁",曾点反复其问就不免有些"隐"与"瞽"了。

第二问:"夫子何哂由也?"孔子答:"为国以礼,其言不让,是故哂之。"曾点四问中唯此一问真正关乎义理,故夫子郑重答之。

第三问:"唯求则非邦也与?"孔子答:"安见方六七十,如五六十,而非邦也者?"语气变成反问了,夫子的不满开始流露出来。曾点再不识趣,这时也该听得出老师不高兴了吧。而他似乎还没反应过来,竟然还敢再问。

第四问:"唯赤则非邦也与?"孔子答:"宗庙会同,非诸侯而何?赤也为之小,孰能为之大?"这一次,孔子更不高兴了,连续两个反问,连珠炮似的,责难反诘之意已经溢于言表了。记者记录至此,突然搁笔,《论语·先进》这一篇,就这样戛然而止了。至此,"言志"一章乾坤倒转,章旨出人意料。"三子者出,曾点后",高下没讨着,表扬没讨到,"吾与点也"之真意没问明,竟遭夫子一顿八卦连环掌。注意,孔子调教狂者,使的全是太极推手,内功秘法,以至于两千五百多年来罕见有人看出曾点"中招"了,反而执取"吾与点也"这句圣人之言,抱着沂水春风大做文章,由此衍生的理学畅想与文学典故络绎不绝。幸亏记者不厌其烦地记录了后半章,否则孔子当日"与点"之真意定成众口一辞之死句矣。

通过对此段对话的细致分析,我们不难看出,此章前半部分的"吾与点也",即便真如先儒所说是对曾点的赞赏,那也只是赞其"斐然成章"之意;到了后半部分却将重心转到了裁其"狂简"了。如果孔子真如先儒所读解的那样对曾点是激赏,那么,当曾点留下来问他问题时,他的兴致为什么竟然一落千丈,表现出从未有过的疲于应付呢?

本章"门人记其本末独加详焉"(《论语集注》),先儒普遍将其作为证明曾点"知道""乐道"乃至"进于道"的证据。实际上,这些"独加详焉"的记载,不仅不能证明曾点已"进于道矣",反而暴露出他"毕竟自信不过"(张岱《四书遇》)。我们如果带着后半部分留给我们的印象,再回过头去看前半部分内容,定格孔子与曾点互动的细节,我们就会发现,曾点附庸风雅的表演,从一开始就没能瞒过孔子的火眼金睛。何以见得呢?光是前半段,就至少有三个细节可以证明。

第一个细节在他们的第一轮对话中。当孔子问"点!尔何如?"时,曾点不是马上回答,而是"鼓瑟希,铿尔,舍瑟而作",然后才回答老师说:"异乎三子者之撰。"这些细节在我看来,完全可能是表现曾点的怠慢。刘止唐谓曾点"异乎三子者之撰",是"自谦,非自诩也";我意恰恰相反,曾点此言,是自诩,非自谦也。老子曰:"自见者不明,自是者不彰。"开口便自我标榜"异乎三子者之撰",就是自见自是。

第二个细节在他们的第二轮对话中。子曰:"何伤乎?亦各言其志也。"孔子在说"亦各言其志也"之前,为什么要加上"何伤乎"三个字?岂是无的放矢?若是有的放矢,这个"的"又是什么?我以为就是曾点的矫情!"何伤乎"三个字的反问语气,已经传达了孔子的不满之意,惜乎千百年来读者都只当作客套语滑过了心眼。"亦各言其志也",在我看来,也有将曾点顾虑于外的"意必固我"之心顶回去的意味。刘止唐又谓本章前后"两'各言其志',迥不相同";我意,前后两句"各言其志",没有什么不同,皆杀曾点自命清高、孤芳自赏之气。

第三个细节在"夫子喟然叹"中。"喟然"二字,先儒每每自觉或不自觉地只作褒义来解,或干脆不加深思。其实,这个词在本章中还真是一个关键。段玉裁《说文解字注》:"喟,大息也。《论语》云'喟然叹曰',谓大息而吟叹也。"唯其蕴藉深厚,故其叹须大息而后能兴。我们由此深挖,不难发现"喟然"不无遗憾、郁结、叹息等多重意蕴。《论语》中"喟然叹"出现过两次,另一次是在《子罕第九》篇。"颜渊喟然叹曰:'仰之弥高,钻之弥坚;瞻之在前,忽焉在后……'"两处其实都有遗憾、郁结等多重意蕴。"喟然"这个词意味着克服了强大反作用力才能发出的意思,是明显带有消极色彩的。人的情感是复杂的,错综复杂的情感交织,积年累月的蕴藉酝酿,一旦迸发,感人至深。外人可以感知其生命的张力,却莫可名状,故曰"喟然叹"。记者拈出这三字,绝妙的传神之笔!

至此可知,孔子对于曾点的态度在"吾与点也"之前与之后并没有太大的变化。如果我们不把"吾与点也"这四个字想当然地理解为孔子对曾点的赞赏,我们便不难发现,孔子对曾点其实一直没有表露出任何特别的好感。后世解家对曾点所倾注的好感,比较可靠的根据其实也只有这四个字,其余都是想象和移情。清醒之后,我们再回过头去看曾点前面所有的表现,从一开始就不是什么"胸次洒脱,志趣超远"(刘宗周《论语学案》),我们亦不能从中"见其心怡气和,无所系累"(蔡节《论语集说》)。朱熹评判曾点:"其动静之际,从容如此。而其言志,则又不过即其所居之位,乐其日用之常,初无舍己为人之意。而其胸次悠然,直与天地万物上下同流,各得其所之妙,隐然自见于言外。视三子之规规于事为之末者,其气象不侔矣!"(《论语集注》)直是想当然耳。梁漱溟先生批评朱子"主观太强",良有以也。

这也解决了我们读此章可能会生起的一个疑问:孔子如果真地那么赞赏曾点,为何一句"吾与点也"之后,竟然没有任何进一步的表扬?甚至在曾点反复缠问中孔子都一直守口如瓶,不肯就曾点和我们都急切想要知道的"与点之故"吐露一个字,这不是很奇怪吗?倒是我的重新解读可以顺理成章地理解孔子的这个情感逻辑。曾点后来所提四个问题以及孔子的回答方式,确确实实能够显示他"毕竟自信不过"的问题。细观曾点在此章前前后后的表现,张岱这六个字的品评真可谓切中肯綮!问来问去,全是无关宏旨的问题,何曾当得起孔子之"吾与点也"哉!两千年后的张岱尚且能看出来,当时的孔子会看不出来吗?夫子不肯说破,或许是出于仁厚宽恕,成人之美,不以人废言吧。可见,孔子的"吾与点也"并非如先儒所解,是对曾点的激赏。先儒"于点太说得过高",可谓铁证如山!只要我们放下成见,静下心来,深入原文的字里行间,我们便不难发现这如山的铁证。

(三)"吾与点也"的言外之意

《论语·言志章》之主旨,与其说是"与点",不如说是"裁狂"。孔子对于曾点,与其说是赞赏,不如说是调伏。既然如此,那孔子为什么又要喟然叹曰"吾与点也"?不能令人信服地解决这个问题,便很难扭转千百年来人们对于此章的成见。我的推想有三点:一是"不以人废言",二是"借题发挥",三是"物以稀为贵"。

子曰:"有德者必有言,有言者不必有德。"这两句话可以作为我们解读"言志章"的重要参考。曾点"暮春三月"那一番话,杨慎一针见血,说他是"故为此言"。两千多年后的杨慎能识破,以孔子之圣明怎么会识不破呢?若识破了,为什么还要喟然叹曰"吾与点也"?子曰:"君子不以言举人,不以人废言。""言志章"正是一个现成的实例。孔子没有因为曾点的那一番沂水春风之言,就对他刮目相看,当时孔门中人似乎也没怎么高看他。否则,历史上有关曾点的记载就不可能如此稀缺。特别是他的儿子曾参,作为孔子之道的传人,在孔门的地位可想而知,如果他的父亲真如后世浮慕者所评价的那样胸襟洒脱、道行高超,当时的学者不可能不大量记录他的言行,即便他人不记,至少儿子曾参不能不记载一二吧。何以司马迁写《史记》时就付诸阙如了呢?唯一流传于世的,竟然是"曾子耘瓜"这么一个把他作为"反面形象"的故事！因此,我有一个大胆的猜想,很有可能曾点本来就是一个乏善可陈的人,谓之"狂者"可能都有些过了,他的劣迹很有可能不只《孔子家语》所记的这一件。只因曾参跟他的这层关系,出于"为尊者讳"的礼义,当时的人不忍心记述,后来的人也不忍心传播,所以只有这么一桩因为能反衬曾子的孝行才得以流传下来。如果我的猜想属实,孔子在《论语·言志章》中对他的态度就不难理解了。"吾与点也"的意义,就只能用君子"不以人废言"来解释了。这才是圣人的胸襟与手眼。关于这一点,明儒周宗建的一个说法颇能佐证之。他说:"夫子正为及门诸子猛思用世却未了得此趣,亦竟有怀莫语,而点之言志,忽尔触之,故不觉为之兴叹耳。凡人搔着痒处,不觉手舞足跳,不能自已;喟然之与,亦搔着夫子痒处也。"

　　子曰:"不得中行而与之,必也狂狷乎？狂者进取,狷者有所不为也。"孔子之"与点",不妨与《子路第十三》篇的这一章联系起来理解。而要正确理解这一章,必须先正确理解《论语》的"……必也……乎？"这种特殊的句型。孔子说"必也狂狷乎？"的意思是,"在得不到按中庸之道行事的君子的情况下,如果还一定要我选边站的话,那我就选择站在狂者或狷者一边吧"。可见,孔子之赞同狂狷,是一种退而求其次的赞同。即便曾点是一个货真价实的"狂者",《言志章》孔子的"吾与点也"亦不宜评价过高。事实上,孔子很有可能只是取其言行中的某个面甚或某个点而已。

　　如果我们将《先进·言志章》与《宪问·莫知章》联系起来,就很能看出孔子"喟然而叹"的复杂意蕴。此章"夫子喟然叹曰"与彼章"知我者其天乎!"其实同一意蕴。孔子"吾与点也",与其说是评价曾点,不如说是"借题发挥",以表达自己生命之蕴藉,纾解内心"莫我知也夫"的孤寂。《中庸》云:"天下国家可均也,爵禄可辞也,白刃可蹈也,中庸不可能也。"孔子之道,究其精髓,亦复如是,难信难解。"下学而上达",即人伦而超人伦,即经济而超经济。抛却人伦经济而游心沂水春风,固非孔子之道;规规于人伦经济,亦岂孔子之道哉!人伦经济还只是"下学",必须由此而"上达",方为此学之真旨。自古圣贤皆寂寞,千古知音最难觅,三千门徒,七十二贤,真知孔子之志者有几?孔子死后,儒分为八,各得其性之所近,两千五百多年来,真知孔子之道者有几?悠悠千载之下,煌煌硕学大儒,犹且错会孔子之意,夫子当日之喟然叹息,不亦宜乎?

《五灯会元》讲记：洞山良价

张文江（同济大学人文学院）

禅宗"一花五叶"传说，我找到的比较早的提法，出现在敦煌本《坛经》中。根据郭朋的观点，敦煌本《坛经》的成立年代（780—800），离六祖慧能（638—713）的去世，相差六十到八十年（《坛经校释》，中华书局，1983年，第12页）。敦煌本《坛经》有"先代五祖《传衣付法颂》"，第一篇作者是达磨：

吾本来唐国，传教救迷情。一花开五叶，结果自然成。

历代相传文献中，这段文字有改动。成书于五代的《祖堂集》卷二，"吾本来唐国"改成"吾本来此土"。成书于北宋的《景德传灯录》卷三，又改动两个字，"此土"改成"兹土"，"传教"改成"传法"（成书于南宋的《联灯会要》卷二同）。此后，成书于南宋的《五灯会元》卷一菩提达磨章次，不再改动，还是"吾本来兹土，传法救迷情"。现在一般谈论"一花五叶"，引用的都是这一段：

吾本来兹土，传法救迷情。一花开五叶，结果自然成。

这些文字改动,初看相当忠实。第一个变化,"唐国"和"此土"几乎完全对等,细辨有轻微差异。"吾本来唐国",达磨来华时间在南北朝(当梁与北魏),用"唐国"有所不妥。同时,口气是外国人,不怎么水乳交融。而"吾本来此土",不仅弥补了漏洞,而且异域色彩变淡,有一家人的感觉。第二个变化,"此土"和"兹土"是同义词,"此土"比较朴素、口语化,"兹土"有书面语色彩。第三个变化,《祖堂集》还没有改的"传教",《景德传灯录》改成"传法"。其实"传教"就是"传法",然而,"传教"好像是传播思想,"传法"则成了传授技艺。最早版本的文字,不一定是最好的,敦煌本《坛经》可能近真,改动后意思更精密。最后定稿为"吾本来兹土,传法救迷情",而"一花传五叶,结果自然成",任何版本都没有改动过。

一花五叶是怎么开出来的?一花由达磨到慧能(665—713),也就是由印度佛教演变为中国佛教。五叶有两说,一说指从慧可到慧能,一说指慧能弟子的演变,前说有可能性,通常采取后说。《坛经》记载慧能有十弟子,其中法海、神会尤可注意。法海集成《坛经》(契嵩本、宗宝本记其得法因缘)。神会大力弘扬南宗(参见《神会和尚禅话录》,杨曾文校注,中华书局,2004年)。在十弟子之外,有永嘉玄觉(665—713)和南阳慧忠(?—775),两人一野一朝,一南一北,最为特立独行,昂首天外。

神会即荷泽神会(686—760),和《坛经》系统有密切关联。他扩大了南宗的影响,也被批评为"知解宗徒"(《五灯会元》卷二荷泽神会章次)。此派著名的传人是圭峰宗密(780—841),事迹见《五灯会元》卷二。最早批评《坛经》系统的人是南阳慧忠,说那些人聚却三五百众,目视云汉,云是南方宗旨,把《坛经》改换得面目全非(《景德传灯录》卷二十八《诸方广语》)。而永嘉玄觉的《证道歌》更是矫然不群,允为修行楷模。

六祖门下得法脉者,还有形成灯录系统的南岳怀让(677—744)和青原行思(?—740)。南岳以下开出五叶中的两叶,青原以下开出其余的三叶。

南岳怀让的弟子是马祖道一(709—788),青原行思的弟子是石头希迁(700—790),禅法之盛,始于二师。刘轲云:"江西主大寂,湖南主石头,往来憧憧,不见二大士为无知矣。"(《五灯会元》卷三马祖道一章次)马祖的弟子是百丈怀海(720—814),有"一日不作,一日不食"的名言流传(《五灯会元》卷三百丈怀海章次)。百丈的弟子是沩山灵祐(771—853),沩山和他的弟子仰山慧寂(814—890),开出第一张叶子,沩仰宗。这是六祖下来的第五代。百丈还有弟子黄檗希运(?—850),有《黄檗传心法要》传世。黄檗的弟子是临济义玄(?—867),开出第二张叶子,临济宗。这是六祖下来的第六代。黄檗是沩山师兄弟,临济比沩山低一辈,和仰山是同辈。

石头希迁的大弟子是药山惟俨(?—834),他和百丈是同辈。药山的弟子是云岩昙晟(780—841),云岩跟沩山、黄檗平辈。他的弟子是洞山良价(807—869),洞山的弟子是曹山本寂(840—901),两人形成曹洞宗,这是第三张叶子,也是六祖下来的第六代。石头还有一个弟子,跟药山同辈,是天皇道悟(748—807,一说有两道悟,另一人嗣法马祖)。天皇的弟子是龙潭崇信(?—?),龙潭的弟子是德山玄鉴(782—865)。德山和仰山、临济、洞山同辈,但没有开派。他有两个弟子,一个是岩头全豁(828—887),一个是雪峰义存(822—907)。岩头的修持极高,然而没有开派,开派来自他的师弟雪峰以下。

雪峰的弟子是云门文偃(864—949),他开了第四张叶子,云门宗。这是六祖下来的第八代。雪峰另外还有弟子玄沙师备,玄沙传罗汉桂琛,罗汉桂琛传清凉文益(885—958),他开出最后一张叶子,法眼宗。这是六祖下来的第十代,唐五代一花五叶的全盛时期结束。宋代禅宗大风行,编撰出很多书,不过创造性就此减弱了。其时也有新东西冒出来,那就是陈抟的先天易,二程的理学,张伯端的新道教。禅宗在北宋还开了两张小叶子,临济宗的黄龙、杨歧,形成五家七宗。到了南宋进一步衰落，只剩下两家，一个是临济，一个是曹洞，以后往日本发展，近代又传往欧美。

禅宗的全盛时期在唐五代，正面临着大乱世。安史之乱以后，唐王朝走下坡路，然而禅宗却走上坡路，一直走到五代。907年唐亡，960年宋赵匡胤称帝，国家重新统一。其时，五叶的最后一叶——法眼宗的清凉文益已去世，一花五叶结束。

以上的脉络大致清晰。本文试读此谱系中的洞山良价，初步了解这位大德的思想。选择的文本是《五灯会元》，此处节选其一、二两部分。

一

> 瑞州洞山良价悟本禅师，会稽俞氏子。

洞山良价（807—869），云岩昙晟弟子。其法系为石头—药山—云岩—洞山，住持于瑞州洞山（今江西省宜春市宜丰县北）。在唐代此地名筠州，到了南宋末年，因避讳而改称瑞州。

原文出于《五灯会元》卷十三。洞山的事迹，亦见《祖堂集》卷六、《景德传灯录》卷十五、《宋高僧传》卷十二。传世文献有《筠州洞山悟本禅师语录》一卷，日本慧印校订；见《大正藏》1986A。又有《瑞州洞山良价禅师语录》一卷，明圆信、郭凝之编；见《大正藏》1986B。

> 幼岁从师念《般若心经》，至"无眼耳鼻舌身意"处，忽以手扪面，问师曰："某甲有眼耳鼻舌等，何故经言无？"其师骇然异之，曰："吾非汝师。"即指往五泄山礼默禅师披剃。年二十一，诣嵩山具戒。

幼岁从师念《心经》，受般若熏陶。意外提出疑问，为天性的颖悟。《心经》言"无眼耳鼻舌身意"，于"行深般若波罗蜜多时，照见五蕴皆空"。

寻访好的老师，启动上出之旅。五泄山，在浙江省诸暨县东北。默禅师，指五泄灵默，马祖道一弟子，事迹见《五灯会元》卷三。具戒即受具足戒，成为正式出家人。

又，在嵩山具戒，不知何处，应该不是少林寺。元明以后，少林所宗的正是曹洞宗："今天下举宗者往往推少林，而少林所宗者盖曹洞派也。"（赵宝俊《少林寺》引明代《幻休禅师碑》，上海人民出版社，1982年，第40页）

  游方首诣南泉，值马祖讳辰修斋。泉问众曰："来日设马祖斋，未审马祖还来否？"众皆无对。师出对曰："待有伴即来。"泉曰："此子虽后生，甚堪雕琢。"师曰："和尚莫压良为贱。"

行脚至南泉（今安徽贵池境内），参谒南泉普愿（748—835）。南泉是马祖弟子，事迹见《五灯会元》卷三。首诣南泉，应出于五泄的指引。南泉比洞山大六十岁，已是德高望重的老年。

讳辰即忌辰，先师去世的纪念日。修斋祭祀，引发对前辈的景仰，正是学习的契机。"来日设马祖斋，未审马祖还来否？"问马祖来与不来，考问祭祀的真意。"待有伴即来"，此地有证悟之人，才可能发生感通。

"此子虽后生，甚堪雕琢。"看到英气勃勃的后生，南泉甚为欣喜。修行道路很漫长，如果年轻时出发，有利于未来登顶。

"和尚莫压良为贱。"洞山不受绑架。佛性本来具足，雕琢打磨，有可能教坏。参见《五灯会元》卷三五泄灵默章次：僧问："何物大于天地？"师曰："无人识得伊。"曰："还可雕琢也无？"师曰："汝试下手看。"

  次参沩山，问曰："顷闻南阳忠国师有无情说法话，某甲未究其微。"沩曰："阇黎莫记得么？"师曰："记得。"沩曰："汝试举一遍看。"

《五灯会元》讲记：洞山良价

参访两代大德，可见洞山起步之高。马祖大弟子是百丈，二弟子是南泉。百丈大弟子是沩山，沩山指沩山灵佑（771—853），其地在今湖南宁乡境内，他和弟子仰山开创了沩仰宗。沩山比南泉低一辈，大洞山三十岁，事迹见《五灯会元》卷四。两人讨论南阳慧忠国师的公案，南阳是六祖弟子，事迹见《五灯会元》卷二。

"无情说法话"，跟洞山幼岁的问题有关，跟他后来的开悟也有关。"未究其微"，没有真正理解。此公案时时刻刻放在心中，无数遍思考，却始终未能透彻。"汝试举一遍看。"请你再说一遍，寻找其间的缝隙。

> 师遂举："僧问：'如何是古佛心？'国师曰：'墙壁瓦砾是。'

先心后物，显；心物一体，密。古佛，犹禅宗之本尊。心，诀也。

以中国源流而言，可通《庄子·知北游》之每下愈况，道在屎溺。"墙壁瓦砾是。"墙壁瓦砾，即《知北游》的"在瓦甓（pì）"。

> 僧曰：'墙壁瓦砾，岂不是无情？'国师曰：'是。'僧曰：'还解说法否？'国师曰：'常说炽然，说无间歇。'

"墙壁瓦砾，岂不是无情？"此相应"格物"之旨。"常说炽然，说无间歇。"亦可标点为："常说，炽然说，无间歇。"炽然，火盛貌，猛烈貌。参见《景德传灯录》卷二十八《诸方广语》引南阳慧忠："他炽然常说，无有间歇。"

又，苏轼宿东林和方丈常总论无情话，有省。黎明献偈曰："溪声便是广长舌，山色岂非清净身？夜来八万四千偈，他日如何举似人。"（《五灯会元》卷十七苏轼居士章次）

僧曰:'某甲为甚么不闻?'国师曰:'汝自不闻,不可妨他闻者也。'

"某甲为甚么不闻?"我为什么听不到？此僧局限有情中。"汝自不闻,不可妨他闻者也。"你当然听不到,可是有人听得到啊。他闻者,乃跨越无情、有情界限,此人即上文"有伴即来"。

僧曰:'未审甚么人得闻?'国师曰:'诸圣得闻。'僧曰:'和尚还闻否?'国师曰:'我不闻。'

"诸圣得闻。"僧不闻,自有证道者闻。"和尚还闻否?"你是证道者吗？"我不闻。"我不是证道者。有情界和无情界,各有轨则。自封诸圣之人,不可能是诸圣。此犹《庄子·天下篇》不肯自居道术,以"芒乎昧乎,未之尽者",对未来可能性开放。

僧曰:'和尚既不闻,争知无情解说法?'国师曰:'赖我不闻,我若闻,即齐于诸圣,汝即不闻我说法也。'

"和尚既不闻,争知无情解说法?"既然你非诸圣,又怎么会知道呢？僧反诘有力。"赖我不闻,我若闻,即齐于诸圣,汝即不闻我说法也。"国师随顺此僧所持逻辑,出入无疾。正因为你听不见,所以才需要我来说法呀。

思辨异常精彩,相应《庄子·秋水》濠梁之游。

僧曰:'恁么则众生无分去也。'国师曰:'我为众生说,不为诸圣说。'僧曰:'众生闻后如何?'国师曰:'即非众生。'

"恁么则众生无分去也。"僧坚持己见,依然处在隔阂中。"我为众生说,不为诸圣说。"大乘菩萨行,自觉觉他,始终以凡夫自居,实际已承认跨界。"即非众生",妙用《金刚经》原文。犹如问:我这样说,你闻了吗?

> 僧曰:'无情说法,据何典教?'国师曰:'灼然。言不该典,非君子之所谈。汝岂不见《华严经》云:'刹说、众生说、三世一切说。'"

"无情说法,据何典教?"你的经典依据何在?"灼然。言不该典,非君子之所谈。"灼然,确实。禅宗称为教外别传,始终有教在。"依经解义,三世佛冤。离经一字,如同魔说"(《五灯会元》卷三百丈怀海章次)。

此引《华严经》为晋译(六十《华严》),语出卷三十三《普贤菩萨行品》:"佛说菩萨说,刹说众生说,三世一切说,菩萨分别知。"参见唐译(八十《华严》)卷四十九《普贤行品》:"佛说众生说,及以国土说,三世如是说,种种悉了知。"

> 师举了,沩曰:"我这里亦有,只是罕遇其人。"师曰:"某甲未明,乞师指示。"沩竖起拂子曰:"会么?"师曰:"不会,请和尚说。"沩曰:"父母所生口,终不为子说。"

"我这里亦有",我也有此类劳什子,亦即也有此类证量。"只是罕遇其人",只是找不到真正的法器。禅门觉他,于不懂之人不说,必待其自悟,此即"传灯"。"父母所生口,终不为子说。"禅门大口诀,师徒以印证授受,决非口耳之学。

> 师曰:"还有与师同时慕道者否?"沩曰:"此去澧陵攸县,石室相连,有云岩道人,若能拨草瞻风,必为子之所重。"

"还有与师同时慕道者否?"有没有师叔辈的人可以介绍？洞山有些茫然,同时也隐隐感觉到生命中的点拨者。澧陵攸县,在今湖南株洲市。石室相连,当指云岩寺初建之时(今湖南醴陵市贺家桥镇九峰山麓)。拨草瞻风,善于观察,看出缝隙或漏洞。

石头和马祖同辈,百丈和药山同辈,沩山和云岩同辈。云岩指云岩昙晟(781—841),事迹见《五灯会元》卷五。他参侍百丈禅师二十年,因缘不契。后造药山,于言下顿省。云岩的同时慕道者,在百丈处有沩山,在药山处有道吾宗智、船子德诚。

  师曰:"未审此人如何?"沩曰:"他曾问老僧'学人欲奉师去时如何?'老僧对他道:'直须绝渗漏始得。'他道:'还得不违师旨也无?'老僧道:'第一不得道老僧在这里。'"

"未审此人如何?"他人推荐的老师,不得不有所审视。"他曾问老僧"云云,举出当年印证的要点,可以推知其程度。"学人欲奉师去时如何?"秉承老师传下的法,亦即自据一方,建立药山宗旨。"直须绝渗漏始得。"那你就必须有真正的证悟。洞山后来举三种渗漏,而漏尽即证道。"还得不违师旨也无?"再盯紧一句,正反两面,严丝合缝。"第一不得道老僧在这里。"不要向外界泄露行踪,潜修密证,如愚若鲁。

参见《金刚经》:"因无所住而生其心。"《五灯会元》卷五船子德诚章次:"藏身处没踪迹,没踪迹处莫藏身。"

  师遂辞沩山,径造云岩,举前因缘了,便问:"无情说法,甚么人得闻?"岩曰:"无情得闻。"师曰:"和尚闻否?"岩曰:"我若闻,汝即不闻吾说法也。"师曰:"某甲为甚么不闻?"岩竖起拂子曰:"还闻么?"师曰:"不闻。"岩曰:"我说法汝尚不闻,岂况无情说法乎?"

"无情说法,甚么人得闻?"迅速移步换景,直接去云岩那里,再问原来的问题。"无情得闻。"南阳从有情界立说,沩山从闻者立说,此从无情界立说。云岩换个说法,与前两人一鼻孔出气。"和尚闻否?"这是洞山的心事。"我若闻,汝即不闻吾说法也。"有机和无机,各成系统,又潜在相通。其机在证道之人,包括说者和听者。

师曰:"无情说法,该何典教?"岩曰:"岂不见《弥陀经》云,水鸟树林,悉皆念佛念法。"师于此有省。

引净土经典来启发人。以禅门而言,净土即是自性,运用之妙,存乎一心。洞山于此有省,触及症结,算是初步的领悟。

乃述偈曰:"也大奇,也大奇,无情说法不思议。若将耳听终难会,眼处闻时方得知。"

超越以后,六根互相为用(参见《楞严经》卷四)。大奇者,沟通两界也。

师问云岩:"某甲有余习未尽。"岩曰:"汝曹作甚么来?"师曰:"圣谛亦不为。"岩曰:"还欢喜也未?"师曰:"欢喜则不无,如粪扫堆头,拾得一颗明珠。"

禅门互相检验,彼此勘查所藏。"某甲有余习未尽。"洞山自知尚有不足。"汝曹作甚么来?"云岩指点其所自。参见《庄子·寓言》:"有自也而可,有自也而不可;有自也而然,有自也而不然。""曹"字或误,《联灯会要》卷二十作"曾"。"圣谛亦不为。"凡圣等一,当年青原以此答六祖(参见《五灯会元》卷五青原行思章次）。"还欢喜也未?"如果执着欢喜,依然可能为禅病。

"如粪扫堆头,拾得一颗明珠。"参见茶陵郁山主开悟偈:"我有明珠一颗,久被尘劳关锁,今朝尘尽光生,照破山河万朵。"(《五灯会元》卷三,参见卷十九白云守端章次)

> 师问云岩:"拟欲相见时如何？"曰:"问取通事舍人。"师曰:"见问次。"曰:"向汝道甚么?"

相见,跨越生死,彼此见性。通事舍人为官职,在唐代掌管皇帝与太子的朝见引纳、殿廷通奏。你想见到我,有人肯通报吗? 或者说,你有通关文书吗(你的证量在哪里呢)? "见问次。"我就在你面前,已经到了,不需要什么通报。"向汝道甚么?"见到真面目,心照不宣,无话可说。

> 师辞云岩,岩曰:"甚么处去?"师曰:"虽离和尚,未卜所止。"曰:"莫湖南去?"师曰:"无。"曰:"莫归乡去?"师曰:"无。"曰:"早晚却回。"师曰:"待和尚有住处即来。"曰:"自此一别,难得相见。"师曰:"难得不相见。"

辞师意为学成。"甚么处去?"你从何处来,又往何处去?"虽离和尚,未卜所止。"逍遥、飘荡,不确定。"莫湖南去?"是在周围一带弘法吗?"莫归乡去?"是反哺家乡父老吗? 马祖在江西,石头在湖南,大弘禅法,流风余韵未歇。"早晚却回。"表达师门关切,走一程还是回来吧。

"待和尚有住处即来。"犀利,你所住的石室,能算最后归宿吗? 犹如问:你的根本大事解决了吗?"自此一别,难得相见。"嘱托大事,相忘江湖,已预知死期。"难得不相见。"主看主,你懂我,我懂你,透彻无常。

《五灯会元》讲记：洞山良价

临行又问："百年后忽有人问,还邈得师真否,如何祇对?"岩良久,曰："只这是。"师沉吟,岩曰："价阇黎承当个事,大须审细。"师犹涉疑,后因过水睹影,大悟前旨。

"邈得师真",即前文"学人欲奉师去时如何"? 以象来传递,求最后印证。良久曰："只这是。"当下的状态。洞山沉吟,终于显露漏洞。"价阇黎承当个事,大须审细。"云岩的警告立刻到场,你还有阴气没消除,要好好反省。过水睹影,一晃之间,照见最后的疑惑。大悟前旨,贯通所有一切。

有偈曰："切忌从他觅,迢迢与我疏。我今独自往,处处得逢渠。渠今正是我,我今不是渠。应须恁么会,方得契如如。"

"切忌从他觅,迢迢与我疏。"向外寻觅,转求转远。"我今独自往,处处得逢渠。"上出以后,无处不是法身。"渠今正是我",法身与我不二。"我今不是渠。"色身与法身,亦同亦异。"应须恁么会,方得契如如。"如来者,无所从来,亦无所去,是名如来(《金刚经》)。

他日,因供养云岩真次,僧问："先师道只这是,莫便是否?"师曰："是。"曰："意旨如何?"师曰："当时几错会先师意。"曰："未审先师还知有也无?"师曰："若不知有,争解恁么道? 若知有,争肯恁么道?"〔长庆云:"既知有,为甚么恁么道?"又云:"养子方知父慈。"〕

先师画像已挂在墙上,以供养或祭祀,激发后人上出。"先师道只这是,莫便是否?"尖锐的盘诘,又开始了。禅宗的证悟,必须经过每代人重新检验,包括对老师的检验。如精金美玉,则愈显光芒;若隐含裂缝,则终将崩裂。"是。"确定先师无误。"意旨如何?"到底怎么说?"当时几错会先师意。"也就是说,如今的自己,与先师完全相应。"未审先师还知有也无?"难道云岩也懂这个吗? 参禅者皆有其自信。"若不知有,争解恁么道?"如果他不知道,怎么说得出来?"若知有,争肯恁么道?"如果他知道,怎么肯直接说出来?

"既知有,为甚么恁么道?"洞山既回复问题,又没有直接说出,早已道了也。"养子方知父慈。"自己当了老师,才知道老师的恩德。

师在泐潭,见初首座,有语曰:"也大奇,也大奇。佛界道界不思议。"师遂问曰:"佛界道界即不问,只如说佛界道界底是甚么人?"初良久无对。师曰:"何不速道?"初曰:"争即不得。"师曰:"道也未曾道,说甚么争即不得?"初无对。师曰:"佛之与道,俱是名言,何不引教?"初曰:"教道甚么?"师曰:"得意忘言。"初曰:"犹将教意向心头作病在。"师曰:"说佛界道界底病大小?"初又无对。次日忽迁化,时称师为问杀首座价。

"也大奇,也大奇",证悟偈之开头语,或来自《华严经》的"奇哉!奇哉!"。佛界道界,犹果与道;问你是谁,基何在? 初良久无对,看上去好像不错。"何不速道?"你的反应在哪里?"争即不得。"你好像过于着急了。"道也未曾道,说甚么争即不得?"你的论证跳跃,中间环节缺失。初无对,原来他不是真懂。

"佛之与道,俱是名言,何不引教?"偈子是你的总结,何不引用经文说明?"教道甚么?"教难道不正是名言吗?"得意忘言。"教即无教,道即不道,此借用庄子。参见《外物》:"荃者所以在鱼,得鱼而忘荃;蹄者所以在兔,得兔而忘蹄;言者所以在意,得意而忘言。吾安得夫忘言之人而与之言哉!""犹将教意向心头作病在。"你还有东西没化除。"说佛界道界底病大小?"那你不也是一样吗？现在知道自己的错在哪里了吧。

二

师自唐大中末于新丰山接诱学徒,厥后盛化豫章高安之洞山。

唐武宗会昌年间(841—846),有会昌法难,佛教遭受大挫折。此后为唐宣宗大中年间(847—859),佛教又得以发展。洞山来新丰山为大中十三年(859),其时五十二岁。以此为界,他的行迹分两个阶段。新丰山在今何处？不详。豫章,在今江西南昌高安县。

权开五位,善接三根。大阐一音,广弘万品。横抽宝剑,剪诸见之稠林。妙叶弘通,截万端之穿凿。

五位指五位君臣,接引上中下三根。权者,方便也。一音,解脱之音。《维摩诘经·佛国品》:"佛以一音演说法,众生随类各得解。"《法华经·妙音菩萨品》:"解一切众生语言三昧。"万品,所有众生若干种心。诸见,犹四十二见,无明也。妙叶(xié),调整,适合。若未能证悟,万端皆为穿凿。

又得曹山深明的旨,妙唱嘉猷。道合君臣,偏正回互。由是洞上玄风,播于天下。故诸方宗匠,咸共推尊之曰"曹洞宗"。

又得到弟子曹山本寂(840—901)的协助,禅法广泛传播,曹洞宗由此成立。"道合君臣,偏正回互。"以君臣为纲要;偏正犹阴阳,回互犹阴阳互变。

称为"曹洞宗",有两说:一是取曹溪六祖慧能及六世孙洞山之名;

二是取师洞山、徒曹山之名,为协调音韵而颠倒次序。根据《五灯会元》,曹山之名也取自曹溪,当以前说为是。

  师因云岩讳日营斋,僧问:"和尚于云岩处得何指示?"师曰:"虽在彼中,不蒙指示。"曰:"既不蒙指示,又用设斋作甚么?"师曰:"争敢违背他!"曰:"和尚初见南泉,为甚么却与云岩设斋?"师曰:"我不重先师道德佛法,只重他不为我说破。"曰:"和尚为先师设斋,还肯先师也无?"师曰:"半肯半不肯。"曰:"为甚么不全肯?"师曰:"若全肯,即孤负先师也。"

"虽在彼中,不蒙指示。"虽然在老师身边,却没有指示什么。没有说,因为不说说;没有教,因为不教教。"既不蒙指示,又用设斋作甚么?"既然没有教,那就不是本师。"争敢违背他!"在无言之间,已经全盘学会。

"和尚初见南泉,为甚么却与云岩设斋?"你见到的人,哪一位不是大师,为什么只继承云岩呢?"我不重先师道德佛法,只重他不为我说破。"南泉是初步点拨,启发觉性;云岩是究竟成就,恩同再生。参见前引沩山:"父母所生口,终不为子说。"

"和尚为先师设斋,还肯先师也无?"你对先师是赞同还是反对呢?"半肯半不肯。"《易》有"时中"之义,全肯无创造,即是不善学。"为甚么不全肯?"时空移易,所显之机不同,应对当然不同。"若全肯,即孤负先师也。"参见《五灯会元》卷三百丈怀海章次:"见与师齐,减师半德。见过于师,方堪传授。"

  问:"欲见和尚本来师,如何得见?"师曰:"年牙相似,即无阻矣。"僧拟进语,师曰:"不蹑前踪,别请一问。"僧无对。〔云居代云:

《五灯会元》讲记：洞山良价

"恁么则不见和尚本来师也。"僧问长庆："如何是年牙相似者?"庆云："古人恁么道,阇黎久向这里觅个甚么?"〕

欲见本来师,亦即见本来面目。"年牙相似,即无阻矣。"年牙指年龄或生物钟,暗指修行的程度(参见柏拉图:《第二封信》,314a—c)。你修行到像我这样,应该就不会有问题。时节因缘一旦到达,自己就能明白。"不蹑前踪,别请一问。"请撇开固定套路,另外问一句话出来,也就是呈现本来面目。

"恁么则不见和尚本来师也。"从老师之门走,蹑前踪就是不蹑前踪,学老师就是不学老师。"如何是年牙相似者?"见前。"古人恁么道,阇黎久向这里觅个甚么?"前人不过说一句话,你何必执着不放。

问："寒暑到来,如何回避?"师曰："何不向无寒暑处去?"曰："如何是无寒暑处。"师曰："寒时寒杀阇黎,热时热杀阇黎。"

仍在寒暑中,已出寒暑外。

上堂："还有不报四恩三有者么?"众无对。又曰："若不体此意,何超始终之患? 直须心心不触物,步步无处所,常无间断,始得相应。直须努力,莫闲过日。"

四恩:父母恩,众生恩,国王恩,三宝恩(《大乘本生心地观经》卷二《报恩品》,大唐罽宾国三藏般若奉诏译)。三有即三界,以业力报得。体此意谓相应,始终指生死。"心心不触物,步步无处所",在尘出尘,在三界出三界。"常无间断",过去、现在、未来,于法不说断灭相。"始得相应",解脱也。"直须努力,莫闲过日",精进修行。

问僧:"甚处来?"曰:"游山来。"师曰:"还到顶么?"曰:"到。"师曰:"顶上有人么?"曰:"无人。"师曰:"恁么则不到顶也。"曰:"若不到顶,争知无人?"师曰:"何不且住。"曰:"某甲不辞住,西天有人不肯。"师曰:"我从来疑著这汉。"

"甚处来?"开始查考。"还到顶么?"亮出试题。王安石《登飞来峰》:"不畏浮云遮望眼,只缘身在最高层。"(参见《游褒禅山记》)"顶上有人么?"问所见景象,依然是试探。"无人。"此人极度自信。师曰:"恁么则不到顶也。"贡高我慢,情执未化,或见天地而未见众生。

"何不且住。"暂且停留,试试脱出惯性。如果还能放下,或许就到顶了。"某甲不辞住,西天有人不肯。"勇于承当。"我从来疑著这汉。"似则似矣,是则未是。

师与泰首座冬节吃果子次,乃问:"有一物上挂天,下挂地,黑似漆,常在动用中。动用中收不得,且道过在甚么处?"泰曰:"过在动用中。"〔同安显别云:"不知。"〕师唤侍者,掇退果卓。

"上挂天,下挂地,黑似漆",《易》与天地准,道玄之又玄。参见傅大士:"有物先天地,无形本寂寥。能为万象主,不逐四时凋。"(《五灯会元》卷二双林善慧章次)

"常在动用中。动用中收不得"。体不等于用,两者亦同亦异。参见《易·系辞上》"大衍之数五十,其用四十有九"。"过在动用中。"动用不正确,所以有过。师"掇退果卓",此人识见凡俗,撤走供养。体用一致,没有正确不正确。参见《圆觉经》"清净慧菩萨"章论"如来随顺觉性"。

问雪峰:"从甚处来?"曰:"天台来。"师曰:"见智者否?"曰:"义

《五灯会元》讲记：洞山良价

存吃铁棒有分。"

不管怎么回答，都不可能对。雪峰自告奋勇，领取铁棒，故无过。

又，雪峰三兄弟：岩头，雪峰，钦山，各走其路，各有成就。岩头批评洞山（参见《五灯会元》卷七岩头全豁章次）；钦山传承洞山（参见《五灯会元》卷十三钦山文邃章次）；而雪峰出入洞山，九上洞山，三到投子（参见《五灯会元》卷十二文公杨亿章次）。

僧问："如何是西来意？"师曰："大似骇鸡犀。"问："蛇吞虾蟆，救则是，不救则是？"师曰："救则双目不睹，不救则形影不彰。"

骇鸡犀，《战国策·楚策一》："乃遣使车百乘，献鸡骇之犀、夜光之璧於秦王。"《后汉书·西域传·大秦》："土多金银奇宝，有夜光璧、明月珠、骇鸡犀、珊瑚、虎魄。"葛洪《抱朴子·登涉》："又通天犀角，有一赤理如綖，有自本彻末，以角盛米，置鸡群中，鸡欲啄之，未至数寸，即惊却退，故南人或名通天犀为骇鸡犀。"

论者考证，鸡骇是一种印度宝石，梵语作 Karketana（猫眼石），主要产于斯里兰卡和南印度西海岸。鸡骇之犀，指的是一种镶嵌印度猫眼石或玻璃的青铜犀牛（林梅村：《丝绸之路考古十五讲》，北京大学出版社，2006 年，第 94 页）。

参见《永嘉证道歌》："狮子吼，无畏说，百兽闻之皆胆裂；香象奔波失却威，天龙寂听生欣悦。""救则双目不睹，不救则形影不彰。"救违反智慧，不救违反慈悲。

有僧不安，要见师。师遂往，僧曰："和尚何不救取人家男女。"师曰："你是甚么人家男女？"曰："某甲是大阐提人家男女。"师良久。

僧曰:"四山相逼时如何?"师曰:"老僧日前也向人家屋檐下过来。"曰:"回互不回互?"师曰:"不回互。"曰:"教某甲向甚处去?"师曰:"粟畲里去。"僧嘘一声,曰:"珍重。"便坐脱。师以拄杖敲头三下,曰:"汝只解与么去,不解与么来。"

"不安",病得很重,应该是临终前的烦躁。"和尚何不救取人家男女。"为什么不救我,试探其慈悲,若中招则愚痴。"你是甚么人家男女?"反问你是谁?查考其来路,提示其觉醒。"某甲是大阐提人家男女。"预先封闭进路,把逻辑完全锁死。师良久,似考虑,似消解,不度度之。

"四山相逼时如何?"四山指地水火风,或生老病死,有真实的痛苦。"老僧日前也向人家屋檐下过来。"大家的色身都一样,我也从世间法中走过来(《筠州洞山悟本禅师语录》,有洞山的《辞北堂书》《后寄北堂书》)。"回互不回互?"回互指阴阳转化,来自石头《参同契》:"门门一切境,回互不回互。"(《五灯会元》卷五石头希迁章次)"不回互。"断然否定,斩断葛藤。

"教某甲向甚处去?"你问我来路,我问你去处,哪里不是六道?"粟畲里去。"大乘菩萨行,下学而上达。"畲",火耕地,粗放耕种的田地。"僧便坐脱。"你说的不错,那么看我的工夫:"嘘一声",调整气场,洒脱上路。"以拄杖敲头三下",再次破除,再次警醒。"汝只解与么去,不解与么来。"最后点拨,知来处方知去处。你懂出世而不懂入世,还差那么一点,尚未究竟。

因夜参,不点灯,有僧出问话。退后,师令侍者点灯,乃召适来问话僧出来。其僧近前,师曰:"将取三两粉来,与这个上座。"其僧拂袖而退。自此省发,遂罄舍衣资设斋。得三年后,辞师。师曰:"善为!"时雪峰侍立,问曰:"只如这僧辞去,几时却来?"师曰:"他只

《五灯会元》讲记：洞山良价

知一去，不解再来。"其僧归堂，就衣钵下坐化。峰上报师，师曰："虽然如此，犹较老僧三生在。"

"其僧拂袖而退，自此省发，遂罄舍衣资设斋。"此人一直在参究中，进退之间，无意中触发，已洞然明白。于是裸捐，供养大众。"得三年后，辞师。"悟后用三年化除余习，告别犹请求毕业。"善为"犹上文"珍重"，是很大的加持。

"他只知一去，不解再来。"此人已明白，洞山明白其明白，果然坐脱立亡。"虽然如此，犹较老僧三生在。"急于自身解脱，度人功行未足。修行人一生，可复合多生乃至无穷生。

雪峰上问讯，师曰："入门来须有语，不得道早个入了也。"峰曰："某甲无口。"师曰："无口且从，还我眼来。"峰无语。〔雪居别前语云："待某甲有口即道。"长庆别云："恁么则某甲谨退。"〕

"上问讯"，走出队列。"入门来须有语，不得道早个入了也。"引入考校，不可含糊默认。"某甲无口。"道不得。"无口且从，还我眼来。"你的判断力在哪里？亦不可无语。"待某甲有口即道。"即使有语，最终还是无语。"恁么则某甲谨退。"我承认你过关，有眼即是无语。

雪峰般柴次，乃于师面前抛下一束。师曰："重多少？"峰曰："尽大地人提不起。"师曰："争得到这里？"峰无语。

"争得到这里？"从来路破除。

问僧："甚处来？"曰："三祖塔头来。"师曰："既从祖师处来，又要见老僧作甚么?"曰:"祖师即别,学人与和尚不别。"师曰:"老僧欲见阇黎本来师,还得否?"曰:"亦须待和尚自出头来,始得。"师曰:"老僧适来暂时不在。"

"三祖塔头来。"学师之师,以祭祀而感应。三祖僧璨(510—606)的塔头,在今安徽省潜山县。"既从祖师处来,又要见老僧作甚么?"你既然已领会祖师意旨,那就不用来见我了。见祖师就是见老僧,于《易》当应与比。"祖师即别,学人与和尚不别。"否定祖师和老僧之同,强调我和你之同。如果肯定你和我都不懂,那么就是我懂你不懂。

"老僧欲见阇黎本来师,还得否?"那你把证悟亮出来看看。"亦须待和尚自出头来,始得。"你必须自悟,才可能看见我。"老僧适来暂时不在。"对不起,失敬失敬,我刚才有些走神。在犹在场,精神凝聚。

官人问:"有人修行否?"师曰:"待公作男子即修行。"

批评你不是大丈夫。想修行撩衣便行,哪里要那么多先决条件,婆婆妈妈的。参见禅门名言:"出家乃大丈夫事,非将相之所能为。"(《五灯会元》卷二径山道钦章次)

僧问:"相逢不拈出,举意便知有时如何?"师乃合掌顶戴。

行家一伸手,便知有没有。永远不谈,从念头一动处,就可以看出。"合掌顶戴",我们彼此共勉吧。

问僧:"作甚么来?"曰:"孝顺和尚来。"师曰:"世间甚么物最孝顺?"僧无对。

修行成就,利益大众,最孝顺。

> 上堂:"有一人在千人万人中,不背一人,不向一人,你道此人具何面目?"云居出曰:"某甲参堂去。"

云居道膺,洞山弟子,事迹见《五灯会元》卷十三。无亲无疏,无背无向,自己去得出答案。

> 师有时曰:"体得佛向上事,方有些子语话分。"僧问:"如何是语话?"师曰:"语话时阇黎不闻。"曰:"和尚还闻否?"师曰:"不语话时即闻。"

体得犹体证,身心合一。向上,犹《易》乾元上出。闻与不闻,参见前引无情说法。

> 问:"如何是正问正答?"师曰:"不从口里道。"曰:"若有人问,师还答否?"师曰:"也未曾问。"问:"如何是从门入者非宝?"师曰:"便好休。"问:"和尚出世几人肯?"师曰:"并无一人肯。"曰:"为甚么并无一人肯?"师曰:"为他个个气宇如王。"

"不从口里道",行胜于言。子曰:"听其言而观其行。"(《论语·公冶长》)"也未曾问。"有问而答,或受其绑架。若从根上消解问题,可无需回答。"如何是从门入者非宝?"禅门有云:"从门入者,不是家珍。"(《五灯会元》卷六黄山月轮章次,卷七岩头全奯章次)"便好休。"无为法,一劳永逸解决。"并无一人肯。"此之谓特立独行。"为他个个气宇如王。"自己走成就之路,不用多讨论别人。

师问讲《维摩经》僧曰:"不可以智知,不可以识识,唤作甚么语?"曰:"赞法身语。"师曰:"唤作法身,早是赞也。"

语出《维摩诘经》卷下《见阿閦佛品》,原文讨论如何观佛。"唤作法身,早是赞也。"不必添一语,否则已成隔阂。参见《庄子·齐物论》:"一与言为二,二与一为三。自此以往,巧历不能得,而况其凡乎?"

问:"时时勤拂拭,为甚么不得他衣钵?未审甚么人合得?"师曰:"不入门者。"曰:"只如不入门者,还得也无?"师曰:"虽然如此,不得不与他。"却又曰:"直道本来无一物,犹未合得他衣钵,汝道甚么人合得?这里合下得一转语,且道下得甚么语?"时有一僧,下九十六转语,并不契,末后一转,始惬师意。师曰:"阇黎何不早恁么道?"别有一僧密听,只不闻末后一转,遂请益其僧。僧不肯说,如是三年相从,终不为举。一日因疾,其僧曰:"某三年请举前话,不蒙慈悲,善取不得,恶取去。"遂持刀白曰:"若不为某举,即杀上座去也。"其僧悚然,曰:"阇黎且待,我为你举。"乃曰:"直饶将来亦无处著。"其僧礼谢。

讨论《坛经》神秀、慧能偈。"时时勤拂拭,为甚么不得他衣钵?未审甚么人合得?"意中有"本来无一物"在。"不入门者。"在两者之外,因为都已形成理路。"只如不入门者,还得也无?"执着入门不入门,问者频道狭窄。"虽然如此,不得不与他。"得与不得,皆是名言,必须有实际证悟。"直道本来无一物,犹未合得他衣钵,汝道甚么人合得?这里合下得一转语,且道下得甚么语?"破除"本来无一物",不以门内门外评判。下九十六转语,艰苦卓绝,寻寻觅觅。

别有一僧,未能另下转语。"三年相从,终不为举。"举即有理路,故不能相应。不语为慈悲,有助于消除障碍。直到最后生病,好奇心切转为生死心切,方另起其机。"直饶将来亦无处著。"《金刚经》"因无所住而生其心"。礼谢,对整体收功,由此得以安顿。

  有庵主不安,凡见僧便曰:"相救!相救!"多下语不契。师乃去访之。主亦曰:"相救。"师曰:"甚么相救?"主曰:"莫是药山之孙,云岩嫡子么?"师曰:"不敢。"主合掌曰:"大家相送。"便迁化。僧问:"亡僧迁化向甚么处去?"师曰:"火后一茎茅。"

"不安",临终前病重。"相救!相救!"以生死出招,求相应之人。"甚么相救?"没有跟着走,不愧定力深湛。"莫是药山之孙,云岩嫡子么?"是药山、云岩法脉的住持者吗?"不敢。"亦即敢也,承认了。"大家相送。"终于等到你了,于是安心迁化。"火后一茎茅。"形下化为形上,四大外之生机。

  问:"师寻常教学人行鸟道,未审如何是鸟道?"师曰:"不逢一人。"曰:"如何行?"师曰:"直须足下无私去。"曰:"只如行鸟道,莫便是本来面目否?"师曰:"阇黎因甚颠倒?"曰:"甚么处是学人颠倒?"师曰:"若不颠倒,因甚么却认奴作郎?"曰:"如何是本来面目?"师曰:"不行鸟道。"

鸟道、玄路、展手,乃洞山禅法。"鸟道",难行之道,无痕迹之道。"不逢一人。"走自己的道路,不共中之不共。"直须足下无私去。"私意净尽,天理流行。"只如行鸟道,莫便是本来面目否?"此问已起私意,未能死去偷心。"若不颠倒,因甚么却认奴作郎?"认清本来面目,就是行鸟道。踏实而行,走康庄大道,就是行鸟道。行鸟道只是接引方便,不可头上安头,故曰:"不行鸟道。"

师谓众曰:"知有佛向上人,方有语话分。"僧问:"如何是佛向上人?"师曰:"非佛。"〔保福别云:"佛非。"法眼别云:"方便呼为佛。"〕

"佛向上人",教外之别传。"非佛。""佛非。""方便呼为佛。"三者一意。

师与密师伯过水,乃问:"过水事作么生?"伯曰:"不湿脚。"师曰:"老老大大,作这个语话。"伯曰:"你又作么生?"师曰:"脚不湿。"

密师伯指神山僧密,云岩弟子,事迹见《五灯会元》卷五。称其为师伯,或用记述人口吻。"老老大大,作这个语话。"你修行已有不少年头,还是这样的见地,难道不害臊吗?"不湿脚。"外在,有心。"脚不湿。"内在,无心。

问僧:"甚处去来?"曰:"制鞋来。"师曰:"自解依他?"曰:"依他。"师曰:"他还指教汝也无?"曰:"允即不违。"

"制鞋"和"自解",取其谐音。"依他。"宗与教相通,依他即自解。"他还指教汝也无?"他指教你什么呢?"允即不违。"不二不一,协和之象。

僧问茱萸:"如何是沙门行?"萸曰:"行则不无,有觉即乖。"别有僧举似师,师曰:"他何不道未审是甚么行?"僧遂进此语,萸曰:"佛行,佛行。"僧回举似师,师曰:"幽州犹似可,最苦是新罗。"〔东禅齐拈云:"此语还有疑讹也无?若有,且道甚么处不得?若无,他又道最苦是新罗。还点检得出么?他道行则不无,有觉即乖。却令再问是甚么行?又道佛行,那僧是会了问,不会了问?请断看。"]僧却问:"如何是沙门行?"师曰:"头长三尺,颈长二寸。"师令侍者持此语问三圣然和尚,圣于侍者手上掐一掐。侍者回,举似师。师肯之。

茱萸即鄂州茱萸,南泉普愿弟子,事迹见《五灯会元》卷四。"行则不无,有觉即乖。"如果想合,正是区分的开始。"他何不道未审是甚么行?"审行即是合。"佛行,佛行。"随喜,赞叹,顶门之眼。参见敦煌本《坛经》:"即佛行是佛。"

"幽州犹似可,最苦是新罗。"越说越远了,依然不同意。禅门语录中,同样句式数见,肯定还是否定?幽州在河北、辽宁一带,新罗在朝鲜半岛,路途遥远,交通不便。"犹似可",一作"犹自可",《五灯会元》卷二十狼山慧温章次:"幽州犹自可,最苦是新罗。"《碧岩录》二十一则:"幽州犹自可,最苦是江南。"

"头长三尺,颈长二寸。"变形,多维空间图像,或谓无意味语。三圣然即三圣慧然,临济义玄弟子,事迹见《五灯会元》卷十一。"掐一掐",从身体之直感透入。

师见幽上座来,遽起向禅床后立。幽曰:"和尚为甚么回避学人?"师曰:"将谓阇黎不见老僧?"

以夸张方式回应,刺激其觉悟。此人大大咧咧,生活在宿习之中,对生命气息无感。

问:"如何是玄中又玄?"师曰:"如死人舌。"

玄中又玄,从"玄路"衍出。"如死人舌。"不说说,《庄子·达生》有"呆若木鸡"。

师洗钵次,见两乌争虾蟆。有僧便问:"这个因甚么到恁么地?"师曰:"只为阇黎。"

极深的因果网络,本源为观者的我相。《坛经》有风幡之争,六祖曰:"非风动,非幡动,仁者心动。"

问:"如何是毗卢师法身主?"师曰:"禾茎粟杆。"

法身主,在平常事物。

问:"三身之中,阿那身不堕众数?"师曰:"吾常于此切。"〔僧问曹山:"先师道吾常于此切,意作么生?"山云:"要头便斫去。"又问雪峰,峰以拄杖劈口打云:"我亦曾到洞山来。"〕

"众数"即众生,"数"谓数取趣,往返于六道,永无停歇。"切",切己,参究,防护。"要头便斫去。"修行大于一切,要我说不可能。永嘉《证道歌》:"粉身碎骨未足酬,一句了然超百亿。""我亦曾到洞山来。"我明白他的意思,听得懂。

会下有老宿去云岩回,师问:"汝去云岩作甚么?"宿曰:"不会。"师代曰:"堆堆地。"

"不会。"此人可能已看破,把球踢回洞山。"堆堆地。"不详,或谓云岩之石室相连。

> 师行脚时,会一官人,曰:"三祖《信心铭》,弟子拟注。"师曰:"'才有是非,纷然失心',作么生注?"〔法眼代云:"恁么则弟子不注也。"〕

行脚为修行,注释为义门。学术研究,较量是非短长,"才有是非,纷然失心",你不是南辕北辙吗?故洞山反诘。

> 师看稻次,见朗上座牵牛。师曰:"这个牛须好看,恐伤人苗稼。"朗曰:"若是好牛,应不伤人苗稼。"

语出《遗教经》,参见《五灯会元》卷四长庆大安章次。禅宗重视农业劳动,往往以牵牛喻修行。

> 僧问:"如何是青山白云父?"师曰:"不森森者是。"曰:"如何是白云青山儿?"师曰:"不辨东西者是。"曰:"如何是白云终日倚?"师曰:"去离不得。"曰:"如何是青山总不知?"师曰:"不顾视者是。"

"不森森者是。"超越万象森罗,圣。"不辨东西者是。"百姓日用而不知,凡。"去离不得。"参见张伯端《读雪窦禅师祖英集》:"取不得兮舍不得。""不顾视者是。"壁立千仞,犹《老子》"天地不仁"。

> 问:"清河彼岸是甚么草?"师曰:"是不萌之草。"

此岸为萌之草,彼岸为不萌之草。宋集成等编《宏智禅师广录》,上堂举洞山"和尚病,还有不病者么"公案:"师……良久云:'宿雾尚深无见顶,春风常在不萌枝。'"

三

师作《五位君臣颂》曰:

"正中偏,三更初夜月明前。莫怪相逢不相识,隐隐犹怀旧日嫌。

偏中正,失晓老婆逢古镜。分明觌面别无真,休更迷头犹认影。

正中来,无中有路隔尘埃。但能不触当今讳,也胜前朝断舌才。

兼中至,两刃交锋不须避。好手犹如火里莲,宛然自有冲天志。

兼中到,不落有无谁敢和。人人尽欲出常流,折合还归炭里坐。"

此即曹洞宗的宗要,来自《华严经》的体用思辨。曹山对此有解释:"正位即空界,本来无物。偏位即色界,有万象形。正中偏者,背理就事。偏中正者,舍事入理。兼带者,冥应众缘,不堕诸有,非染非净,非正非偏,故曰虚玄大道无著真宗。从上先德,推此一位,最妙最玄,当详审辨明。君为正位,臣为偏位。臣向君是偏中正,君视臣是正中偏。君臣道合是兼带语。"(《五灯会元》卷十三曹山本寂章次)

潘雨廷先生有阐发,略云:

"以偏正发挥回互之象,谓理事有分有合,能知分知合各可回互,即加深对理事的认识。分犹偏,属臣道为用;合犹正,属君道为体。

曰'正中偏'者,以体起用,由相合之理,识得有分之事。此之谓'为君难'。

曰'偏中正'者,以用归体,由互分之事,识得一体之理。夜半之明比日光何如,其可迷头还认影乎?露之为物,苦乎乐乎?此之谓'为臣不易'。

曰'正中来'者，即体即用，识理如事，其事虽分而妙。盖当今所讳者属理，事而能妙，方能不触当今之讳。君视臣当为如手足，其可以土芥视之乎？凡执理而轻事者，有不触今讳者乎，其鉴诸！

曰'兼中至'者，即用即体，识事如理，则汝不是渠，渠正是汝。若'兼'字或作'偏'字以对于'正中来'，奈即用即体者，当识宝镜，此所以改'偏'作'兼'乎？

曰'兼中到'者，体用合一，理事圆融，不违如愚，参唯也鲁，龙潜回渊，临深履薄，藏密之用，归坐炭里，其孰能识之哉！若此'兼中到'数已过于四宾主，不期临济之先，已有此'但能相续，名主中主'的概念。"（《论曹洞宗的宝镜三昧与五位君臣》，文见《易与佛教　易与老庄》，《潘雨廷著作集》第7册，上海古籍出版社，2017年，第126—127页）

又"兼中至"改"偏"为"兼"，因可通"兼中到"，"至"与"到"亦分亦合，亦二亦一。"断舌才"，或暗合《史记·张仪列传》"视吾舌尚在不"。

> 上堂："向时作么生？奉时作么生？功时作么生？共功时作么生？功功时作么生？"僧问："如何是向？"师曰："吃饭时作么生？"曰："如何是奉？"师曰："背时作么生？"曰："如何是功？"师曰："放下钁头时作么生？"曰："如何是共功？"师曰："不得色。"曰："如何是功功？"师曰："不共。"

"向"，发心，犹儒家立志。"奉"，行动，信受奉行。"功"，用功，十二时中，不得走漏。"共功"，观理观事。"功功"，浑然一体。

"吃饭时作么生？"吃饭时也不能忘记，或者，像吃饭那样必不可少。"背时作么生？"慎独，尚不愧于屋漏。"放下钁头时作么生？"休息时正是用功时。"不得色。"理事平衡，不沾恋一边。"不共。"特殊才是普遍。

乃示颂曰：

"圣主由来法帝尧，御人以礼曲龙腰。有时闹市头边过，到处文明贺圣朝。

取法乎上，十五志学，已含七十境界。"圣主由来法帝尧"，帝尧为《尚书》之首，圣主之宗。以法先王为喻，众生本来是佛。"御人以礼曲龙腰。"御人以礼，以戒律守身。曲龙腰，折服我慢。心佛众生，三无差别。"有时闹市头边过"，和光同尘，烦恼即菩提。"到处文明贺圣朝"，诗书礼乐，教化成功。

净洗浓妆为阿谁，子规声里劝人归。百花落尽啼无尽，更向乱峰深处啼。

洗尽铅华，粗衣布衫，不掩天姿国色。出世修行，远离世俗事务，入山唯恐不深。药山门下，云岩师兄弟皆向往隐居修行（参见《祖堂集》卷五《华亭和尚》），洞山亦秉承此宗风（参见《五灯会元》卷三龙山和尚章次：洞山与密师伯经由，见溪流菜叶，洞曰："深山无人，因何有菜随流，莫有道人居否？"乃共议拨草溪行，五七里间，忽见师羸形异貌，放下行李问讯。因烧庵，入深山不见。后人号为隐山和尚）。

枯木花开劫外春，倒骑玉象趁麒麟。而今高隐千峰外，月皎风清好日辰。

超脱三界，象外之象，获得清净。倒骑玉象，逆数也。

众生诸佛不相侵，山自高兮水自深。万别千差明底事，鹧鸪啼处百花新。

入世度人，直指大事。佛与众生，各有其庄严。二千行门，自显其生机。

头角才生已不堪，拟心求佛好羞惭。迢迢空劫无人识，肯向南询五十三。"

"智不到处切忌道著，道著即头角生。"注意起心动念，参见《五灯会元》卷五道吾宗智章次。"拟心求佛好羞惭"，已明无修之道。"迢迢空劫无人识"，顿门之要。"肯向南询五十三"，《华严经·入法界品》有善财童子五十三参，渐门楷模。

师因曹山辞，遂嘱曰："吾在云岩先师处，亲印《宝镜三昧》，事穷的要，今付于汝。"

"曹山辞"，学成离师，出山弘法。洞山临行嘱咐，交付《宝镜三昧》，乃当年云岩亲印。宝镜与三昧同义，镜中景象，光影交映。"事穷的要"，乃参禅核心。"今付于汝"，委托传布，由此成立曹洞宗。

词曰："如是之法，佛祖密付。汝今得之，宜善保护。

"如是之法"，即《宝镜三昧》。如是如是，完全明白。"佛祖密付"，乃从上以来之交付，直至云岩、洞山、曹山。"宜善保护"，参见《金刚经》"如来善护念诸菩萨，善付嘱诸菩萨"。此法直接源头，来自石头《参同契》（《五灯会元》卷五）。

银碗盛雪,明月藏鹭。类之弗齐,混则知处。

"银碗盛雪,明月藏鹭。"真如状态,同异无殊,又个个分明。"类之弗齐",即使分类整理,依然参差不齐。"混则知处。"好像混同一起,却各自有下落。

意不在言,来机亦赴。动成窠臼,差落顾伫。

教外别传,不在语言中。如果当机,也可以相应。即使正确,也不要成为套路。对与错之间,相差只有一点点。

背触俱非,如大火聚。但形文彩,即属染污。

既不是肯定,也不是否定。《大智度论》卷十一:"般若如大火聚,四边皆不可触,触之则烧。"一旦落于文字,执着就成染污。

夜半正明,天晓不露。为物作则,用拔诸苦。

阴阳互藏,如太极图:黑中有一点白,白中有一点黑。彻底觉悟,成为万物标准,犹《易》"首出庶物,万国咸宁",以此脱离苦海。

虽非有为,不是无语。如临宝镜,形影相睹。

度人之法,不度度之。宝镜犹万花筒,形和影重重叠叠,皆当鉴照。据此而语,如《庄子》之"卮言日出,和以天倪,因以曼衍,因以穷年"(《寓言》)。洞山睹水中倒影,或见宝镜之像乎?

汝不是渠，渠正是汝。

引悟道之偈。色身和法身辩证，深刻无比。

如世婴儿，五相完具。不去不来，不起不住。

"五相"，眼耳鼻舌身。《大般涅槃经》有"婴儿行"，参见《金刚经》："如来者，无所从来，亦无所去，故名如来。"

婆婆和和，有句无句。终不得物，语未正故。

"婆婆和和"，慈悲。"有句无句"，两种度人方法。

重离六爻，偏正回互。叠而为三，变尽成五。

参见潘雨廷先生的解释：
"其一：以六爻中取三爻为'叠而为三'。凡二三四，三四五为偏；初二三，四五上为正。回互为变其阴阳，重离及二偏二正，卦象为五，故曰'变尽成五'。

其二：以天地人三才为'叠而为三'。凡初二地才，三四人才，五上天才为正；以二三当人与地，四五当人与天为偏。回互亦为变其阴阳，由重离卦之三正二偏而变之，故曰'变尽成五'。

其三：回取旋卦象，互取互卦象。于重离六爻之旋，可得离巽兑三卦为'叠而为三'。更于三卦各叠取三互卦，合以上下伍卦为'变尽成五'。

凡中互为正，上下互、上下伍皆为偏。偏正回互，卦象为三五十五，仍属宝镜中之一象耳。卦与其二相似，要在五位可回互而变。且颐与大过

有生死之辨,尽于中孚其三昧乎?"(《论曹洞宗的宝镜三昧与五位君臣》)

  如荎草味,如金刚杵。正中妙挟,敲唱双举。

  "如荎草味,如金刚杵。"荎草即五味子,五味具足,对应五位君臣。金刚杵为韦陀天尊法器,无恶不破。其形则两头阔,中间窄(荆溪释、行策述:《宝镜三昧本义》)。又前者东方木,后者西方金。
  "正中妙挟,敲唱双举。"执两用中,正中有偏,偏中有正,运用之妙,存乎一心。"敲",叩问,问答术;"唱",回答,演讲术。或曰敲为乐器,唱为人声。双举者,相应也。法眼文益《宗门十规论》:"曹洞则敲唱双举。"

  通宗通涂,挟带挟路。

  宗和教,显和密,自悟和觉他,两两相通。

  错然则吉,不可犯忤。天真而妙,不属迷悟。

  《易》履卦:"履错然,敬之则吉。"行世之道,曲路亦即直路,当观卦象之自然。过于强调开悟,尤其是事先预设,也可能走入误区。

  因缘时节,寂然昭著。细入无间,大绝方所。

  《五灯会元》卷九沩山灵祐章次:"经云:欲识佛性义,当观时节因缘。时节既至,如迷忽悟,如忘忽忆,方省己物,不从他得。"参见杜甫《春夜喜雨》:"好雨知时节,当春乃发生。随风潜入夜,润物细无声。野径云俱黑,江船火独明。晓看红湿处,花重锦官城。"

又伊川论《中庸》:"放之则弥六合,卷之则退藏于密。"(程颐《中庸章句·序》)

> 毫忽之差,不应律吕。今有顿渐,缘立宗趣。

音乐之相应,直扣心弦。为什么有顿有渐?因为人性情不同。

> 宗趣分矣,即是规矩。宗通趣极,真常流注。

生物钟不同,对应不同修法。"宗通趣极",《楞伽经》卷三有"说通与宗通"。"真常流注",种子如瀑流。

> 外寂中摇,系驹伏鼠。先圣悲之,为法檀度。

修行之初,系驹不忘驰,伏鼠有偷心。参见《庄子·庚桑楚》论外内韄。为对治两者,圣人慈悲,行法布施(檀波罗蜜)。

> 随其颠倒,以缁为素。颠倒想灭,肯心自许。

顺众生颠倒,从俗谛起修,《易·系辞上》"吉凶与民同患"。经过无穷的修正,而一旦开悟,则绝对自信。

> 要合古辙,请观前古。佛道垂成,十劫观树。

沿着古德的道路前进。《法华经·化城喻品》:"大通智胜佛,十劫坐道场。佛法不现前,不得成佛道。过十小劫已,乃得成佛道。""观树",或用《观无量寿佛经》之树观或宝树观，或用智者《四念处》卷四"枯荣智慧以为双树，若见佛性非荣非枯，为中间而般涅槃"。

如虎之缺，如马之异。

传说老虎每吃一个人，耳朵上就长一个缺。"马之异"（zhù），四脚中有一脚举起，或谓即汉武帝时的汗血宝马。修行的状态，必须勇猛积极。

以有下劣，宝几珍御。以有惊异，狸奴白牯。

对治之方便：因为执着下，所以说上；因为执着上，所以说下。"狸奴"，猫。"白牯"，水牯牛。参见《五灯会元》卷十天台德韶章次："三世诸佛不知有，狸奴白牯却知有。"

羿以巧力，射中百步。箭锋相直，巧力何预。

努力修行所得，恰恰好好应机。

木人方歌，石女起舞。非情识到，宁容思虑。

"木人""石女"，贯通有情和无情，参见前文论无情说法。

臣奉于君，子顺于父。不顺非孝，不奉非辅。

五位君臣之变，真正的顺从。曹山有言："以君臣偏正言者，不欲犯中，故臣称君，不敢斥言是也。此吾法宗要。"（《五灯会元》卷十三曹山本寂章次）。

　　潜行密用，如愚若鲁。但能相续，名主中主。"

此成就之象，和光同尘，济世度人。参见《论语·公冶长》："子曰：'其知可及也，其愚不可及也。'"又，参见临济宗"四宾主"。

　　师又曰："末法时代，人多乾慧。若要辨验真伪，有三种渗漏。一曰见渗漏，机不离位，堕在毒海。二曰情渗漏，滞在向背，见处偏枯。三曰语渗漏，体妙失宗，机昧终始，浊智流转。于此三种，子宜知之。"

由前文沩山"绝渗漏"而来。乾慧者，不得定水滋润，未从实修而来。一、执着五位君臣，不能变通，穷理者当知之。二、俗情、习气未除，执着肯定或否定，尽性者当知之。一、二有关联，此当自觉。三、智慧、语言未能得体，丧失宗旨，至于命者当知之。此当觉他。

　　又纲要偈三首。
　　一、《敲唱俱行偈》曰："金针双锁备，叶路隐全该。宝印当空妙，重重锦缝开。"

"敲唱俱行"，击节导唱，按节行唱，乃阴阳变化。"金针双锁备"，秘不示人的刺绣绝艺。参见元好问《论诗绝句》："鸳鸯绣出从君看，不把金针度与人。"双锁者，密密也。"叶（xié）路隐全该"，遮即显。"宝印当空妙"，宝镜三昧，即诸法空相。"重重锦缝开"，犹《华严经》卷七十九，善财童子见弥勒楼阁，契入法界。

二、《金锁玄路偈》曰："交互明中暗,功齐转觉难。力穷忘进退,金锁网鞔鞔。"

"行到水穷处,坐看云起时。"玄路犹鸟道。"交互明中暗",交互犹回互,隐括石头《参同契》:"当明中有暗,勿以暗相遇。当暗中有明,勿以明相睹。""功齐转觉难",越用功越感觉不足,参见《论语·宪问》"尧舜其犹病诸"。"力穷忘进退",修行进入无修。"金锁网鞔鞔",努力精进前行。"鞔(mán)鞔"指鞋。

三、《不堕凡圣偈》(亦名"理事不涉")曰:"事理俱不涉,回照绝幽微。背风无巧拙,电火烁难追。"

禅门参究"是凡是圣"?"事理俱不涉",由《华严经》上出。"回照绝幽微",密。"背风无巧拙",背,不动;风,动。风指八风,利衰、毁誉、称讥、苦乐。"电火烁难追",电光石火,机不可失,时不再来。

上堂:"道无心合人,人无心合道。欲识个中意,一老一不老。"〔后僧问曹山:"如何是一老?"山云:"不扶持。"云:"如何是一不老?"山云:"枯木。"僧又举似逍遥忠,忠云:"三从六义。"〕

辨析天人之际,以无心而感应。"一老一不老",参见李贺《金铜仙人辞汉歌》:"天若有情天亦老"。"不扶持"才是天之有情,亦即前文"不顾视者是"。"枯木",槁木死灰,犹《庄子·在宥》"尸居而龙见,渊默而雷声"(亦见《庄子·天运》)。

"三从六义",不详。"三从",或以儒家观念为喻,即"臣奉于君,子顺于父"。"六义",据《诸经要集》卷一载,三宝有希有、离垢、势力、庄严、最胜、不改等六义,未知是否。"逍遥忠",指逍遥怀忠,夹山善会弟子,事迹见《五灯会元》卷六。

> 问僧:"世间何物最苦?"曰:"地狱最苦。"师曰:"不然,在此衣线下,不明大事,是名最苦。"

"地狱最苦",果。"不明大事",因。菩萨畏因,永明《宗镜录》表彰大心凡夫。"衣线下",似指色身。

> 师与密师伯行次,指路傍院曰:"里面有人说心说性?"伯曰:"是谁?"师曰:"被师伯一问,直得去死十分。"伯曰:"说心说性底谁?"师曰:"死中得活。"

不明自己是谁,说心说性无用。密师伯诛心:"是谁?"这些行尸走肉,高谈阔论,不过是死人而已。"说心说性底谁?"再参,就此解脱。

> 问僧:"名甚么?"曰:"某甲。"师曰:"阿那个是阇黎主人公?"曰:"见祇对次。"师曰:"苦哉!苦哉!今时人例皆如此,将认得驴前马后底,将为自己,佛法平沈,此之是也。宾中主尚未分,如何辨得主中主?"僧便问:"如何是主中主?"师曰:"阇黎自道取。"曰:"某甲道得,即是宾中主。"〔云居代云:"某甲道得,不是宾中主。"〕如何是主中主?"师曰:"恁么道即易,相续也大难。"遂示颂曰:"嗟见今时学道流,千千万万认门头。恰似入京朝圣主,只到潼关便即休。"

"阿那个是阇黎主人公?"不明主人公,不可能了生死。"见祇对次",就是现在你面前的人。"将认得驴前马后底,将为自己",以识识之。《说文解字》:"我,反身之谓也。""宾中主""主中主",临济之学,和曹洞有所相合。后世有云"临天下,曹一角",亦可见其联系。"阇黎自道取",必须自出机杼,认识你自己。

"某甲道得,即是宾中主。如何是主中主?"其人有自知之明,知道答对没有用,主中主不在言语中。"某甲道得,不是宾中主。"云居反其道而行,答对有用,主中主也可以在言语中。前者着眼"宾中主",后者着眼"道得"。"怎么道即易,相续也大难。"非言之艰,"行之唯艰"(《尚书·说命》),化入时间长流,实践菩萨道。

"嗟见今时学道流,千千万万认门头",普通人受宗派限制。"恰似入京朝圣主,只到潼关便即休",乃化城之象。

师不安,令沙弥传语云居,乃嘱曰:"他或问和尚安乐否,但道云岩路相次绝也。汝下此语须远立,恐他打汝。"沙弥领旨去,传语声未绝,早被云居打一棒,沙弥无语。〔同安显代云:"恁么则云岩一枝不坠也。"云居锡云:"上座且道云岩路绝不绝。"崇寿稠云:"古人打此一棒,意作么生?"〕

"但道云岩路相次绝也"。暗中下套试探:我将去世,后继无人。打是完全明白,以棒法传达洞山,后继有人。云居的回应正确,却依然在洞山意料中,师徒心照。沙弥只知传话,不明大事,故被打。

云岩路是否绝,涉及曹洞之上出,其传承不绝如缕。以后通过天童寺,又传往日本。

师将圆寂,谓众曰:"吾有闲名在世,谁人为吾除得?"众皆无对。时沙弥出曰:"请和尚法号。"师曰:"吾闲名已谢。"〔石霜云:"无人得他肯。"云居云:"若有闲名,非吾先师。"曹山云:"从古至今,无人辨

得。"疏山云:"龙有出水之机,无人辨得。"〕

有名就会被利用,别人的认知,或歪曲你的形象。《左传》成公二年:"唯器与名,不可以假人。"除闲名者,使天下兼忘我也(《庄子·天运》)。"请和尚法号",你的名是什么呢? 我好像不怎么听说。"吾闲名已谢",乘机卸除,不复以闲名为意。在世间流传,必然有人懂,有人不懂,置之可也。

"无人得他肯。"洞山高高在上,无人相应。"若有闲名,非吾先师。"这个闲名,要你自己除。"从古至今,无人辨得。"洞山之答,已圆融诸解,细品意蕴不尽。"龙有出水之机,无人辨得。"上出,闲名已化。

僧问:"和尚违和,还有不病者也无?"师曰:"有。"曰:"不病者还看和尚否?"师曰:"老僧看他有分。"曰:"未审和尚如何看他?"师曰:"老僧看时,不见有病。"师乃问僧:"离此壳漏子,向甚么处与吾相见。"僧无对。

"和尚违和,还有不病者也无?"参见《庄子·庚桑楚》:"里人有病,里人问之,病者能言其病,然其病病者犹未病也。""老僧看他有分。"化未济为既济,是我看在他。以老僧为病病者,则他是病者,亦即"渠今正是我,我今不是渠"。

"老僧看时,不见有病。"四大虽然违和,然而看病者之时,病病者不病。"离此壳漏子,向甚么处与吾相见。"除非自己证道,不能相见。参见前文洞山答云岩:"何处不相见。""壳漏子",人体经历生老病死,不免于熵永增。

师示颂曰:"学者恒沙无一悟,过在寻他舌头路。欲得忘形泯踪迹,努力殷勤空里步。"乃命剃发、澡身、披衣,声钟辞众,俨然坐化。

百尺竿头,更进一步。"空里步",亦即鸟道。

时大众号恸,移晷不止。师忽开目谓众曰:"出家人心不附物,是真修行。劳生惜死,哀悲何益?"复令主事办愚痴斋,众犹慕恋不已。延七日,食具方备,师亦随众斋毕。乃曰:"僧家无事,大率临行之际,勿须喧动。"遂归丈室,端坐长往。当咸通十年(869)三月,寿六十三,腊四十二,谥悟本禅师,塔曰慧觉。

参见《庄子·养生主》"老聃死,秦佚吊之"。师生之感情,最后之神通。"延七日",大众不想加快。"大率临行之际,勿须喧动。"临终之际,以宁静为要,不宜扰乱气场。"师亦随众斋毕",安然上路。

元典的"前两章现象"

陈嘉许(深圳本焕佛学院)

本文所称的"元典",指先秦时期成书,持续深刻影响后人的圣贤经典。"前两章现象",是说其第一章开宗明义,第二章讲根本的修养要领(或者说根本的操作方法),从而,前两章概括全书的精华,后面各章则是围绕前两章的阐发、补充。"章"是后人分的,在元典原文中的对应,有时候是篇,有时候是章句。

当然,并不是说所有的元典都会存在这个现象,而是说,这个现象在先秦时期的中外元典中是普遍存在的,值得我们注意。这里以《论语》《大学》《中庸》《孟子》《老子》《庄子》《金刚经》为例,来看看它们的"前两章现象",至于《圣经》,因为某些原因不加讨论。

一、案 例 解 析

(一)《论语》

《论语》的"前两章现象",大概是最为典型的,不仅在全书体例架构上,前两篇(《学而第一》《为政第二》)体现了"前两章现象",而且在《学而》前两章中,体现了"前两章现象"。笔者认为,《论语》的篇章安排是有讲究的,人文典籍不会像自然科学那样讲求字面精确,但大体上还是有内在的逻辑思路的。

先看全书的目录。

以《学而》开头作第一篇,这对应孔子说的"吾十有五而志于学"(《论语·为政》)、"志于道"(《论语·述而》),知道、向道是圣贤修养的第一步,同时学无止境,定下目标后一路学下去,不用急于求成,所以《学而》可以视为儒学的开宗明义。也许有人会说,儒学的目标不是做圣人吗,怎么能以"学"概括全部呢?笔者是这样理解的,作圣是个无限接近的过程,即使是真正的圣人,他也不会以圣自居,何况是学人呢?孔子的一生,已经为这一点作了很好的诠释。

第二篇是《为政》,这讲的是修学的根本要领,即:不离人世,在人世中磨炼。有人把儒学跟做官、用世联系在一起,其实孔子的很多弟子都没有做官,但不妨碍孔子对他们的赞叹,颜回从不出仕,孔子对他的评价是弟子当中最高的。儒学的入世,不一定是做官,关键是怎样让这颗心通过各种人事上的打磨,实现与圣人之心的接近。僻居山林,对有的学人来说是可以的甚或必要的,但对大多数的学人来说,是不可以的,原因在于,不多跟人打交道,很难发现自己的缺点。官场是人事最复杂的领域,既要搞好自身修养,又要发挥利民之志,为政是首选,所以用为政泛指一切不离人世的修养途径。有人问孔子为什么不做官,孔子回答说:"书云:'孝乎惟孝,友于兄弟,施于有政。'是亦为政,奚其为为政?"(《论语·为政》)在宽泛的意义上,应对世俗伦常也是为政。儒学入世,做官充其量只是手段,炼心才是目的,《大学》和《中庸》也都有说明,笔者会另外撰写对于这两部元典的个人解读。

再看《学而》的前两章。

子曰:"学而时习之,不亦说乎?有朋自远方来,不亦乐乎?人不知而不愠,不亦君子乎?"

> 有子曰："其为人也孝弟，而好犯上者，鲜矣；不好犯上，而好作乱者，未之有也。君子务本，本立而道生。孝弟也者，其为仁之本与！"

第一章三句话之间的逻辑联系，就笔者见过的注解来说，前人的说法显得含糊其辞，充其量一笔带过，其实这三句话之间的关系是非常重要的。

第一句，"学而时习之，不亦说乎"，学了之后，再随时体会，自然乐在其中。第二句，"有朋自远方来，不亦乐乎"，修学到一定时候，会有外在的效验，得到远近之人的认可，或者说有了名声。第三句，"人不知而不愠，不亦君子乎"，别人不了解我的本事，甚至毁谤我，我也不生气，这是考验修学是否真诚的试金石。后面两句是通过毁誉的两面考验，或者说顺境和逆境的两面考验，来证实或证伪第一句的立志。许多学人可以做到前两句，但面对第三句的情形，可能就无法接受了，说明他的学修，还是掺杂了希望获得别人认可的名利之心。

从而，这三句话连起来，第一章谈的是诚心向学的重要性，这跟《学而》全篇在全书的地位一样，相当于儒学的开宗明义。这三句话，即《中庸》说的"君子依乎中庸，遁世不见知而不悔"，或者孔子说的"古之学者为己"（《论语·宪问》）。

第二章谈了根本的操作要领。在人世中修养，立足的根本在家内。家庭关系最简单，因为都是自己人，可以很随便；但也最难，因为这里几乎不是讲道理的地方，除非极端情形，否则在这里亲情大于一切。孔子说："朋友切切偲偲，兄弟怡怡。"（《论语·子路》）跟朋友讲道理，跟兄弟开心最重要。《中庸》引用《诗经》说的"妻子好合，如鼓瑟琴；兄弟既翕，和乐且耽；宜尔室家，乐尔妻帑"，接着又引用孔子说的"父母其顺矣乎"，也都是说明亲情融洽的重要性。孟子甚至说"父子之间不责善。责善则离,离则不祥莫大焉"(《孟子·离娄上》),连教育儿子这种事,都要尽量避免责骂,没有比父子不和更为不祥的了。

第二章说,儒学的具体操作方法,根本的要领是孝弟。有了孝弟之心,其他方面的修学都容易了;没有了孝弟之心,修养即成了无本之木、无源之水。孝和弟是两个心理维度,孝侧重感恩,弟侧重友爱。

(二)《大学》

关于《大学》,笔者依据的是《礼记》原本,不是宋代增删、调整以后的本子。

《大学》前两章原文如下:

> 大学之道,在明明德,在亲民,在止于至善。
> 知止而后有定,定而后能静,静而后能安,安而后能虑,虑而后能得。

"大学",即大人之学。第一章开宗明义,定义大人之学的三方面内容:开发自己本来的明德,利益他人,臻于至善。明白自己的价值,才能谈得上自信、立志(孟子说:"自暴者,不可与有言也;自弃者,不可与有为也。"见《孟子·离娄上》),而且此后的一切修学,也无非是使本来的智慧彰显出来;同时要行利民、亲民之事,在人世中发现自己的缺点、发挥自己的仁志,而不是避居山林与鸟兽为伍;最后是随时纠正自己的微细错误,向着那至善境界前进。"止"本来是停住的意思,这里指终极的落脚点,与"至善"一起,形容随时不忘本志、随时检讨己失的做法,所以可以翻译成"臻于"。

定义完了大人之学的三个内容,第二章紧接着指出了修习大人之学的根本操作方法:止→定→静→安→虑→得。以至善为志,这是知

"止",不再轻易为外在诱惑所动("定"),身心可以静下来("静"),进而身心安舒("安"),可以有从容、明朗的心理状态("虑"),这种心理状态延续既久,到了一定时候,就可以达到修养目标了("得")。

前两章已经把大人之学的精髓说完了,至于如何以至善为志,如何进一步地修学,后面的篇幅则以古代圣王为例,示范了一个从格物到平天下的修学次第。但圣王的例子,只是起个示范作用而已,未必适用于所有学人,前两章才是每个学人都能遵循的内容。比如说,治国、平天下就不是人人能及的,儒学认为要有天命才行,《中庸》专门在齐家和治国之间谈论了一段天命,意在说明,对于很多人来说,修身齐家就够了。

(三)《中庸》

前两章原文如下:

> 天命之谓性,率性之谓道,修道之谓教。
>
> 道也者,不可须臾离也;可离非道也。是故君子戒慎乎其所不睹,恐惧乎其所不闻。莫见乎隐,莫显乎微,故君子慎其独也。喜怒哀乐之未发,谓之中;发而皆中节,谓之和。中也者,天下之大本也;和也者,天下之达道也。致中和,天地位焉,万物育焉。

中,即不偏不倚,不被偏私所惑;庸,兼有"用"和"平常"两层含义;合起来看"中庸",就是平常生活中随时保持清醒、中道,不掉进各种主观陷阱。

第一章开宗明义,指出本文所说"中庸"的内涵。"天命之谓性",每个人生来都有上天赋予之"性";"率性之谓道",遵循这种本来之性而发用,包括自然而然的喜怒哀乐,这是天真的流露、彰显,可以称为道;但是,人类往往因为后天熏习的原因,其情绪、言行出现了各种矫伪、计较、偏差,那么"修道之谓教",于是出现了圣贤之教,引导学人通过自觉的修养,回到率性发用的轨道上。

第二章谈了根本的操作要领,在"慎独"。通过慎独,随时立于天下之大本——中,行于天下之达道——和,最后回归于仁人境界——天地万物本来安然、亲切("天地位焉,万物育焉")。"独"字的意思,不是一个人独处,而是指心(这是先秦儒典常见的含义),从而,"慎独"的意思,不是一个人独处的时候才谨慎,而是随时留意自己的这颗心是不是超然独立,是不是又掉到什么陷阱里面了,如果掉进去了能够及时回来。

此心为什么重要呢?第二章先谈了原因,在于此心切近于我,同时又通于天道,或者说,天道虽远,实在我身("道也者,不可须臾离也;可离非道也"),虽然看不见摸不着("其所不睹""其所不闻"),但一个细微的念头可能都牵涉重大("莫见乎隐,莫显乎微"),所以需要慎独。这样下去,就走在了"中"和"和"的轨道上,迟早能实现突破(注意"致中和"的"致"字)。

(四)《孟子》

《孟子》的编纂体例,是从显到隐,这与当时的时代背景有关。战国时代,诸侯们极其渴望富国强兵;孟子本人也意识到,当时天下能够从根源上解决问题的(与诸侯们的治标不治本相比),也首推他一人而已(《孟子·公孙丑下》:"夫天未欲平治天下也,如欲平治天下,当今之世,舍我其谁也。")所以在编纂体例上,以"梁惠王"开篇,以"尽心"终结,从治国平天下开始谈,这是时人最喜欢的主题,谈到最后,天下之本在身,其实诸侯们与圣王的差距,不在用兵和权谋上,而在个人修为上;治国平天下的各种热闹,看到最后,原来参与亦可,不参与亦可,尽心才是我的本分之为。

尽管如此,《梁惠王》的前两章,也仍然在一定程度上体现了元典的

"前两章现象"。之所以说"在一定程度上",是因为这两章只在治国意义上体现了"第一章开宗明义,第二章讲根本要领"的思路,不足以视为能够概括全书的精华,而《孟子》的根本旨趣,仍在修养心性,不是治国。

前两章原文如下:

> 孟子见梁惠王。王曰:"叟!不远千里而来,亦将有以利吾国乎?"孟子对曰:"王何必曰利?亦有仁义而已矣。王曰何以利吾国,大夫曰何以利吾家,士庶人曰何以利吾身,上下交征利而国危矣。万乘之国,弑其君者,必千乘之家;千乘之国,弑其君者,必百乘之家。万取千焉,千取百焉,不为不多矣。苟为后义而先利,不夺不餍。未有仁而遗其亲者也,未有义而后其君者也。王亦曰仁义而已矣,何必曰利?"

> 孟子见梁惠王。王立于沼上,顾鸿雁麋鹿,曰:"贤者亦乐此乎?"孟子对曰:"贤者而后乐此,不贤者虽有此,不乐也。《诗》云:'经始灵台,经之营之,庶民攻之,不日成之。经始勿亟,庶民子来。王在灵囿,麀鹿攸伏,麀鹿濯濯,白鸟鹤鹤。王在灵沼,於牣鱼跃。'文王以民力为台为沼。而民欢乐之,谓其台曰灵台,谓其沼曰灵沼,乐其有麋鹿鱼鳖。古之人与民偕乐,故能乐也。《汤誓》曰:'时日害丧?予及女偕亡。'民欲与之偕亡,虽有台池鸟兽,岂能独乐哉?"

第一章开宗明义,指出对于一个国家来说,仁义是根本,而不是物利,富国是个水到渠成的过程,不能揠苗助长,否则以利为本,会引发社会各层的贪竞之风,埋下大乱的前因。结合孟子在全书的观点,在他看来,诸侯如果有人能以仁义为本,那么再出现一位周文王都是有可能的,天下苍生就得救了。后世有人讥讽孟子乃至整个先秦儒家,说他们的学说不切实际,陈义太高,实际上我们结合历史来看,秦国统一前的诸侯们很讲究现实,结果是连年争战、生灵涂炭,秦国最讲究实用,秦朝二世而亡,而且秦朝百姓水深火热,这不是先秦儒学的悲哀,而是时代的悲哀。

第二章指出治国的根本操作方法,在与民同利,而不是上层独肥其私。商汤、周文都是与民同利的,所以能水到渠成地成就大业;夏桀、商纣都是独肥其私,所以民心尽失。

(五)《老子》

前两章原文如下:

> 道可道,非常道。名可名,非常名。无名天地之始,有名万物之母。故常无欲,以观其妙;常有欲,以观其徼。此两者同出而异名,同谓之玄,玄之又玄,众妙之门。
>
> 天下皆知美之为美,斯恶已。皆知善之为善,斯不善已。故有无相生,难易相成,长短相较,高下相倾,音声相和,前后相随。是以圣人处无为之事,行不言之教;万物作焉而不辞,生而不有,为而不恃,功成而弗居。夫唯弗居,是以弗去。

第一章开宗明义,指出天地之间有大道,但这个大道又不是思维、语言所能弄清楚的,超越了有无这两种已经不可思议的存在现象("玄之又玄"),奇妙地化生了一切。

第二章说,天地间一切都在随时对立转化,所以要明白这个大道,根本的操作方法,是训练自己超越二元对立,不执着善、恶、善、不善、有、无、难、易、长、短等任何对立概念的一端,如此,久之则可成圣。

(六)《庄子》

对于《庄子》来说,"前两章现象"体现为前两篇。第一篇是《逍遥游》,开宗明义,指出有一种潇洒,是不需要凭借任何外在工具的精彩,相比之下,大鹏的高飞、列子的乘风看似高明,其实都还是在凭借某种东西;要通达这种潇洒,就要敢于突破原来的思维定式,接受庄子即将在全书推荐的各种看似荒诞的不经之谈。

第二篇是《齐物论》,指出要通达逍遥之境,根本的操作要领,是训练自己齐物、齐论。齐物,即一切存在的现象,其实都是平等的,没有谁高谁下、谁真谁假、谁好谁坏的问题,高下、真假、好坏的概念,不过都是站在各种立场的角度,所贴上的各种标签而已。齐论,即一切存在的见解,其实都是平等的,就像风吹万物发出的声响,虽有各种差别,其实站在天的角度来看,各种声响的差别,不过是万物自身形态不同所造成的,风只是一个。"彼亦一是非,此亦一是非","天地一指也,万物一马也",明白这个,以通达那不知而知、不仁而仁的大道境界。

(七)《金刚经》

大乘佛经行文精妙,翻译成汉语后的措辞,也非常微妙。对于其结构,古人有"科判"传统,帮助后学快速了解本经主要涉及哪些方面的内容,不过同一部经可以有不同的科判,没有人会认为自己做的科判是唯一正确的,原因很简单,弱水三千,各饮一瓢,各得受用,如是而已,用佛经上的话说,"佛以一音演说法,众生随类各得解"(《维摩诘所说经·佛国品》)。笔者不敢肆论,聊从"前两章现象"的角度,对鸠摩罗什翻译的《金刚经》作一点解读,至于其他某些佛经,读者默然自会可也。

《金刚经》前两章如下(第二章后面有些原文用省略号代替):

1. 如是我闻:一时,佛在舍卫国祇树给孤独园,与大比丘众千二百五十人俱。尔时世尊食时著衣持钵,入舍卫大城乞食,于其城中次第乞已,还至本处,饭食讫,收衣钵,洗足已,敷座而坐。

2. 时长老须菩提在大众中，即从座起，偏袒右肩，右膝著地，合掌恭敬而白佛言："希有，世尊！如来善护念诸菩萨，善付嘱诸菩萨。世尊，善男子、善女人发阿耨多罗三藐三菩提心，云何应住？云何降伏其心？"

佛言："善哉！善哉！须菩提，如汝所说，如来善护念诸菩萨，善付嘱诸菩萨。汝今谛听，当为汝说。善男子、善女人发阿耨多罗三藐三菩提心，应如是住，如是降伏其心。"

"唯然，世尊，愿乐欲闻！"

佛告须菩提："诸菩萨摩诃萨应如是降伏其心：'所有一切众生之类——若卵生、若胎生、若湿生、若化生、若有色、若无色、若有想、若无想、若非有想非无想，我皆令入无余涅槃而灭度之。如是灭度无量无数无边众生，实无众生得灭度者。'何以故？须菩提，若菩萨有我相、人相、众生相、寿者相，即非菩萨。复次，须菩提，菩萨于法，应无所住行于布施……须菩提，菩萨但应如所教住。"

第一章开宗明义，以佛的示现，表达离于言说的不二之法。佛没有说什么，经上只记载了他在乞食方面的行为示现，显得非常平常。

但是，该干什么就干什么，佛法难道就是这个吗？古人云：似即似，是则不是。又云：毫厘有差，天地悬隔。佛连吃饭都很从容、安详，为什么他可以这样呢？在第二章里，须菩提看出了这个问题，于是向佛请教：一般的学佛之人，平时怎么安心、用心呢？或者说，怎么能够也这样随时从容、安详呢？佛回答说，"应如是住，如是降伏其心"，再具体地说，是先发大愿，拔除"我"根，然后训练心无所住，不对一切东西较真，足下行着善法，心里不挂一物。

《金刚经》后面的内容，如果单从"前两章现象"的角度来理解，可以视为围绕前两章的进一步展开。

二、为什么会有"前两章现象"

元典为什么会有"前两章现象"呢？这是个很有意思的问题。笔者推测主要的原因，是元典想要通过这个现象，来传达一个信息：圣人本来没有什么要说的，不得已而说，所以尽可能在前两章就解决问题。至于后面的长篇大论，是照顾不同学人的不同需求，再围绕前两章加以敷陈、补充而已。当然在这一点上，《孟子》要特殊一点，我们前面说过，其编排体例从显到隐，后面的内容，尤其是谈心性的部分，不能视为围绕前两章的敷陈。

单从教育学生的角度（不考虑为万世作则而删诗书、定礼乐），结合《论语》某些记载来看的话，孔子似乎本来也没有什么要说的，但学生们有各种各样的求知需求，所以他也就诲人不倦了。比如这段记载：

> 子曰："予欲无言。"子贡曰："子如不言，则小子何述焉？"子曰："天何言哉？四时行焉，百物生焉，天何言哉？"（《论语·阳货》）

孔子表示，自己不想再说什么了，子贡说，您若不说，我们记载什么呢？孔子说，天说什么了吗？我们甚至可以推测，他此时的心境，深感话说得越多，说不定离世界的真相越远。

再看连续出现在《论语·卫灵公》中的三段记载：

> 子曰："赐也，女以予为多学而识之者与？"对曰："然，非与？"曰："非也，予一以贯之。"
>
> 子曰："由！知德者鲜矣。"
>
> 子曰："无为而治者，其舜也与？夫何为哉，恭己正南面而已矣。"

在孔子看来，真正的学问，恐怕不是通过博闻强记简单累加而成的；真正的"德"，也不是很多人所理解的那样。子路（仲由）已经很勤勉上进了（《论语·公冶长》："子路有闻，未之能行，唯恐有闻。"），孔子还是告诉他，真正明白"德"是怎么回事的人，太少了。

《中庸》开头不久，引用孔子的感叹，说明白中庸之道的人太少（"中庸其至矣乎！民鲜能久矣。"），在全篇的最后，又说：

> 子曰："声色之于以化民，末也。"《诗》曰："德𬨎如毛"，毛犹有伦。"上天之载，无声无臭"，至矣！

这可以视为孔子"予欲无言"的另一个版本。

老庄、佛家一向视语言为筌蹄，那就更是不得已之说了。

三、"前两章现象"问题的学术意义

关于孔孟老庄元典的解释，占据学术史主流的，是注疏传统。这种注疏传统，在字词句的解释上很有优势，但是在元典的结构把握上，就相对不足了，笔者称之为"偏重语义忽视结构"。以下引用笔者毕业论文《〈人间世〉研究》中的一段话，对注疏传统的这种不足加以说明：

> 《论语》《孟子》《左传》《诗经》《易经》等经典本身在体裁上就显得很"零散"，这或许是儒学研究过于偏重语义的源头所在。试以比它们更具有系统性的《大学》和《中庸》为例，郑玄和孔颖达的注疏都只是在字句上加以解释，未曾涉及任何篇章结构的看法，到了宋代，朱子的《四书章句集注》一出，《大学》和《中庸》彻底地成了章句之学，甚至可以说《中庸》几乎变成了格言的汇编。在朱子《四书章句集注》中，程子称《大学》"于今可见古人为学次第者，独赖此篇之

存",朱子称《中庸》"其书始言一理,中散为万事,末复合为一理"。但在该书实际的注释中,对于《大学》中程子和朱子无法解释的地方,即断定为"错简",甚至整个文序因此被调换得"面目全非"。从王阳明开始,倡导研究"古本《大学》",但阳明学派事实上一直偏重于研究格物致知、诚意正心的部分文本,实质上仍然是一种章句之学。我们看到的包括心学、理学在内的"语录"体的文献,也多是对经典的零散解释。至于《中庸》,朱子说"中散为万事",已经反映出了他在结构理解上的模糊性,再看一看他在注解中经常使用的"承上章以起下章""其下八章,杂引孔子之言以明之""自此以下十二章,皆子思之言,以反复推明此章之意"之类的说法,就可以知道他对《中庸》的主体部分,实际上是以近乎格言汇编的方式来处理的。号称强调义理的宋学如此,那么汉学就更是如此了。章句之学的泛滥,必定会造成对于义理本身的侵蚀,以至于《中庸》在文本形式上几近于被当作《菜根谭》和《增广贤文》来看待了。杜维明先生指出:"尽管《中庸》的意义受到广泛承认,但是却很少有人对这一文本作过系统的和整体的分析。传统的中国和日本学者一向假定:既然这一完整文本作为本真的儒家经典是无可争议的,则学者的任务便只是对它作一些注释而已。自1919年五四新文化运动以来,激烈攻击崇尚儒学的风气一直很盛行。在其影响下,近来研究中国思想的学者,已经对这一文本的逻辑连贯性提出了一些根本性的质疑。结果,不少汉学家现在都相信这部著作只不过是一些格言警句的汇编而已。"(杜维明:《论儒学的宗教性——对〈中庸〉的现代诠释》,见郭齐勇、郑文龙编:《杜维明文集》,第三卷,武汉出版社,2002年,第362页)

"前两章现象"问题的提出,其学术意义在于,有助于加强我们对于元典通篇结构的重视,那些经典也许并不是简单的章句堆砌,而是充满了往圣先贤启发后学的各种良苦用心。"前两章现象"也不是要否定后面文字的重要性和结构性,在有些元典中(比如《论语》《庄子》《大学》《中庸》),前两章以后的文字,一样有着结构上的苦心安排。

当然,理解了章句,不一定理解了全书;理解了章句和结构,也不一定理解了全书;理解了全书,更不一定理解了圣人之意。这,大概就是元典的无穷魅力吧!

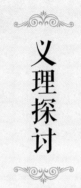

从情之中节与不中节论至善生命之可能

邵逝夫(自由学者)

引　言

　　实现至善的生命,是儒家历来的一个内在诉求,古往今来,诸多贤哲为之呕心沥血,孜孜以求。然而,时至今日,儒门淡薄,真儒罕见,不但儒门之外的人认为至善生命的实现是一番想象,许多号称儒者的人竟然也有同感。于是,对于至善生命的探究,终于成了空头理论。可是,当我们去研读往圣先贤们的著述和语录时,往往又会发现他们是极其真诚、严肃的,更重要的是他们常常是以生命践行着自己的论述。这就不得不引发我们去思量:如果至善的生命真的只是一种想象,那么,往圣先贤们岂不是活在了自身所构造的虚妄之中?而我们这些凡夫俗子却拥有着真实的生命体验?这样的思量自然是难以令人心服的。于是乎,亲身去探究一下至善生命的可能性,便成了一个严肃的生命体的选择。

　　至善生命的提倡,当以《大学》为代表:"大学之道,在明明德,在亲民,在止于至善。"而因为《大学》八目以"平天下"为最后的归宗,很多人便将至善理解为平天下,这其实是一种功利主义的思维。根据我们的体会,则至善并非平天下,而是平天下之可能。同样如此,至善也并非齐家、治国,而是齐家、治国之可能。至善所描述的乃是完满的生命境界,而不是卓越的功绩。当然,一个人当真抵达至善的生命境界,自然便会对家、国、天下产生一定的影响,至于影响的大小,则又取决于他所在时代的环境和背景。正因为此,即便是孔、孟一般的圣人,已经抵达了至善的生命之境,却也并没有在当世成就多么杰出的功绩。

那么,如何才是至善的生命?考诸儒学经典,对于至善的生命,有着诸多的描述,例如,仁、诚、和、时中、圣,等等。若是一一展开阐述,或可成就一部煌煌巨作。在这里,我们则仅仅从"和"入手,来探讨一下至善生命的可能性。关于和,自当以《中庸》为本:"喜怒哀乐之未发,谓之中;发而皆中节,谓之和。中也者,天下之大本也;和也者,天下之达道也。"据此可知,和乃是就情之所发而言的。喜怒哀乐,情也。情在未发之时,称为中。情发出之后悉皆中节,就称为和。由此,则实现至善生命的可能性,取决于能否做到情之所发悉皆中节。

这就促使我们对情作一番探究。依据《中庸》,情有未发与已发的分别,已发之情又有着中节与不中节的分别。我们的论述正是由此而展开的。

一、未发之情

情既然有未发与已发的分别,我们的探究就从未发之情开始。

"喜怒哀乐之未发,谓之中",情在未发之时,称作为中,而中在发出来之后,自然即是情了。由此可见,中与情二者乃是体用关系,中是情的本体,情是中的发用。在儒门心性之学中,情的本体乃是性,此类表述随处可见,如横渠先生(张载)便说:"性者,理也。性是体,情是用,性情皆出于心,故心能统之。"再结合《中庸》中"中也者,天下之大本也;和也者,天下之达道也"等论述,实在也不难得出中即是性的结论。朱子也曾明确地说:"喜怒哀乐,情也。其未发,则性也。"(《中庸章句》)

未发之情,即是中,也即是性。

二、性是如何发用为情的？

未发之情，是性，性发用出来便是情。那么，性又是如何发用为情的呢？讨论这一个问题，离不开呈现情的主体——心。关于心、性，历来存在着一些争论，为了更好地理解情，在此略作辨析。

旧时有着性即理与心即理的争论，分别代表着理学家和心学家的见解，争论的结果常常会是：心与性泾渭分明。我们的看法则与此略有不同：心与性二者实在是不可以分而言之的，言性离不开心，言心也离不开性，心、性本是一体的，而不是二分的。然而，既然往圣先贤们将它们分开来表述，其中必定是有着深意的，这一个深意便是：性为心具之理。——心有感应之能，感是对外在事物的感知能力，应是对外在事物的应对能力，既然能感能应，自然离不得理，离开了理，心的所感所应便会流散无序，而性就是心所具之理。但是，这绝不是说心与性是分离的，恰恰相反，心与性乃是浑然合一的，是有心必有性的。所以，孟子才会说："尽其心者，知其性也。"心、性若是二分的，尽心又何以知性呢？

明白了心、性的关系，就可以探究由性发而为情的过程了。

性是情的本体，情是性的发用，由性发而为情，则需要经由心：心有感应之能，性正是在心由感而应的过程中转发为情的。这一个过程非常微妙：心一旦感知到某事，便会遵循于心具之理——性——作出及时的应对，而所呈现出来的便是情。这其中有着五个要点：（1）心是即感即应的：即心的由感而应，其中是间不容发的。（2）心的所感所应一任自然：即心不会求着去感去应，也绝不会事来而不感不应，而是有事即感，感而即应。诚如《周易·系辞》中所说，心乃是"寂然不动，感而遂通"的。（3）情是有形态的：情虽然不是一个有质地的可以把捉的物件，却是可以通过表现和感受感觉到它的存在。（4）性是无形象、无声气、无方所的，正因如此，很少有人能够体察到性的存在，而要体察到性的存在，通常需要通过它的发用——情。如孟子谈性便是由情入手的,他说:"乃若其情,则可以为善矣,乃所谓善也。"(5)性恒一而情万变:性无形象、无声气、无方所,不可以数量计,方便而说为一,这个一所传达的是完满,是整体;情则是有形态的,既有形态,自然是千变万化的。性虽为一,然而随着心的所感而应,却会呈现为千千万的情,契合于千千万的事。

由性发而为情,就在心的一感一应之间,而且情乃是随感随应而发的。这就意味着由性到情,其中绝无扭曲的可能性,也即是说性与情乃是一贯的。所以,古时尚有性情一体之说:"性情一也……性者,情之本;情者,性之用;故吾曰性情一也。"(王安石《性情》)与此同时,也可以说情之所发全都是中节的。为什么?因为心的一感一应,乃是全然遵循于心具之理——性。《中庸》有云:"天命之谓性。"人的性(理)乃是由天命的,天下万事万物的性(理)也无一不是由天命的,心的所应乃是以天命之性应天命之性,又如何会不中节呢?所以,《中庸》中才会说:"能尽其性,则能尽人之性;能尽人之性,则能尽物之性;能尽物之性,则可以赞天地之化育;可以赞天地之化育,则可以与天地参矣。"性为心具之理,心的一感一应,莫不遵循于性,这便是"尽其性",如此一来,"则能尽人之性""能尽物之性"而"可以赞天地之化育""可以与天地参",既然如此,所发之情又岂能不中节?

可是,问题并没有这么简单。从心感到心应,性发而为情,性情一贯,情之所发悉皆中节,自然没有任何问题。但是,从心感到心应,性发而为情,所涉及的仅仅是应事全部过程的一半。而要真正做到和,另一半或许更为关键。事实上,问题通常正出现在另一半,那就是从事发到对事作出判定的过程。

三、情发而不中节的缘由

单纯依据心感心应性发而为情这一半过程来看,情实在是无有不中节的。然而,《中庸》中既然讲中节之情,那就意味着一定存在着不中节之情。事实确是如此。现在,我们便来探寻一下情发而不中节的缘由。

在上一节的末端,我们曾指出应事的另一半——从事发到对事作出判定的过程。这是应事的前半部分,在心感而应之前。也即是说心所感知到的事,已然是经过判断之后的事了。这中间就有值得探究的地方了:如果对所发生的事判断失误,比方说将甲事判断为乙事,那么,心所感知到的便只会是乙事,而非甲事。心又是即感即应的,就此所发出来的情自然也就只能够适合于乙事,而不能够适合于甲事了。可是,真正所要应对的却是甲事,评估情的所发中节与不中节,也就不能够依据乙事来论定,而是应当依据甲事。如此一来,就会发现所发之情不中节了。

情之所发中节与不中节,乃是就所应的事而言的,而不是就情是否与性一贯而定的。性是情的本体,情是性的发用,性与情乃是一贯的。可是,因为判断失误以致所应的事产生了变异,情也就会出现不中节的状态了。另外,需要提醒的一点是:情不中节,并不意味着情是恶的,有人提倡所谓的性善情恶论而扬性抑情,是很不妥当的,情不中节乃是针对事而言的,与情本身无关。纵然是因此而导致了恶果,那也应该由应事的人来承担责任,而不是由情来承担。

因为判断失误,导致所应的事发生变异,从而使得所发之情不得中节。情不中节的状况通常会有三种:(1)过;(2)不及;(3)完全背离。现实中,这三种状况时有发生。判断失误将导致情发而不中节,那么,又是什么导致了判断失误?这就需要清晰地了解对事作出判断的过程。通常情况下,应事的全部过程如下:

事发—觉知—观察—分析—结论—心感—心应—情呈现

很显然,心感之前的五个环节便是作出判断的过程,撇开事发不谈,作出判断的过程则为:(1)觉知;(2)观察;(3)分析;(4)结论。下面我们就对这四个环节作一个简略的陈述。

觉知是人人具备的能力，由我们的六根担任，六根是佛家的说法，即眼、耳、鼻、舌、身、意，儒家也经常会关注到眼、耳、舌、身，如"非礼勿视，非礼勿听，非礼勿言，非礼勿动"（视、听、言、动恰好对应着眼、耳、舌、身）。佛家所说的第六根——意根，其实即是大脑，具备思量、分析、想象、判断等功能，常人的意根总是念想不断的，很少会有停息。因为佛家六根的说法更为清晰，在此便借六根说来展开陈述。眼、耳、鼻、舌、身、意六根，乃是我们对外在觉知的工具，可以觉知到外界的色、声、香、味、触、法六种尘境，而几乎所有的事、物都是以这六种尘境展示出来的，所以，眼、耳等六根通常可以觉知到外在所发生的一切。这便是第一个环节。这其中的要点在于：要保持清晰的觉知力，觉知不清晰，就可能会觉察不到某件事的发生。觉知之后，还应当对所发生的事进行细致的观察。观察是对事作出准确了解的过程，需要拥有敏锐的洞察力，能够把握住细节，与此同时，观察必须保持客观。唯有如此，才能够掌握事情的真相。觉知在于六根，观察则是由六根与意根共同完成的（意根虽为六根之一，但因其有着思量等功能，所以，又可以与六根一起对所发生的事进行观察），对所发生的事作出准确的观察，是分析的前提。很多人在这一个环节往往会草率处理，常常还没有能够把握住事情的真相，便匆匆忙忙地进入了分析阶段，以至于后面的所作所为全都发生了错误。作出准确的观察之后，还需要对所发生的事进行分析，分析自然会涉及种种知识，这些知识通常来自往日的学习、实践等积累，分析的要求在于：（1）具备充分且正确的知识；（2）保持如实、中肯的理性态度。这两个要求缺一不可。一旦作出精确的分析，自然便可以得出正确的结论。这就是作出判定的全过程。结论判定之时，这件事便会由意根及时传达给心，而心便会根据所感知的事作出适时的应对，发出适当的情来。

通过对这一过程的描述，很容易便会发现可能导致对事情作出错误判断的地方：（1）觉知；（2）观察；（3）分析。觉知不清晰、观察不准确、知识不充足,以及分析不够理性,全都会扭曲所发生的事。一旦事情遭受了扭曲,心所感知的事便与真相发生了差异,就此所发出的情也就只能适合于扭曲之后事,却已然不再适合于最初发生的事了。于是,情便不中节了。总而言之,情之所以不中节,并不是因为情有什么过错,而是因为所应对的事发生了变异,以至于心所发出的情与原本所发生的事不再相契。

由此可知,我们必须在可能导致事情发生变异的地方下工夫:(1)增强觉知力;(2)提升洞察力;(3)掌握充分且正确的知识;(4)保持如实、中肯的理性精神。

四、世俗的思维模式

由上所述,可知情发而皆中节,分为两大部分:一是对所发生的事作出准确的判断;二是全然以心感应。能否对事作出准确的判断,乃是情发而皆中节的一个先决条件。然而,也许我们忽略了一件重要的事:是否每一个人都能够全然地以心来感应?如果答案是否定的,那就意味着一个人要做到情之所发悉皆中节,必须要在两个方面下工夫,缺一不可,那就是:(1)回归到全然心感心应的状态;(2)对外在所发生的事作出准确的判断。

令人遗憾的是:答案是否定的。而今,在这世间,能够体察到有心存在的人便不多,更何况能够全然以心感应了。然而,每个人又都是有心的,为什么大多数人却不能够体察并全然运用心呢?这就需要了解一下常人的思维模式。

常人的思维模式,简而言之,那就是全然停留在自我层面,根本体会不到生命的真义。要说清楚这一个问题,借用佛家的八识理论无疑是最为简单、直接的办法。

佛家认为人的思维便是八识运转的过程,所谓八识,即眼、耳、鼻、舌、身、意六识,加上第七末那识和第八阿赖耶识,常人通常只能了知前六识,但是只要略微去探究一下,便会了解到在思维运转的过程之中确实存在着八识。(关于八识,《解深密经》《楞伽经》等大乘佛典中都有详实的讲述,此处只是为了有助于了解思维的运行,所以不作过深的解说,有兴趣者请自行参阅。)眼、耳、鼻、舌、身、意六识,乃是对外在的觉知系统,其中第六意识具有思量、分析、想象、判断等功能,尤为活跃。第七末那识是潜藏着的自我主体意识,第八阿赖耶识则是藏识,储藏着种种的知识、观念,据佛家的说法,这其中甚至还储藏着前世所遗留下来的种种记忆。

而我们的思维模式则是:当前六识觉知到外在的六尘(即所发的事)时,末那识便会迅速发用——确立起自我主体意识,并从阿赖耶识中调动相关的知识、观念,运用意识进行思量、分析、想象,最终得出一个结论。

在这一过程之中,我们会发现前六识所应对的是外在的事物(法尘也是外在的),意识进行思量、分析和想象所依赖的则是储存在阿赖耶识中的种种知识、观念,而这些知识、观念也是经由过去对外在的认知而留存下来的。(即便是前世所遗留下来的知识、观念,它们最初的由来也是如此。)也就是说,在整个思维运作的过程之中,我们仅仅是以由外而来的知识、观念应对着外在的事物。这完全是一种由外而外的生命状态。这样的生命也就只能全然地被外在所牵引着,这是一种随波逐流式的空洞的生命。有人会说:"末那识就是我们的自我啊,这不意味着我们才是主宰吗?"活在自我之中的人总是会如此的自负,可是他们从未曾真正去探究过自我,一旦他们当真去探究时,便会发现:根本就没有一个所谓的自我存在着,自我至多只是一份感觉。——人们所拥有的其实只是一份自我感。

总而言之,自我只不过是一份感觉而已,可这份感觉却让我们自以为是，然而，无论我们有多么的自负，在思维运转的实际过程之中，所作出的结论也无一是来自自我的，它们总是由外在所得来的知识、观念决定的。——自我看似是主宰，其实只能围绕着那些知识、观念展开思量。直截了当地说：自我其实只是一个傀儡，只能围绕着外在的一切打转。用《礼记·乐记》中的话来讲，这便是"物至而人化物"。

常人的思维模式，完全停留在自我层面，也就是"物至而人化物"的层面。我们将之称作为世俗的思维模式，因为这一切全都是围绕着世俗中所发生的状况展开的。

在世俗的思维模式下，几乎一切（包括情感、语言、行为等）全都是虚伪的。为什么？因为一切全都是经由意识思量之后作出的。——所有的情感、语言、行为全都是在自我意识的支配下形成的，这便完完全全是一种"演"的状态。或许正因如此，世间才会流传"人生本来就是一出戏"的说法。与此截然相反的是：心在感应的过程之中，是即感即应的，是纯然真诚的，绝无"演"的可能。

可是，一旦人们陷入自我，习惯于世俗的思维模式之后，他们就无法体察到心的存在了。更可悲的是：自我感很容易麻木人的心灵，让人们以为自己活出了某种"态度"、某种"风格"。孟子曾对活在自我感中的人作过一个描述："放心。"——活在自我意识之中，就此放失了心。并且指出："人有鸡犬放，则知求之；有放心而不知求。学问之道无他，求其放心而已矣。"真的是很悲哀！当然，之所以会如此，乃是因为大多数人全然沉浸在自我意识之中，根本不知道自己尚有心在。一旦他们知道自己尚有心在，也许就会去"求其放心"了。

谈到这里，正好顺势指出：在世俗的思维模式下，所发出来的情根本无所谓中节与不中节，也许它们看起来契合于所应的事，也许不契合，但这全都无关要旨，因为它们本就不可以被称作为情，它们只是在自我意识支配下所呈现出来的情态罢了。也许我们可以将它们称作为"伪情"。孔孟之所以厌恶乡愿,宣称"乡愿,德之贼也",大概便是因为乡愿所发出的大多是"伪情",看似中节,其实大伪。

那么,活在世俗思维之中的人,有没有真情发露的时候呢?答案自然是肯定的,但是,在那一刻,他(她)的自我一定是不存在的,例如,艺术家完全沉浸在创作之中,或是歌手完全沉浸在歌唱之中,在那个时刻,他们已经完全融入了自己的作品和演唱,自然是真情流露。但是,一旦他们从那份感觉之中出来之后,创作、演唱却又成了他们自我感的一部分,毕竟他们依旧是活在世俗思维模式中的人。

五、如何走出世俗的思维模式?

世俗的思维模式,完全停留在自我层面,与心毫不相干。更重要的是:一旦陷入世俗的思维模式中,心就会被放失,由此可见,要"求其放心",就应当克除自我,走出世俗的思维模式,而这正是孟子所说的"学问之道"。

走出世俗的思维模式,关键在于克除自我。因为在世俗的思维模式之中,自我乃是主体(虽然只是一个被绑架的傀儡),如果克除了自我,这一个运作系统也就会失去了主体。与此同时,也就获得了开放和自由。——自我总是狭隘的、设限的。但是,开放和自由并不意味着无序与混乱。恰恰相反,一切运作会变得更加理性和缜密,因为在自我退场的同时,心接管了一切,成了新的主体。为了区别于世俗的思维模式,我们将心为主体的思维模式称作为超越的思维模式。也许,我们应该来看一下这两种思维模式的运作差别:

事发—六根(觉知)—自我(由末那识确立)—运用知识、观念(阿赖耶识所含藏)—意识思量—反馈给自我—自我刻意应对

这是世俗的思维模式,以自我为主体。

事发—六根(觉知)—心—运用知识、观念(阿赖耶识所含藏)—意识

思量—传感给心—心即感即应

这是超越的思维模式,以心为主体。

乍一看,两者似乎并没有什么差别,仅仅是主体不一样。然而,一旦我们对两个主体——自我和心——作一个对比,便可以知道这其中存在着多么巨大的差别了:

自我一定是狭隘的、分离的,背后乃是私欲与禀性(详见下文);而心则是开放的、无限的,背后则是天命之性。

也即是说,世俗的思维模式下,一个人所关注的只是自我,所作所为所思所量全都是围绕着自我而展开的。超越的思维模式下,却没有关注点,只是遵循着天命之性随机应对所发生的事,在这一过程之中,人成了天理的载体。以传统的说法,这便是活出了天人合一的生命境界。

那么,我们又该如何走出世俗的思维模式,而活出超越的思维模式呢?

要真正走出世俗的思维模式,并不容易,至少需要经历三个阶段:一、识妄:即认识到自己活在世俗的思维模式中,所拥有的只是一种随波逐流式的空洞的生命;二、明心:即体察到心的发用,就此坚信存在着别样的生命境界;三、克己:即全力克除自我感,活出心即感即应的生命境界。

第一阶段是基础,没有这样的认识,就不会对世俗的思维模式感到厌倦,也就不会有"求其放心"的意愿。可是要有这样的认识并不容易,它首先需要我们静下来,一个人唯有在静下来之后,才有可能觉察到自我的意识活动,也才会认识到自己活在上文所陈述的世俗思维模式之中。一旦有了这样的认识,有一些人便会开始探寻真我之所在。——那个为外在所牵引着随波逐流的所谓的自我,自然不是真我!于是,便产生了一个永恒的生命课题:"我是谁?我从哪里来?我到哪里去?"在很多人看来，这是一个哲学命题，与自身无关。其实不然，这是一个关乎于每一个人的问题，因为每一个人都拥有生命。所以，无论是西方的哲学、宗教，还是东方的种种文化，全都将解决这一个问题视为根本。儒家的圣贤、佛家的佛菩萨、道家的神仙真人，究其根本，所说的全都是纯然解决了这一个问题的人。而佛家在这一个问题上，表现得尤为迫切，所以，参禅悟道最常见的课题便是："我是谁？"当然，他们有着种种不同的说法，如"念佛是谁？""拖死尸是谁？""哪一个是你的本来面目？"……当然，也有一些人对此嗤之以鼻，不屑一顾，可是，与此同时，他们也就错过了把握生命真义的机缘，这很可惜。当然，更令人遗憾的是：这世间的大多数人往往连静下来的机会都没有。

当一个人开始寻求真我，他（她）就走上了"求其放心"的旅程。这时，明心——体察到心的发用——就会显得异常重要，因为无法体察到心的存在，他（她）的一腔热忱很快就会转变为心灰意冷，如此一来，也就会再次退缩到世俗的思维模式之中去。幸而无论是谁，都是有机会体察到心的发用的。在这一点上，孟子有着一个卓绝的指引，他说：

> 人皆有不忍人之心。……所以谓人皆有不忍人之心者，今人乍见孺子将入于井，皆有怵惕恻隐之心，非所以内（纳）交于孺子之父母也，非所以要（邀）誉于乡党朋友也，非恶其声而然也。由是观之，无恻隐之心，非人也……

通过应对"孺子将入于井"这件事，孟子让我们每一个人都能够感受到自己有着"怵惕恻隐之心"。他还进一步地指出了这一个"怵惕恻隐之心"，既不是来自"内（纳）交于孺子之父母"，也不是来自"要（邀）誉于乡党朋友"和"恶其声"，这三者全都出自世俗的思维模式，而"怵惕恻隐之心"则与它们无关，仿佛是一个天外来客，从天而降，无因无由。"怵惕恻隐之心"当然不是什么天降来客,它便是我们的心在即感即应之时所呈现出来的情,孟子将它称作为"端",并且告诉我们只要能够对这一个"端"进行"扩而充之",便可以"若火之始然",越燃越旺;若"泉之始达",越涌越盛。这就是儒家察端扩充的工夫。可是这一个工夫并不容易作,因为自我会时不时地跳出来干扰一番,所以,孔子异常注重克己——克除自我——的工夫。

人人都有"端",都有以心感应的生命状态,由此可见,确实存在着一种超越于世俗思维模式的生命状态。一旦意识到这一点,人们便会油然而生获得这种超越于自我意识的全新生命的愿望。

当然,需要注意的是:对于那些不曾了知世俗思维模式的人而言,他们也会有受到触动而以心即感即应发出"端"的时候,这类情况也许还不少,可是因为他们不曾明理,也就只能是日用而不知那就是心在发用了。

察端之后,自然会坚信存在着一种别样的生命境界。接下来,便会进入全力克除自我的第三阶段了。要克除自我,就必须对自我作出进一步的认知。在孔子那里,自我被称作为"己":

> 颜渊问仁,子曰:"克己复礼为仁,一日克己复礼,天下归仁焉。为仁由己,而由人乎哉?"颜渊曰:"请问其目?"子曰:"非礼勿视,非礼勿听,非礼勿言,非礼勿动。"

克己,便是克除自我;复礼,便是回归到心即感即应,情发而皆中节的状态。孔子自身正是克己的典型,《论语》中记载:

> 子绝四:毋意,毋必,毋固,毋我。

其中，我即己，亦即自我。意、必、固，则全都为己——自我的表现。朱子(熹)对意、必、固、我有着一个清晰准确的解说："意，私意也。必，期必也。固，执滞也。我，私己也。四者相为终始，起于意，遂于必，留于固，而成于我也。盖意、必常在事前，固、我常在事后，至于我又生意，则物欲牵引，循环不穷矣。"

也就是说：意是应事时所生起的自我知见，即种种的"我认为"；必则是对这件事的期待，即现在人所谓的目的；固就是执着，在应事时执着于某种观念、某种行为方式；我则是种种经历留存在记忆中的一个印象。很多人从不曾认真地思量过我，一旦某一天他们真的围绕着我展开思量时，就会发现我其实只不过是一堆虚妄的记忆罢了！如果我们将朱子的解说与佛家的八识运转结合起来，立刻就会明白自己的生命是多么的苍白！——只不过是围绕着一个虚妄的自我而活着，也就会生发出务必要克己——绝尽意、必、固、我——而后已的决绝心！

意、必、固、我，以我为根本，意是我的意，必是我的必，固也是我的固，处理问题应当拔本塞源，因此，克己工夫的重心自然应该放在如何绝我上，一旦绝我，意、必、固自然也就无从着落，也就会自行瓦解。在这里，我们便对我作出进一步的探究。我，亦即自我，有着两个根本：私欲与禀性。

私欲源于人欲。所谓人欲，即人类肉体生存的本能需求。满足肉体生存的本能需求原本很正常，可是，很多人却将之放大了、扭曲了，于是，原本正常的人欲转变成了私欲。如此一来，势必会导致两重恶果：一者，过分享乐并不符合肉体的健康需求，只会对肉体造成伤害；二者，本能需求一旦被放大、扭曲，就会永无止境，如此一来，也就会沦为私欲的奴隶，而日复一日、年复一年地去满足它，进而成了完完全全"顺躯壳起念"(阳明先生语)的人。在古之贤圣看来，这便是沦为禽兽了。白沙先生(陈献章)曾写过一篇题为《禽兽说》的短文，正指明了这一点：

从情之中节与不中节论至善生命之可能

> 人具七尺之躯,除了此心此理,便无可贵,浑是一包脓血裹一大块骨头。饥能食,渴能饮,能着衣服,能行淫欲。贫贱而思富贵,富贵而贪权势,忿而争,忧而悲,穷而滥,乐而淫。凡百所为,一信气血,老死而后已,则命之曰禽兽可也。

由此可见,要免于沦为禽兽,就必须克除私欲。当然,我们并不是在提倡所谓的"灭人欲,存天理",而是在提倡"灭私欲,存天理"(当然,朱子、阳明等所谓的人欲,其实即是我们所说的私欲)。人欲与私欲是有着本质差别的,人欲是人类得以生存的本能需求,是理应满足的,否则也是违背天理。——天理是好生的,不让肉体获得应有的本能需求而残害它,不正是违背天理吗?正因为此,孔孟为政之道的基本前提全都是先解决百姓的生存问题,而后再进行德育教化。简而言之,满足人欲,本就是天理的一部分。私欲却就完全不同了,是对人欲的放大与扭曲,是必须要克除的。也许通过一个禅宗公案,可以很清晰地让诸位体味到其中的分别:

> 有源律师来问:"和尚修道,还用功否?"师(大珠慧海)曰:"用功。"曰:"如何用功?"师曰:"饥来吃饭困来眠。"曰:"一切人总如,同师用功否?"师曰:"不同。"曰:"何故不同?"师曰:"他吃饭时不肯吃饭,百种须索;睡时不肯睡,千般计校(较),所以不同也。"律师杜口。(《景德传灯录》)

相比于私欲,禀性更是幽微,隐藏更深。因为禀性是经由环境和人生经历所熏染而逐渐形成的,往往正代表着一个人的性格特征,或是风格面貌,所以常人都不会将禀性视为需要克除的部分,甚至很多人还会努力去追求所谓的个性,刻意塑造出一种与众不同的性格特征,如今的诸多教育理念也是如此。正因如此，禀性一旦形成，要克除它是异常困难的，所以古语才会说"江山易改，禀性难移"。

禀性是自我最为根深蒂固的部分，私欲根源于肉体，而禀性则往往涉及精神层面的追求，与自我有着更多的默契性。概略言之，禀性通常会表现为以下几种状态：

1. 潜意识。人人都有潜意识，潜意识隐藏在意识的背后，常常支配着我们的意识思维，从而使得我们无法做到客观理性。

2. 习惯。俗语有云："好的习惯是成功的一半。"人们似乎把习惯分为两个部分：好习惯和坏习惯。从世俗层面而言，这自然是没有任何问题的。但是，从深层次而言，尤其是从生命的纯然自由层面而言，则无论何种习惯都将会是一种束缚。

3. 观念。人人都有着一套自以为是的观念，人们依据它对外界展开评价。观念通常来自学习和思考，本无妨碍，可是一旦将它掺杂进对事物的分析之中，就一定会导致判断失误。今天大多数学人在立论时皆是如此，上来便已先带有一份主观，以致文字中充斥着诸多莫名的自我感。

除此之外，禀性还有其余种种表现，然而，本文毕竟不是专门探讨禀性，也就不一一展开来论述了。

了解了私欲与禀性之后，又该如何克除它们呢？克除了它们，就是绝四，就是克己，就是克除了自我。我们曾尝试过诸多的方法，佛家的，儒家的，最终选择了持敬一法。所谓持敬，即无论何时何地，应对何事，全都以一片至诚恭敬之心应对，久而久之，私欲、禀性自然将消除干净。所以，我们常说儒门持敬工夫，诚彻上彻下、贯通内外的大法门。

克己便可以走出世俗的思维模式，从而活出一种超越的生命状态，也就回到了全然以心感应的境地。然而，我们还需要解决另一个问题——对事作出准确的判断。

六、如何提升对事判断的能力？

根据第三节的论述，一个人纵然是能够做到纯然地以心感应，也还是会存在着情发而不中节的状态，因为往往还会对所应之事作出错误的判断。以心感应仅仅解决了内在问题，尚有外在问题需要解决，那就是对事作出准确的判断。（此处的内外，只是一种方便的说法，不能拘泥。）名侦探柯南有一句口头禅："真相只有一个。"提升对事判断的能力，正是为了把握事情的真相。要提升对事判断的能力，就应当围绕着可能导致对事情作出错误判断的地方展开，也就是：（1）加强觉知力；（2）提升洞察力；（3）掌握充分的知识；（4）保持理性的分析精神。

事实上，影响着我们的觉知力、洞察力以及理性精神的，仍是自我。自我总是封闭的、狭隘的，只会关注有利于自身或是自身感兴趣的那些部分。所以，自我感越好的人，对外界的觉知力与洞察力就越是薄弱，理性精神也就越差，因为他们只会关注自我的世界。事实上，活在自我感之中的人，是很难拥有觉知力、洞察力以及理性精神的。《大学》中所说的"视而不见，听而不闻，食而不知其味"的人，正是那些活在自我感中的人。

然而，从本质上来讲，人人都应当拥有出色的觉知力与洞察力，也应当富有理性精神，可是，唯有圣贤彻底去除了自我，所以能够将它们充分地发挥出来。也就是说，当一个人克除了自我，自然也就会提升觉知力、洞察力，与此同时，也将会具足理性精神。

经过以上分析，我们很快便可以发现：加强觉知力、提升洞察力，以及保持如实、中肯的理性分析精神，这些决定着能否对事作出准确判断的部分，依然取决于能否克己。唯有克己之后，方才可以做到这一切。而一个活在自我感之中的人，是无法拥有敏锐的觉知力、清晰的观察力和理性分析精神的。这就是为什么常人应事很少会得当的原因。有人会说："常人应事并没有问题啊？"也许乍一看并没有什么问题，可是一旦深究事理,细细分析,便会发觉常人应事总是会存在着或大或小或过或不及的错失。只不过是因为我们平常做事并不讲求精细化,只要能够大略不差也就可以了,所以,往往会忽略那些错失。唯有在产生糟糕的后果时才会去关注,可通常是为时已晚。

总之,自我是对事作出准确判断的核心障碍,一旦能够克除自我,再加上对事理的通达把握,自然便可以对事作出准确的判断。而"求其放心"做到全然以心感应,根本也在于克除自我,由此可见,克己乃是贯通内外的工夫,是确保情发而中节的基础。

然而,因为所应之事各各不同,所以我们需要随时学习,掌握事理。也即是说,在克除自我之后,要做到情之所发悉皆中节,还需要我们始终保持开放的学习精神,及时学习、掌握所需的相关知识。一旦如此,自然也就能够提升对事判断的能力。

七、迈向至善的生命

现在,应该回到文章的主题上来了:我们到底有没有可能实现至善的生命?也即是我们有没有可能做到和——情之所发悉皆中节?要做到情之所发悉皆中节,需要具备两个条件:(1)全然以心感应;(2)对所应之事作出准确判断。

根据上文的陈述,人人都有可能体验到纯然以心感应的生命状态,这就意味着这种生命是可能的。而综观历史中的诸多往圣先贤,彻底克除自我的也大有人在,由此可见,只要我们笃实地履行修身工夫,活出纯然以心感应的生命并非绝无可能。

然而,要对所应之事全都能够作出准确的判断,这就需要明了天下万事万物之理,这对于人的一生来说,恐怕是无有可能的。早在两千多年前,庄子便发出了这样的感慨:"吾生也有涯,而知也无涯,以有涯随无涯,殆已!"当然,能否对事作出准确的判断,更重要的在于深究事物发展的共性,一旦如此,便可以通过逻辑推断获得正确的判断,孔子便是如此,他说:"吾有知乎哉?无知也。有鄙夫问于我,空空如也。我叩其两端而竭焉。"虽然他对那鄙夫所问之事一无所知,但是,他却可以通过"叩其两端而竭"其理,因为他已经把握了事物发展的共性。朱子所说"至于用力之久,而一旦豁然贯通焉"(《大学章句》),其所"贯通"的,也应当是针对事物发展的共性而言的。古时所谓的通儒,就应当是这样的人。

但是,在这里,我们却想从另一个角度寻求突破,那就是将生命投入于己而言最有价值的事业中去。——与其将一生短暂的精力分散在纷繁的事务上,不如集中精力做好一两件真正有价值和意义的事。一旦我们能够找到有价值、有意义的事,全身心地投入其中,充分掌握它的运作之理,做到情之所发悉皆中节,是完全有可能的。古人讲"术业有专攻",是颇有些道理的。这就意味着我们也许成就不了事事皆能发而中节的至善之人,却可以成为担负着宇宙内最有价值和意义的事业的人。当然,源于各人于生命价值与意义的理解不同,也会有着不一样的选择。那么,对于一位儒者而言,最富价值和意义的事业是什么呢?也许我们可以从孟子那里得到一些启发。在孟子的众多智慧之中,有着一个"当务之急",他说:"知者,无不知也,当务之为急;仁者,无不爱也,急亲贤之为务。尧、舜之知而不遍物,急先务也;尧、舜之仁不遍爱人,急亲贤也。"也许"当务之急",便是宇宙内最有价值和意义的事。

当一个人纯然活在以心感应的生命境地时,他(她)是与天地万物融为一体的。孟子说:"万物皆备于我矣。"明道先生(程颢)说:"仁者以天地万物为一体。"所说的全都是这份体验。而与此同时,自然便会生发出一种担当起天地间事业的豪情,"宇宙内事乃己分内事,己分内事乃宇宙内事",象山先生(陆九渊)的这句话乃是他们共同的心声。然而,宇宙内有着无穷的事业,又应当从何处开始呢?或者我们可以换一个说法:宇宙内的事,哪一桩又是当务之急呢?

既然是当务之急，一定具备着两个条件：一、为宇宙内最根本的事；二、已然不可不做，否则便会继续恶化。这究竟是什么事呢？

我们以为答案便在《中庸》中："天地位焉，万物育焉。"——让天地回归其本然，让万物各得其所育，便是这份当务之急的事业。

天地有好生之德，也有着其完满的运行规律。天地间本当呈现为一片和谐的生机，物物各得其所，事事各得其理。然而，自从有了人类以来，人们活在自我的世界里，恣意任性地扰乱了天地的运行规律，使得天地间失去了和谐。尤其是在占有欲与征服欲（这两者乃是自我意识的必然产物）的支配下，整个世界时刻都处于动荡与不安之中……人类正走在一条自我毁灭的道路上。

让天地回归其本然，让万物各得其所育，根本又在于如何让世人克除自我。于一名儒者而言，这便是天地间最当务之急的事！让普天之下的人都能够识妄、明心而后克己，就此活出和——情之所发发而皆中节的至善生命。无疑，这是天地间最具价值和意义的事业，而要成就这份事业，施行教育无疑是最为有效的路径。这也就无怪乎古今中外的哲学家、宗教家和思想家们，全都会将探寻生命真义作为其一生最重要的课题，并愿意以老师的身份出现在世间。孔子、孟子、佛陀、苏格拉底、柏拉图、朱熹、王阳明……这份名单可以拉得很长很长。

指引世人识妄、明心、克己，便是我们应当承担起来的责任，而施行教育又是最为有效的路径。因此，要成就这份事业，就必须做到以下四点：

（1）对一切虚妄的根源——自我有着深刻的认识；

（2）对明心、克己的修身过程有着清晰的了解；

（3）自身全然履行克己工夫；

（4）掌握或了解种种教育方式和理论。

今天，我们窥到了这份事业，也明白了成就这份事业所应具备的条件，接下来所应当做的自然是：投身其中。

不诚无物

——碎片化时代的晚修短课导论

曾维术(贵州中医药大学)

这是一个"碎片化"的时代。自智能手机问世以来,短短十年间,人类的生存景观已经发生天翻地覆的变化。以我自己为例,我发现自己在空闲的时候,比如等车、等人之类,第一反应往往是(有意识无意识地)摸手机;当我从一件事情中停下来之后,比如炒完菜、洗完碗,第一反应还是(有意识无意识地)摸手机。

过去一百多年,我们常说中国遭遇了"三千年未有之大变局",这个说法是不够准确的。今日的变化已触及社会的最底层,是连带器物一起发生的变化,这种变化至少应该比照《易传》"神农氏没,黄帝、尧舜氏作"的时间节点,甚至可以比照"包牺氏没,神农氏作"的时间节点。

神农氏的兴作,我们无从得知;尧舜的兴作,我们尚可以凭借《尚书》弥足珍贵的记载追溯出来。除了尽一切可能去效法尧舜的兴作,我们哪还有别的路可走?我们心里很清楚,这个时代的学人,哪怕集体打包称都够不上圣人的分量,指望我们走出一条"前无古人"的达道,纯属幻想。

尧舜的兴作是一个系统工程,既有礼乐制度,又有六府治理,所有这一切的核心,是德行。尧让四岳举荐人才,四岳举荐三人,均遭帝尧否定,否定的理由都是道德方面的缺失。这三人中,尤其值得注意的是鲧的情况,因鲧的工作与我们今日的任务直接相关。在四岳举荐鲧之前,帝尧提到"汤汤洪水方割,荡荡怀山襄陵,浩浩滔天,下民其咨",情况不可谓不紧急。然而在这极大的危机面前,帝尧首先关注的仍然是鲧的德行:"吁,咈哉,方命圮族。""逆命毁族"是人伦品质方面的认定,人伦上的不通达与鲧堵塞洪水的治法有着密切的关系。《洪范》引箕子之言:"我闻在昔鲧堙洪水,汩陈其五行。帝乃震怒,不畀洪范九畴,彝伦攸斁。鲧则殛死,禹乃嗣兴。天乃锡禹洪范九畴,彝伦攸叙。"这里有着现代人最应该重视的经验教训:德行、学问、事功,本来密不可分,所谓撇开德行而用其"才"的做法,在一般小事上可能还能侥幸一下,在大事上绝对走不过去。

要让现代人相信中华文明开端的这一宝贵经验,非常困难。我们已经习惯了分科的思维,尤其是理工科与人文学科分别对待的思维。在这种区分之下,人文学科甚至要为理工科的不发达背锅:儒家文化开不出科技,是近百年来压得中国学人抬不起头来的一座大山。如今西方的科技终于走到了"物极必反"的临界点,我们也是时候将儒家的物理观、学问观、德行观往深里讲一讲了。

在此,我们必须提及《中庸》中一个极为费解的讲法:"不诚无物"。现代人面对这个讲法,可能会提出各种疑问:"不诚怎么会无物?无物是在什么意义上无物?是否定存在一个客观世界吗?"对此疑问,我们可以先给出一个较为浅显的回答:就跟色盲的人一样,心智不正常的人也认识不到事物的真相。这个回答还没有触及问题的关键。谁都明白疯子不能正确认识事物,但是,这里讲的是"不诚",是一种道德品质,道德品质不好的人,一定不能正确认识客观事物吗?或者说得更白一点,一定不能做科学研究吗?在我们的印象中,奸诈狡猾乃至心怀歹毒,跟一位冷静的科学家,两个形象似乎可以重合在一起。然而儒家在这个问题上的确就是这么看的。《礼记·礼器》篇说："无节于内者,观物弗之察矣。欲察物而不由礼,弗之得矣。"如果有"节"于内是心智正常的标准的话,那么后半句就补充说明白,没有礼——这明显是道德上的品质——那就不可能有"节",观物也就"弗之察",这跟《中庸》讲的"不诚无物"一样。看上去这与我们的经验相反——科学家研究火药的化学成分、化学反应,这些东西确定下来之后,并不会因科学家是好人还是坏人而改变。然而我们不要忘了,中国古人研究火药这一种物,本来是把它作放烟花用的。这里就会引出一个问题:对一个物的认识,到底什么程度才算是彻底,才算是知其"真相"?仅仅知道火药的化学成分、化学反应,能算是完全知晓这个"物"吗?抑或是,还必须知道它可能给人带来的政治社会影响、身心健康影响?一句话,就是要知道它在天地之间的位置。

  这个追问体现的就是中华文明的物理观、认识论。今天我们依然可以在中医这个行业,找到它残存的痕迹:"东方青色,其畜鸡,其应四时,上为岁星……北方黑色,其畜彘,其应四时,上为辰星。"连研究鸡和猪,都跟岁星和辰星对应起来;每一具体的物种,都跟天地连接起来。这个融通一贯的学术工程,用《易传》的话讲,就是"圣人有以见天下之至赜,而拟诸其形容,象其物宜,是故谓之象。圣人有以见天下之动,而观其会通,以行其典礼,系辞焉以断吉凶,是故谓之爻。言天下之至赜而不可恶也,言天下之至动而不可乱也。拟之而后言,议之而后动,拟议以成其变化"。

  无论今天的学术水平距离古人之大全有多远,甚至无论我们愿不愿意承认古人学术的成熟,任何严肃认真的学者都必须承认,在整全当中研究具体某一物,才是接近真相的研究。这一点确认下来之后——哪怕是作为科学假设确认下来,接下来就是如何鼓起科学求真的勇气,去追求事物的真相。一旦踏上这条求真之路,我们就会发现,道德与真相研究密不可分。因为,真相已被确认为在整体中见出某一物,要让这一物见出其真身,就必须连通整体,而这正是"不诚无物"的上下文语境:"诚者,物之终始,不诚无物。"《中庸》所讲的"诚者",是打通天人的讲法,"诚者,天之道也","诚者",便是天地这团元气的代名词,天地元气化生出万物,因此它当然就是"物之终始"。《中庸》又讲,"诚者,不勉而中,不思而得,从容中道,圣人也",这是圣人完全把自己放入这团元气中,任由自己的心思随着这团元气运转。按《家语》里更早的版本,孔子原本说的是"诚者,不勉而中,不思而得,从容中道,圣人之所以定体也","定体"二字更有助于我们理解这里所说的工夫论含义。既然"诚者"是与天地连通的状态,而天地本身又是中和的——"一阴一阳之谓道",那么,"诚者"便意味着中和,中和意味着德行:"中庸之为德也,其至矣夫。"所有具体的德行——仁义礼智信——如果走到极致,都是中庸;任何过失乃至罪恶,就其本质而言,只是失中。失中的时间越长、程度越高,就越失真,人就越不可能看出那融通一贯的真相。道德不好的人做不了科学研究。

  进一步说,"成物"不仅仅是客观的研究,它还必须去助成万事万物。"不诚无物"于是意味着人在天地之间领受一项使命,这正是《中庸》下文所要说的:"诚者,非自成己而已也,所以成物也。成己,仁也,成物,知也。性之德也,合外内之道也,故时措之宜也。"天命之谓性,率性而行亦即领命而行;人在这率性而行的过程中,要有所得(德、得同训),就要"合外内之道",就要成物,就要参赞天地化育;只有参赞化育,让万物各尽其性,才可以说是完成上天交给人的使命。而要成己成物,关键还是在于"诚",在于真正愿意"合外内之道"。外与内一旦合起来,就变成"一":"天地之道可一言而尽也,其为物不贰,则其生物不测。"这是真正困难的工夫,当年鲧采取堵水的治法,就是在这个问题上没有打通。他没有上升到"一"的层面去感知"物",没有对洪水产生最低程度的仁心——尽管洪水伤害了人,但洪水说到底也是天地间的一物,人仍然有责任去尽洪水之性,哪怕人可以同时怨恨洪水。这类似于对待人间的杀人犯,极深的怨恨其实与怜悯并存于同一个死刑判决当中。

大家不要觉得这是在说神话，我们马上就要面对同一种抉择：网络令人类陷入如此巨大的困境当中，我们该如何对待网络这一物？是当成一个完全异质的东西加以对抗，还是站在"一"的层面去成就网络这一物？我们必须非常小心，因为我们面对的是一个极为复杂、极为庞大的巨物，一不小心就有可能犯"堵水"的危险，尤其是考虑到，这个巨物与洪水还有着一个根本性的差别：它不像洪水那样纯然是自然的险情，它的背后还有着人的欲望——说到底，真正难治的是欲望，而不是技术本身。缠绕在网络这一物之上的欲望有两种，一种是马斯克们的欲望，一种是马斯克们的产品刺激出的欲望。对于前一种欲望，倘若要站在成己成物的角度，就应该指出，马斯克们的产品最终也会伤及他们自身。马斯克们也有子孙，他们也会有看到三岁孩童刷刷刷地拨弄手机平板的时候。就像环境污染一样，海底鲸鱼的肚子里还有垃圾袋，南极洲的冰山里还能检查出污染物呢，整个生态都被改变之后，谁又能够脱身于外？然而，我们是布衣草根，马斯克们不可能听得到我们说的话，因此我们除了祈祷老天爷突然让马斯克们良心发现之外，不应该对改变第一种欲望抱任何幻想。

第二种欲望是我们需要努力去疏导的。要疏导这些欲望，必须先搞清楚它们的性质：它们是被刺激出来的"情"，并不是真正的人"性"。我们最终的任务是要导情复性，而不是去迁就这些过分的"情"。然而，要导情入性，还是要先伸出手来拉它一把。网络每天都在快速制造海量的信息，如果没有善知识加入这股洪流，那么人情只会一直往而不返，没有任何改善的希望。进一步说，网络的"性"是快，是自由。恶可以通过网络快速扩散，善又何尝不可以通过网络快速扩散？前提是，有足够的仁人志士愿意担起振兴网风的责任。孔子说，"十室之邑，必有忠信如丘者"，这大概可以看成是治世的君子比例。十室按百人来算，单单中国就应该有一千四百万潜在的君子——大家不要觉得这个数字惊人,中国在扩大,天下在扩大,如果我们不敢预期有这么多的君子,那可能意味着,我们所谓复三代礼乐之志是虚妄的。

网络这个黑黢黢的洞穴,是仁人志士不可放弃的亲民场所。有志之士,应该不畏其污秽,投身到这个欲望纠缠的洞穴中来。然而我们心里应该保持一份清醒,要化开这一团欲望,真正可靠的力量还是大自然的力量,我们要做的,还是一步步将迷失的人情拉回到自然的人性当中去。即便在网上讲学,也还是应该以缓慢的、耐心的长课程为主。短课程的作用,坦白地说,更多只能是提供一个共修的机会或者说缘分而已。这仅仅是一种有教无类、有学无类的心态,是眼见低头族在地铁公交上狂磕精神垃圾食品时,心中油然升起的不忍。与其让低头族们吃垃圾食品,还不如尝尝经典的味道。

这每天十分钟的短课程,我打算讲讲汉代的《韩诗外传》。《韩诗外传》是由一个个小故事组成的,故事结尾会配上《诗经》的一句诗,读起来很有意思。因其篇幅短小,而结尾引诗则有充分的延伸空间,用来作为短课程的教材是非常合适的。大家不要小看这本以"外传"为名的"故事书",我对《诗经》的理解,大部分是依照这本书提供的线索来推演的。从《韩诗外传》呈现出的对《诗经》的理解来看,它要比毛传、郑笺高出不止一个层次。虽然它没有去一篇篇注解《诗经》,但引诗所反映出的诗学造诣,可以证明它是《诗经》的真传。我们如今没有了完整的齐鲁韩三家诗传,《韩诗外传》就是最值得我们珍惜的解诗大宗了。

除了可以直接接通诗学渊源之外,从《韩诗外传》读起,还有另外的好处:它是运用《诗经》的典范,也意味着它是发挥诗义的典范。如果我们仅仅把《诗经》当成一个死文本去读,那么可能我们永远也到不了孔子、子夏、子贡所理解的诗学程度,我们可能会一直错失那些只有通过活用才能体会到的精微之处。就此而言,我必须对这个短课程的修身性质作一些说明。

正如前面所说，要解决现代社会的器物异化危机，关键在于修诚，在于得一，在于"合外内之道"，然而这个"一"并非是无"文"的"一"。《中庸》讲"天地之道，可一言而尽"这一章，结尾却是"文王之所以为文也"，一与多，文与质，是互根彬彬的状态。正如人机合一的关系，不应该是简单粗暴的脑机接口、芯片植入——这不是"合外内之道"，而是"伤外内之道"。修诚的方法，也不是去硬求个"未发之中"，而是要先存天理之节文。阳明有谓："只要去人欲、存天理，方是功夫。静时念念去人欲、存天理，动时念念去人欲、存天理，不管宁静不宁静。若靠那宁静，不惟渐有喜静厌动之弊，中间许多病痛，只是潜伏在，终不能绝去，遇事依旧滋长。以循理为主，何尝不宁静；以宁静为主，未必能循理。"又谓："无事时，将好色、好货、好名等私欲逐一追究搜寻出来，定要拔去病根，永不复起，方始为快。常如猫之捕鼠，一眼看着，一耳听着，才有一念萌动，即与克去，斩钉截铁，不可姑容与他方便，不可窝藏，不可放他出路，方是真实用功，方能扫除廓清。"现代人每日浸泡在杂讯之中，染污甚深，如果没有外力的帮助，单靠他们自己，恐怕连好色、好货、好名的私欲都检不出来。而《诗经》为义理之渊薮，通过读诗来比照自己的生活，容易令私欲现形，继而将之扫除。

因此，虽然是要修诚，但是也要先从学文起；我们虽然是在学文，但是目的则是修诚。这个目标与步骤，是学《诗》时特别要留意的。《诗》《书》说到底是文学，如果不时时提醒自己修身的鹄的，学《诗》容易变成单纯的"文学科"，容易学得个"小人儒"。《礼记·孔子闲居》载夫子与子夏的一番交谈，可以看作我们今日学诗的纲领，兹录如下：

> 孔子闲居，子夏侍。子夏曰："敢问《诗》云：'凯弟君子，民之父母'，何如斯可谓民之父母矣?"孔子曰："夫民之父母乎，必达于礼乐

之原,以致五至,而行三无,以横于天下。四方有败,必先知之。此之谓民之父母矣。"

子夏曰:"民之父母,既得而闻之矣;敢问何谓'五至'?"孔子曰:"志之所至,诗亦至焉。诗之所至,礼亦至焉。礼之所至,乐亦至焉。乐之所至,哀亦至焉。哀乐相生。是故,正明目而视之,不可得而见也;倾耳而听之,不可得而闻也;志气塞乎天地,此之谓五至。"

子夏曰:"五至既得而闻之矣,敢问何谓三无?"孔子曰:"无声之乐,无体之礼,无服之丧,此之谓三无。"子夏曰:"三无既得略而闻之矣,敢问何诗近之?"孔子曰:"'夙夜其命宥密',无声之乐也。'威仪逮逮,不可选也',无体之礼也。'凡民有丧,匍匐救之',无服之丧也。"

子夏曰:"言则大矣!美矣!盛矣!言尽于此而已乎?"孔子曰:"何为其然也!君子之服之也,犹有五起焉。"子夏曰:"何如?"子曰:"无声之乐,气志不违;无体之礼,威仪迟迟;无服之丧,内恕孔悲。无声之乐,气志既得;无体之礼,威仪翼翼;无服之丧,施及四国。无声之乐,气志既从;无体之礼,上下和同;无服之丧,以畜万邦。无声之乐,日闻四方;无体之礼,日就月将;无服之丧,纯德孔明。无声之乐,气志既起;无体之礼,施及四海;无服之丧,施于孙子。"

子夏曰:"三王之德,参于天地,敢问何如斯可谓参于天地矣?"孔子曰:"奉三无私以劳天下。"子夏曰:"敢问何谓三无私?"孔子曰:"天无私覆,地无私载,日月无私照。奉斯三者以劳天下,此之谓三无私。其在《诗》曰:'帝命不违,至于汤齐。汤降不迟,圣敬日齐。昭假迟迟,上帝是祗。帝命式于九围。'是汤之德也。天有四时,春秋冬夏,风雨霜露,无非教也。地载神气,神气风霆,风霆流形,庶物露生,无非教也。清明在躬,气志如神,嗜欲将至,有开必先。天降时雨,山川出云。其在《诗》曰:'嵩高惟岳,峻极于天。惟岳降神,生甫及申。惟申及甫,惟周之翰。四国于蕃,四方于宣。'此文武之德也。三代之王也,必先令闻,《诗》云:'明明天子,令闻不已。'三代之德也。'弛其文德,协此四国。'大王之德也。"子夏蹶然而起,负墙而立曰:"弟子敢不承乎!"

《孔子闲居》接在《仲尼燕居》之后,《仲尼燕居》的教育对象是子张,"师也过",所以《仲尼燕居》主收蓄;收蓄之后要舒放,所以《孔子闲居》教育的是"不及"的子夏。子夏一开始问的,只是一句诗,"凯弟君子,民之父母",夫子因材施教,借此机会将文学科的子夏引向德行科的道路。故夫子特意深广诗义,将"民之父母"推扩到"致五至""行三无""横于天下"。

子夏熟悉夫子的教学方法,夫子教人,总是善待问,《王言解》教曾子如此,此处教子夏亦如此。故子夏乘机而问"五至"。夫子讲出一段纲领性的诗学要义:"志之所至,诗亦至焉。诗之所至,礼亦至焉。礼之所至,乐亦至焉。乐之所至,哀亦至焉。哀乐相生。"子夏与夫子论的是诗,而夫子首先点的却是"志"。这是孔子立言的宗旨,不单是《诗》之一经言志,《春秋》也贵志(《繁露·玉杯》:"春秋之论事,莫重于志。")。志要"至",这个"至"字,在中国文化里是非常重要的工夫论字眼,孟子讲"志至焉,气至焉",庄子讲"至人",归根结底都是"穷理尽性以至于命"的意思。志至诗亦至,因为"诗言志",诗不外乎是真志的表达。有言语便有交接,有交接便有酬酢动作周旋,所以"礼亦至焉"。礼乐相须,故礼至"乐亦至焉"。最后,夫子讲乐至"哀亦至焉",还不忘交待一句"哀乐相生",表明调和情志的最高境界乃是中和,也就是阳明所讲的"良知"。所以下文会接着讲一段"阴阳不测"的话:"是故,正明目而视之,不可得而见也;倾耳而听之,不可得而闻也",这是对"出入无时,莫知其乡"的心体的描述。"志气塞乎天地,此之谓五至",与孟子的讲法——"塞于天地之间"一样,可见孟子的心性之学有其源头,亦可见心性之学非独传思孟一派。

"五至"既得,接着问"三无"。夫子继续挤牙膏式的教学,先开一个头,你懂我就不费口舌,不懂我再给你讲。子夏未达,转而寻找自己最擅长的理解方式来接近答案:"敢问何诗近之?"夫子给出三句诗文:

"夙夜其命宥密",语出《周颂·昊天有成命》,全文为:"昊天有成命,二后受之。成王不敢康,夙夜其命宥密,於缉熙,单厥心,肆其靖之。""夙夜其命有密"位于此诗的中间,上文讲的是天授命于文武,一直传到成王这里,成王有继述之志而不敢康宁。在这个背景下去理解"夙夜其命有密",可以得知这是讲成王绵密的修持工夫,时刻保持与天命的一致,也就是《中庸》所讲的"道不可须臾离也,可离非道也"。下文"於缉熙",光明之象,参《文王》"穆穆文王,於缉熙敬止"。"单厥心",单,毛传训作"厚",而《尚书》常训作"尽"。心厚到极致便是尽,"单厥心"可通《孟子》的"尽心"。"肆其靖之",靖,安,做工夫勤勉,因此不敢康宁,然而工夫修持本身又是令人心安的。《尧典》"钦明文思安安",《大学》"静而后能安",这一份心安是真正的乐源,所以"夙夜其命宥密"可近"无声之乐"。

"威仪逮逮,不可选也",语出《邶风·柏舟》,这是卫寡夫人面对夫家、娘家合谋要求自己改嫁小叔子的野蛮要求,愤然道出的一句诗。"逮逮",富也,"不可选",众也,卫寡夫人自言自己的威仪众多,数也数不过来。儒家讲的威仪不是摆架子,而是"赫兮咺兮",是阳气的自然透发;而在"赫兮咺兮"之前,又有"瑟兮僩兮"做积累,阳明谓"精神、道德、言动,大率收敛为主,发散是不得已。天、地、人、物皆然"。这样一种不得已而随时自然透发的状态,便是"无体之礼"。

"凡民有丧,匍匐救之",语出《邶风·谷风》,其背景是一位黾勉坚强的妇人,遭到丈夫的抛弃,自道自己一心持家,毫无过失,乃至"凡民有丧,匍匐救之"。引用这两句诗来说明"无服之丧""无体之礼",有点断章取义的意思（断章取义在先秦是引诗常态，并无贬义），但是对全诗诗旨的把握，尤其是对两位女子坚贞不二的品行的体会，是夫子的引用与子夏的理解都不可或缺的前提。

听得夫子引诗说明"三无"之后，想必子夏心中已经"先立乎其大者"。然而修身这件事绝非一悟百了，以顿悟著称的禅宗六祖慧能，在所谓的"悟道"之后，也要潜修十六年，将一个一个的心结解开。所以工夫次第是要搞清楚的，子夏紧追不放。夫子于是给他讲了一段"五起"，其实就是工夫次第了。

第一起，"无声之乐，气志不违；无体之礼，威仪迟迟；无服之丧，内恕孔悲"。"气志不违"即身心和谐，《孟子》讲"夫志，气之帅也；气，体之充也。夫志至焉，气次焉。故曰：'持其志，无暴其气'"，可作为我们调养志气的纲领。"威仪迟迟"，君子不重则不威，又"君子不失足于人，不失色于人，不失口于人"，修养的起始阶段，放慢速度来观察自己的言行是必要的。"内恕孔悲"，释家讲"发菩提心，睡梦也能长工夫"，就是这个"内恕孔悲"。

第二起，"无声之乐，气志既得；无体之礼，威仪翼翼；无服之丧，施及四国"。"气志既得"，盖阳明所说的"夜气，是就常人说；学者能用功，则日间有事无事，皆是此气翕聚发生处"。"威仪翼翼"，"翼翼"为敏捷之象，由"迟迟"而至"翼翼"，犹太极拳发出松活弹抖之劲。"施及四国"，此已由《谷风》的救助乡邻推扩到国家层面。

第三起，"无声之乐，气志既从；无体之礼，上下和同；无服之丧，以畜万邦"。由"以畜万邦"，可知这一句讲的是平天下的阶段。"无体之礼，上下和同"，行礼已无僵硬的痕迹，全然以时为大。"无声之乐，气志既从"，盖孔孟在四十岁时的修行节点，孔子云"四十而不惑"，孟子云"四十不动心"。

第四起，"无声之乐，日闻四方；无体之礼，日就月将；无服之丧，纯德孔明"。儒家走的是"至人"之路,从人伦做起,步步踏实,最后臻至天人之境。而天人之境又不离伦理,实质为人伦之极致而已。可参《孝经》:"昔者明王事父孝,故事天明;事母孝,故事地察;长幼顺,故上下治。天地明察,神明彰矣。"又:"孝悌之至,通于神明,光于四海,无所不通。"

第五起,"无声之乐,气志既起;无体之礼,施及四海;无服之丧,施于孙子"。"无声之乐,气志既起",盖从境界效验重返平常,周子《通书》所谓"至诚则动"。"无体之礼,施及四海",盖由第四起的高明重返博厚,载物成形。"无服之丧,施于孙子",盖即《中庸》所谓"不息则久,久则徵,徵则悠远。"

夫子的工夫次第越讲越深,子夏亦最终相应问出一个大问题:"三王之德,参于天地,敢问何如,斯可谓参于天地矣?"孔子和盘托出"三无私",然后以《诗》申明三王之德:"'帝命不违,至于汤齐。汤降不迟,圣敬日齐。昭假迟迟,上帝是祗。帝命式于九围。'是汤之德也。"今人喜好疑古,根据零星的出土材料来质疑上古的历史,却不知圣人之间全然以心传心,能看出我们肉眼凡胎看不到或者说不愿看的东西。"天有四时,春秋冬夏,风雨霜露,无非教也。地载神气,神气风霆,风霆流形,庶物露生,无非教也",今人喜欢说社会是课堂,其实天地又何尝不是大课堂。要解决现今的器物危机,最终还是要人虚下心来在天地之间聆听教命。于子夏的修行而言,夫子此举似有意让其从"声闻道"转向"缘觉道"。君子于水必观,恐怕不只是游山玩水过眼瘾那么简单。"清明在躬,气志如神,嗜欲将至,有开必先。天降时雨,山川出云。"人与天相通,西方式怨恨自然的矫情又从何谈起。"其在《诗》曰:'嵩高惟岳,峻极于天。惟岳降神,生甫及申。惟申及甫,惟周之翰。四国于蕃,四方于宣。'此文武之德也。"人的生命本源在天地,所思所想乃至对天地的怨恨,最终仍然是天地气运所生,五指山绝对翻不出去,再说亦没有必要翻,它本来就没有压住你。只是"莫非命也,顺受其正"有其前提,那就是已经"穷理尽性以至于命"。从人的角度来看,制造出那么多的物质垃圾、精神垃圾,一句话,制造出那么多的污浊之气,最终不过是凝结成我们自己以及我们的子孙这一个个身体。

"三代之王也,必先令闻,《诗》云:'明明天子,令闻不已。'三代之德也。'弛其文德,协此四国。'大王之德也。"积善之家,必有余庆,大的事业从来不是霍布斯的原子式个人独自完成的,把即生的成就说成是自己一个人的成就,那是贪天之功,贪祖先之功。夫子最后点出文武之德的来源,同时也暗含着"善继人之志,善述人之事"的鼓励,子夏显然是听明白了,于是"蹴然而起,负墙而立"——这与《孔子家语·王言解》中曾子"抠衣而退,负席而立"的反应一样,均是对师命极度的恭敬与对大道极端的敬畏。如今在这纷纷扰扰的现代社会,这种敬畏可以说难得一见了。

正本清源话童蒙

邓新文(杭州师范大学国学院)

"童蒙养正",是我国传统少儿教育的核心思想。时下许多童蒙教育的观点假托于它,实则大相径庭。这一思想来源于《易经》,为了正本清源,我们有必要回到《周易》,看看"童蒙养正"的原意与现在时兴的各种童蒙教育思想之间到底有哪些不同。

一、"蒙以养正,圣功也"

蒙卦是《周易》64 卦中的第 4 卦,紧接乾、坤、屯三卦之后。《序卦传》解释其天然条理说:"有天地,然后万物生焉。盈天地之间者,唯万物,故受之以屯。屯者,盈也;屯者,物之始生也。物生必蒙,故受之以蒙;蒙者,蒙也,物之稚也。"

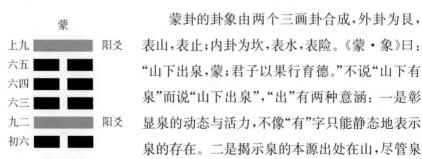

蒙卦的卦象由两个三画卦合成,外卦为艮,表山,表止;内卦为坎,表水,表险。《蒙·象》曰:"山下出泉,蒙;君子以果行育德。"不说"山下有泉"而说"山下出泉","出"有两种意涵:一是彰显泉的动态与活力,不像"有"字只能静态地表示泉的存在。二是揭示泉的本源出处在山,尽管泉在山体内的底细吾人不得而知。易祓《周易总义》说:"泉出于山,犹德之禀于天。"此说甚妙!下文"果行"的"果"字,即承此义而来。先儒多用"果敢""果决"为解,我却不尽以为然。许慎《说文》说:"果,木实也。从木,象果形在木之上。"这是"果"字的本义,《蒙·象》的"果行"完全可以按这个本义读解。"山下出泉"与"木上结果"条理十分相似,如果把山比喻为木,泉就像是山结出的果实。前木之果实,又是后木之种子。从这个意义上说,《蒙·象》的"山下出泉"相当于《中庸》所说的"天命之谓性",《蒙·象》的"果行育德"相当于《中庸》所说的"率性之谓道"。人性好比是天结出的"果",同时又是人生的"种子"。《蒙·象》"君子以果行育德"一句,就非常形象地揭示了启蒙教育乃至全部教育的正义,就在于顺人的本性去培养人,而不是搬弄各种外在的教诫或教条来教训人。钱穆《国史新论》说:"天地功能则曰'化育'。化则由外向内,育则由内向外。育即是一种内在生命之各自成长。只在外面加以一启发,加以一方便。"

《蒙·彖》曰:"蒙,山下有险,险而止。""止"既是停止的"止",也是"依止"的"止"。蒙卦是人在幼稚阶段的启蒙教育,必须依止大人。如何依止大人开启童蒙教育呢?则整个蒙卦都是解答这个问题的。

蒙卦的卦辞说:"蒙,亨。匪我求童蒙,童蒙求我。初筮告,再三渎,渎则不告。利贞。"这二十三个字,是我国古圣人开示启蒙教育的核心。能不能准确理解决定着我们启蒙教育的成败。为了理解准确,我们有必要逐字逐句地下一番深入体贴的功夫。

第一句,单字"蒙""亨",两字独立成句,开宗明义,揭示启蒙教育的宗旨就是人性的舒展。亨,就是舒展、通达,怎样才能舒展、通达呢?遵循天理、随顺本性才能舒展、通达。故《蒙·彖》曰:"蒙亨,以亨行时中也。""行时中",就是按天时、地利、人和当下的实际而行,不需要添加任何主观造作的意思。

第二句,"匪我求童蒙,童蒙求我",进一步明示:不是我主动去灌输知识和技能给童蒙,而是静待童蒙主动来寻求我的帮助。这是把启蒙教育的主导权交给童蒙,而我充当被动的角色,以我的被动焕发童蒙的主动。熊过《周易象旨决录》说:"我,谓二;童蒙,谓五;初,谓初六;再,谓四,阳一阴二,两其二而为再;三,指六三。"他认为诸儒自王弼而下以上九为《蒙》卦的启蒙之主是错误的。我赞同熊氏说。六五童蒙,位尊而德卑:圣人敬畏生命,对童蒙亦心存敬畏而不敢轻慢;德卑,是因为六为阴爻,意味着童蒙尚处蒙昧幼稚阶段,需要请教九二之师。九二不仅德"刚",而且位居《坎》"中",德才时位皆堪做《蒙》卦的启蒙之主。《蒙·彖》所谓"'初筮告',以刚中也",正指九二而言。所以,六五要主动来应九二,这是天理之本然、人性之当然,故《蒙·彖》曰:"匪我求童蒙,童蒙求我,志应也。"

第三句,"初筮告,再三渎,渎则不告"。筮就是童蒙来问,告就是我回答。字面意思是,第一次诚恳来问,我就认真回答。答之而不认真听取并自己琢磨消化,而是指望我全部代劳,即此念头便是辜负师教、亵渎己灵,故曰"渎"。一旦发现这种苗头,就要马上制止,故曰"渎则不告"。如果反反复复有问必答,会养成童蒙对我的依赖、不敬、不珍惜等不良心态。我虽然敬畏生命,尊重童蒙,但我不是童蒙的臣属,更不是仆从,德刚位中,自有尊严,决不能任其冒犯亵渎以助长其轻慢心。如今的"以孩子快乐为原则"的所谓童蒙教育,就完全违背了"尊师重道"的原则,与其说是教育,不如说是污染,谓之"渎蒙"可也。

最后一句,是"利贞",两字成句。熊过《周易象旨决录》说:"蒙承屯以次乾、坤之后,何也?屯言乎其君道,主震之一阳;蒙言乎其师道,主坎之一阳。天祐下民,作之君、师也。君、师之道皆利于贞。"领导与教育之道,都以严正为有利。古语所谓"严师出高徒",古人所行"易子而教",皆本此"利贞"二字而来。所以《蒙·彖》总结说:"蒙以养正,圣功也。""圣功"二字如何理解？我的理解如下：

一是明确"蒙以养正"是圣人之教，与寻常俗师之教不同。《楞严经》云："末法时代，邪师说法如恒河沙。"我曾经还怀疑这个说法是否危言耸听了，现在看来完全是事实。网络时代，几乎所有的网民都好为人师，都在以各种方式传播他们自以为好的知识和思想观念，都想影响越来越多的人，甚至不惜运用各种邪招，所谓"标题党"也应运而生，推波助澜。所以，真心关心童蒙教育者必须独具慧眼，超越童蒙教育方面的层峦叠嶂，直溯源头，找到圣人的童蒙教育观作为自己从事童蒙教育的指南。

二是明确开示"蒙以养正"是成贤成圣的基本功。北宋大儒张载的《正蒙》说："《易》为君子谋，不为小人谋。"须知"蒙以养正"是为有志于让孩子走圣贤大道服务的，而不是为追求名利的小人之道服务的。圣人之教，不是教人不要功利，而是教人"取之有道"；不是教人不要名利，而是教人求之以"正"、用之以"正"；不是不要"民主与科学"，而是要"民主与科学"各得其"正"；圣人之教不是不要世俗的价值，而是要所有世俗的价值都各得其"正"。圣人之教教人的是"求而必得"的康庄大道，世俗之教教人的是"求而未必得"的侥幸之道。这完全是两条不同的人生道路。

二、"蒙以养正"如何实施？

"蒙以养正"四个字，是古圣人教我中华民族的至理名言。如何落实？我曾和几位非常信奉中华优秀传统文化的年轻父母交流，发现大家对于这四个字的理解基本上都还停留在口号上，看上去很赞同很理解的样子，实则不甚了了。百度"童蒙养正"的头条是这样解释的：

> 童蒙养正是一个始于儒家的儿童教育思想。童蒙，就是对儿童早期的启蒙教育。养正，指培养各种优秀美德。大概意思就是，在儿童很小的时候就要给他们树立正确的人生观和价值观。现在童

蒙养正主要就是指以传统文化为前提的儿童教育。

这种解释看上去似乎没有问题，实则隔雾观花，问题很大。因为从指导思想到实施办法都与圣人之教的"蒙以养正"大相径庭。"在儿童很小的时候就要给他们树立正确的人生观和价值观"，这是典型的外在的空泛的灌输论、塑造论，而不是内在的养成论。怎样理解才比较接近圣人之教的本义？我以为至少要注意以下三个问题：第一，心态须是敬畏的而不是轻慢的；第二，须知"正"字究竟指的是什么；第三，须知"养"是如何养的。

（一）"蒙以养正"的心态须是敬畏的而不是轻慢的

"蒙以养正，圣功也。"我们必须以做"圣功"的心态来做童蒙教育。什么是做"圣功"的心态？我的理解，首先是敬畏的心态。既要敬畏圣人之言，又要敬畏童蒙的生命本体，还要敬畏我们对童蒙施加的任何作用力。这与西方"文艺复兴"以来日益严重的"自我中心主义"不免抵触，尤其与所谓"理性的狂妄"格格不入，所以应该是现代人从事童蒙教育最难具备的心态。因为现代教育是从西方引进的，重理智的开发。而从理智的角度看，孩子当然不如成年人，所以成年人教育孩子主动权必须操在成年人手里也就顺理成章了。然而，我们必须清楚地知道，我国古圣人倡导的启蒙教育的根本却不在理智的过早开发，而在生命本体的完满和生活精神的饱满，这是吾人一生全部道德和才干的根本。还要知道，任何生命本来都是完满的，生命的破碎恰恰是被理智割裂、搅乱的结果。本来生活的每一个瞬间，都应该是完满生命的一次闪现，这个瞬间里的一切都是生命本体的呈现，无有内外，不分自他，而理智却习惯于区分内外与自他。生活的意义只是生命潜力的自我实现，梁漱溟先生一句"力气要使出来才快活"，已经把人生的全部意义说尽。而理智却习惯于把完整的生命活动分成目的和手段，把手段看成服务于目的的"敲门砖"，将生活的意义完全偏执在目的上，从而丧失生活过程本身的乐趣。理智本来只是人类生命为了实现自己而分化出来的工具，人却因为贪著它的便利而迷失。西方人理智特别发达，固然创造出了知识和技能上的骄人成绩，但他们的生命也因此受了很大的伤，生活也因此吃了不小的苦，这是十九世纪以来不争的事实。我们由此反观蒙卦的教育思想，不能不惊叹古圣人的通情达理与高瞻远瞩。

孔子说"不愤不启，不悱不发"，与"匪我求童蒙，童蒙求我"的原则完全吻合。孔子被公认为我们这个民族的"教师"楷模，但他却从不以师者自居。我曾提请学生注意体认《论语》开篇三句"不亦……乎？"表现了怎样的心态？全班九十多个学生居然没有一个人体认出来。我只好自问自答：《论语》开篇的这三句"不亦……乎？"都是谦和、商讨的语气，没有强加于人的意思，体现了孔子对受教者的敬畏，对真理的敬畏，仿佛真理不是我灌输给你的，而是你我彼此合作共同达成的，这是多么柔软的力量！真所谓"春风潜入夜，润物细无声"！与《圣经》开篇"神说要有光，于是便有了光"完全是两种精神。有人说这体现了孔子的谦虚。孔子为什么要谦虚？他是为了讨好人而谦虚吗？不是的。因为生命的本体本来就深奥难知，我们感知到的只是对方生命投射在我的心灵世界的投影而已，我们很难真实了解对方的生命本体。所谓"理解万岁"，表达的其实是理解太难。因为理解太难，所以要特别谦虚谨慎，决不可以意、必、固、我，自以为是。所以古圣人要教我们在启蒙教育阶段就要敬畏生命，不要横加干预，要等"童蒙求我"，而不是"我求童蒙"。看上去似乎只是主语与宾语的换位，实则体现的是两种生命观、两种人生观、两种教育观。

（二）"蒙以养正"须确知"正"字的具体内涵而不能泛泛空谈

我曾经问过一位已有两个孩子的母亲："你认为'童蒙养正'的'正'

是什么？"她回答说："美德，正确的价值观。传统文化坚持输入，打好基础。"我说："太空泛！如果你不明确这个'正'具体是什么，那又怎么谈得上'养正'呢？"她这才承认说："我确实一知半解。只知道坚持输入传统文化，开始积累背诵起来。"可见，这位年轻的母亲虽然热爱传统文化，而且有较好的善根和悟性，但对于"蒙以养正"四个字却仍然是浮光掠影，脑子里有的还是传统与现代的拼盘，并未真正明白"正"的确切内涵。这个"正"，字形就是"止"于"一"。"一"是什么呢？老子说："一生二，二生三，三生万物。"也就是说，万物都是从"一"生出来的，但这个"一"却看不见摸不着。西方哲人认为是"不可知"的"物自体"，是只能信仰的"上帝"；东土圣哲却能在生命中亲切证明，而且可以教他人同样亲证。东土圣哲认为，生命的本体是可知的，但知的途径不是理智的对象化的认知，而是反躬修己、去习复性的工夫修炼。儒、道、佛三家都是生命修炼的工夫之学，通过如理如法、艰苦卓绝的修炼，都能不同程度地亲证生命的本体。这个本体，佛家谓之"佛性"，道家谓之"道"，儒家谓之"天"。这个本体有"门"可入，这个"门"，佛家谓之"慈悲"，道家谓之"慈俭"，儒家谓之"孝悌"。"童蒙养正"，养的就是这个大本大根！明确了这个大根本，虔恳把持，我们就不会被五花八门、天花乱坠的各种教育理论和课程所诱惑，就不会被琳琅满目、五彩缤纷的各种教育图书和音像迷惑。我们为孩子讲的每一个故事，给孩子看的每一本图画，陪孩子做的每一个游戏，提醒孩子注意的每一个生活细节，就都会以培养孩子的这个"大本大根"而作为，这才有可能靠近圣人说的"养正"。须知孩子将来的一切美德，一切聪明才智，都从此中生。溥博渊泉，弥纶宇宙，无穷无尽。至矣哉！"蒙以养正，圣功也。"

今人东西杂糅，动辄用"各种优秀美德""正确的人生观和价值观"来讲"童蒙养正"，实则都是由不确切知道"童蒙养正"的"正"究竟何所指而浮于各种说教的无根之谈。现在非常流行的一种童蒙教育的指导原则叫"以孩子快乐为原则",认为孩子快乐就是"阳光心态",甚至有人写书说"父母是孩子最好的玩具"。以此"养正",其实只是"养邪"！我们"以孩子快乐为原则"时,出发点已经是"欲望"而不是"正道"。须知:"童蒙养正"的这个"正",是使喜怒哀乐、洒扫应对乃至长大成人后的进退存亡都得其正的"正",这个"正"是服务于整个人生的,而不是仅仅服务于快乐。人生不可能只有快乐,相反更多的是苦辣辛酸、悲伤忧愁的。正如钱锺书所说:"快乐在人生里,好比引诱小孩子吃药的方糖,更像跑狗场里引诱狗赛跑的电兔子。几分钟或者几天的快乐赚我们活了一世,忍受着许多痛苦。"当孩子一味执着快乐,遇到"许多痛苦"时将何以堪？而"蒙以养正"的这个"正",就是让我们遭遇痛苦时也能正确对待的定力和智慧所从出的根本！钱锺书说:"我们希望它（快乐）来,希望它留,希望它再来——这三句话概括了整个人类努力的历史。"其实这三句话概括的还只是俗人"努力的历史",而俗人的努力多半是侥幸的努力,所以圣人教人"蒙以养正",培养人的是应对一切境遇的"正道",而不是片面地执着"道"在某一个方面的现象和趣味。这个"正"是让我们喜要喜得正、怒要怒得正、哀要哀得正、乐要乐得正的那个"正",这个"正"是让我们进要进得正、退要退得正、活要活得正、死要死得正的那个"正",一言以蔽之,是要让我们全部生活无论吉凶祸福都能正确对待的那个"正"！而"以孩子快乐为原则"的童蒙教育,一开始就偏执在虚幻的指望上,必将被生活的现实碾得粉碎。为什么现在很多孩子喜欢宅在家里,成为"长不大的孩子",就是因为他们太习惯于家长为他营造的安乐窝而害怕去社会上摸爬滚打了。这样的童蒙教育只是将成人自己求而未能如愿的"快乐"转而寄望于孩子罢了。从本质上来说,这样的童蒙教育乃是建立在佛教所谓"贪"和"痴"的基础上的。须知贪、嗔、痴是人生烦恼的根本,故佛教谓之"三毒",非彻底清除不能得真正的快乐。从这个意义上说,当今流行的所谓"以孩子快乐为原则"的童蒙教育,教给孩子的将是无尽的痛苦与烦恼,王朔所说的"过把瘾就死",应该是这种童蒙教育的概率最大的结局。

还有诸如"爱是最好的教育""兴趣是最好的老师"等童蒙教育的理念,在我看来都是不知"蒙以养正"的"邪"教,这样教养孩子,名为爱之,其实害之。基督教乃至西方文化喜谈"平等无差别之爱",衡以孔孟之道,即是情感之发蒙就已经不得其"正"。中国古人讲"敬天—尊师—亲亲—仁民—爱物",爱是明显讲差等、次第的,合乎情感由浅及深、由近至远的自然推扩之道,绝不像西方人"爱上帝—爱老师—爱父母—爱人民—爱万物"同是一平等之"爱",乃出自外在的"诫命",是由理智揠苗助长的感情,不合人类情感的自然生成之道。在我看来,所谓"蒙以养正",无非养个"仁义而已"。"仁者爱人",爱是仁之用,仁是爱之体,用出于体而不等于体。孔子不轻易许人以"仁",乃因仁体难以实证。义者,宜也,就是时时事事处处都能得其"正"。任何价值都有个"度"的问题,所以孔子要说"过犹不及"。爱亦然,兴趣亦然,即便是爱和兴趣,也不能放纵,所以孔子要教人"爱之以礼"而不说"大爱无疆",教人"义以为上"而不说"兴趣至上"。"爱"有很大的偏私藏匿于其中,这就是为什么中国文化不大讲"爱",而更多讲"仁义""慈悲"的原因。孔子告诫子路说:"好仁不好学,其蔽也愚;好知不好学,其蔽也荡;好信不好学,其蔽也贼;好直不好学,其蔽也绞;好勇不好学,其蔽也乱;好刚不好学,其蔽也狂。"仁、智、信、直、勇、刚六德尚且都不能偏好,何况"爱",何况"兴趣"乎?

(三)"蒙以养正"须确知"养"字的具体做法而不能随意乱来

《说文》:"养,供养也。"《玉篇》:"养,育也,畜也,长也。"可见"养"与"教"不同:养与养猫养狗相似,只需要提供衣食住行的基本条件就好,不需要教任何东西,尤其是在婴幼儿阶段。所以古圣人不说"教正"而要说"养正",一字之差,意义迥异。今人颠顶侂侗,"教""养"不分,全因对于圣人之教缺乏敬畏,轻心慢心,不去悉心体会。与前面所批评的"爱是最好的教育""兴趣是最好的老师""以孩子快乐为原则"不同的,是另一类被戏称为"虎爸虎妈"的家长,他们执着的理念是"不打不成器""追求卓越",他们为了"不让孩子输在起跑线上",迫不及待地把一切自己认为好的东西都拿来教孩子,其实只是把自己求而未能如愿的"成功"转而寄望于孩子罢了,甚至把孩子视作实现自己梦想的工具,在本质上仍然是佛教所说的"贪"和"痴"。十有八九都会搅乱孩子的心智,破坏孩子的身心和谐。

"蒙以养正"究竟应该如何实施呢？我想用孟子"直养而无害"来说明。孟子告诉公孙丑如何善养浩然之气时,特别提到"必有事焉而勿正,心勿忘,勿助长"。"勿忘勿助长"五个字是对"养"字最好的把握。"勿忘",是说要时时刻刻把孩子放在心上;"勿助长",是说孩子的生命会自己长,不需要我们去助它长。孟子还讲了一个非常著名的"揠苗助长"的故事,并告诫说:"助之长者,揠苗者也,非徒无益,而又害之。"这是我们必须十分警惕的。对于孩子,绝大多数家长都难免"助长"的心态,尤其是在今天这样激烈竞争的时代。

当今之世,启蒙教育必须坚决遏制"助长"的冲动。要坚信生命自己能长,要坚信你的孩子天赋给了他(她)长大成人的基因。中国人有句古话,叫"天生我材必有用";基督教中有句名言,"你看那鸟儿从不为明天而忧患,上帝也没让他们饿死"。猫不用教,长大一样会抓老鼠,你的孩子难道会不如猫吗？别急不可耐给你的孩子灌输什么"正确的世界观、人生观和价值观"了,你要相信人性本善,意本不自欺,自欺和不善都是生命受到干扰以后才会出现的自我保护的伎俩。很多家长为孩子对自己撒谎而苦恼,却不深思孩子为什么会撒谎。我相信儿童的第一次撒谎都是被迫的而不是主动的。当他们感到承受不起大人或环境加给他们的压力时,出于生命自我保护的本能他们才会撒谎。只是因为我们平时太粗心，自我意志太强，而没能细腻地发现我们施加给孩子的压力早已超出了他们的承受能力罢了。举一个我亲眼所见的例子吧。

有位年轻的爸爸，儿子出生第四天他就用手指头拨弄孩子的脸蛋，逗他笑，并拍下视频与人分享初为人父之乐。我看到后不仅没有与他同乐，反而深感忧患，赶紧回他微信委婉地予以劝止。在我看来，这样逗出来的笑还不是孩子真正的笑，而是孩子感应到大人期待的"被"发之笑。大人逗孩子乐，本质上是"助长"其乐，甚至是把孩子当成了逗自己乐的玩具。据我观察，大人对婴幼儿的种种挑逗与引诱，都或多或少带有"助长"的意思，实际上都会干扰孩子顺其本性的自然生长。如果逗的人多，且这些人的成分复杂，孩子无异于被东推西搡，好比刚刚种下的幼苗被人摇来摇去，它能长好吗？这意味着这个孩子一来到世间他的身心就被扰乱。他也许看上去很讨人喜欢，但他实际上是在疲于应酬，这样的孩子长大后很容易看人脸色行事，喜欢讨好人，这就是媚俗，很难真正有主见和定力。当年阎锡山邀请梁漱溟先生到山西做教育演讲，梁先生说过一句话，非常值得我们深思。他说："如果一个孩子，奖励和惩罚都改变不了，我却以为是大有希望的。"在一般人看来，这样的孩子简直就是无可救药的"弃才"，为什么梁先生却说他是大有希望的呢？我的理解是，这样的孩子生命扎根深，意志力强，不容易被外力摆布，能顺自己的天性自然成长，所以是大有希望的。

为什么很多成功人士会深感痛苦甚至会选择自杀？就是因为他们一直都是活在他人的眼光中的，他们从小的拼搏和奋斗都是为了赢得社会的赞誉，从来就没有真正顺从过自己的本心。所以圣贤教人，童蒙时期只重"养正"。除非到一定年龄，发现他"不正"了才去纠正他，这就是孟子说的"必有事焉而勿正"的意思。不要有事无事的时候总灌输，总唠叨，这会搅乱孩子正常的生命条理，到时他会耳朵起茧再也不喜欢听大人说什么了。所谓"叛逆期"，其实就是对父母长期唠叨的反动，是对社会长期施压的反抗。今人误以为"叛逆期"是青少年必经的阶段,其实是被西方心理学的浅见所蒙蔽,没能真正弄清其中的真相。我也是最近刚刚悟到这一点的,所以对《周易·蒙卦》所说的"蒙以养正"四个字特别有感触,认为婴幼儿还是以"静养"为佳。让其"自然"生长,远比我们成人搬弄各种婴幼儿心理学、教育学的理论瞎折腾要好。为什么历史上很多伟人出自没有多少文化的穷乡僻壤?我想除了他们本身的天分优异之外,与后天少受干扰也应该不无关系。很多不想让孩子输在起跑线上的父母却让孩子永远也输不起任何一场比赛了。丢掉我们对于成功、幸福的渴求,像养阿猫阿狗一样来养你的婴幼儿吧。这才是你对孩子真正的信心。

三、"蒙以养正"的关键

综上所述,我以为"蒙以养正"的关键有这样几点。

首先是启蒙者自己要"养正"。《蒙·彖》最后一句话是:"蒙以养正,圣功也。""蒙以养正"四个字并未明说谁养谁的正,这是非常耐人寻味的。我的解读,既是启蒙者养童蒙之"正",更是启蒙者自己养自己的"正"。正如孔子所说:"子帅以正,孰敢不正?"还说:"其身正,不令而行;其身不正,虽令不从。"未有己不正而能正人的。《大学》云:"自天子以至于庶人,壹是皆以修身为本。"这是中国教育的根本精神。启蒙教育阶段,最需要养正的其实就是家长。孩子的出生,不仅是为家长提供了一个教育的对象,更是给家长提供了一位启蒙的老师,这位"老师"要教你如何做一个父亲或母亲。不要以为他们一出生你们就已经自然升格为父亲或母亲了,不要以为你已经懂得怎么去做一个父亲或母亲了。事实上你们双方一切都得从零开始。此前懂得越多也许越有害。懂得多不如福德厚。《大学》云:"心诚求之,虽不中,不远矣。未有学养子而后嫁人也。"诚是德,而不是知识和技能。现在很多人以为要多读书,学习各种知识和思想,我认为更重要的是修德培福。无论君子之道还是小人之道,都有浩如烟海的知识和思想,为什么有的人捡了芝麻丢了西瓜?为什么有的人醍醐灌顶,有的人却饮鸩止渴?我以为其中的关键原因是他们的福德和智慧不同。知识和思想可以从闻见得来,而福德却只能从生命本体中培植出来。如何培植?唯有"养正"。启蒙者如何养自己的这个"正"呢?我想,第一重要的是信受奉行圣人之教。"信为道源功德母,长养一切诸善根。"要养正,首先必须相信圣人之道才是世间的大中至正之道。舍圣人之教而信受俗师俗教,不可能有长久安康的人生。正如黎巴嫩诗哲纪伯伦所说:"你背朝太阳,就只能看到自己的影子。"在我看来,当今盛行的各种启蒙教育,多是家长和老师在用"自己的影子"教育孩子和学生。信受而不依教奉行,"正"还是养不出来的。

其次是为孩子创造一个"正"的环境。这个"正"的环境,最早可以追溯到受孕的环境、胎教的环境。在人情杌陧、争吵不休的环境受孕,一般说来肯定不如在气场清净、人情和睦的环境受孕好。至于胎教,文王之母太任可谓世人之典范。《列女传》记载她的胎教事迹说:"大任之性,端一诚庄,惟德之行。及其有娠,目不视恶色,耳不听淫声,口不出敖言,能以胎教。"母亲怀孕之后,眼、耳、鼻、舌、身、意六根所接触的,都应尽量避免类似之"恶",就是为胎儿营造"正"的环境。孩子出生之后,不让婴儿的眼、耳、鼻、舌、身五根接触到恶的对境,就是为婴儿营造"正"的环境。稍大一些,像"孟母三迁"就是为孩子营造"正"的环境。总之,家长要像阿弥陀佛为众生创造净土一样为孩子营造"正"的环境。即此"营造"便是深沉含蓄的慈爱,便是"勿忘勿助长"的用心,远比"我爱你"的表白、"你真可爱"的赞美与急于求成的逼近逗弄或唠叨强一万倍。

再次是淡远对孩子的感情执着。溺爱不仅会败坏孩子,而且还会败坏家长本人。记住纪伯伦的几句话:"孩子其实并不是你们的孩子。他们是生命对自身渴求的儿女。他们借你们而生,却并非从你们而来。"孟子说:"人之患,在好为人师。"我们太相信自己对于孩子的爱了,太相信自己给孩子的是自己力所能及的最好的东西了,而这种心态中最容易藏匿隐患。孔子说:"惟仁人为能爱人能恶人。"我们对孩子的爱很容易沦为偏爱和溺爱,我们认为好的东西不一定真好,所以当我们秉承自己对孩子的挚爱给孩子"最好"的教育的时候,往往觉察不到我们正在给孩子施加不良的影响,同时也是在给自己增加执着。

最后,我想用唐人司空曙的《江村即事》来结束本文。

钓罢归来不系船,江村月落正堪眠。

纵然一夜风吹去,只在芦花浅水边。

人物・现象

常道与常识
——重估梁启超之路

刘海滨(上海古籍出版社)

上篇　中国文化的返本开新

一、古今中西之间

2019年的最后几天,我每天在上下班的地铁上读《欧游心影录》,此书作于1919年的冬天。开头的一大段,梁启超用他特有的富于情感的笔触描写巴黎郊外凄清的景物。其时第一次世界大战刚刚结束,欧洲各国疮痍满目,到处弥漫着颓丧迷茫的气氛。旅途中的梁任公心心念念的是中国未来的路怎么走,但却是置于人类文化大势的背景下,在世界视野中予以观照。历时一年多的游历,所见所感再一次印证和深化了梁启超十几年前旅居日本、游历北美期间确立的,对于中国乃至人类方向的思考。

过去的一百年,中国历史教科书称为"现代"。现代相对的是古代,而中国的现代化进程始终是在西方推动下的,因此在当前的语境中,现代常常等同于西方。梁启超那一代人,正是站在古今中西的交汇点上。

一面是中国自身的发展进入低谷,其本质是传统文化根本精神的衰落,其直接表现是国人道德品格的萎靡窳败,其间接表现是政治、社会、教育的全面朽坏;另一面是西方现代化迅猛发展,科技、制度、观念的全面涌入带来强烈的精神激刺,再加之以列强的坚船利炮,不管主动还是被动,中国的社会组织形式、教育体制及内容、家庭形态、生活方式都已发生了巨大的变化。在内外两面同时挤压下,传统中国摇摇欲坠,此之谓"三千年未有之大变局"(李鸿章语)。

那时(其实一直到今天)中国面对的问题有两类,一类是中国自身的问题,主要是传统文化如何与现代性相适应。如历史上发生过的对外来文化(比如佛教)的吸收和融合,这本来需要一定的时间,而彼时传统文化自身的衰落和列强的武力压迫使得这个过程格外急迫和艰难。另一类是现代化带来的问题,这是中西方共有的。现在困扰我们的许多问题,比如教育的问题、和平的问题、科技伦理的问题、环境保护的问题,总称为"现代性"问题,在一百多年前梁启超就敏锐地觉察到了,经过前后两次游历美欧,梁启超几乎与西方同步意识到人类的现代化已走入歧路,必须彻底反省和及时纠偏。

在两类问题夹缝中的中国就像是一个体气亏损又外感风寒的病人,迫切需要作出抉择,面对西方的观念和制度要不要接受,(如果要,)怎样接受;与之相应的,对于传统还要不要继承,(如果要,)怎样继承。对于个人来说,则是面对急剧变化的生活环境和新的家庭、社会关系,怎样为人,如何处事。

梁启超似乎是为了这个世纪难题而生。他十二岁成秀才、十七岁中举人,有神童之誉;十八岁入康有为门下,始知用力于修身之学,打开了心量,广泛接触西学,拓展了视野;二十多岁创办报刊、出版西学书籍、兴办新式学堂,然后投身戊戌变法,轰轰烈烈一百天后即星云流散,流亡海外之际"猛然自省,觉得非学道之人,不足以任大事","养心立身之道断断不可不讲";旅居日本多年,特别是三十岁那年(1903)游历北美,使他对现代性的本质有了真实的体察。由此,梁启超给出了自己的解决方案。此后努力践行,一直到五十七岁去世。

始终处于时代风口的梁启超,他的选择和号召当然引人注目。其影响呢?在"滔滔逐浪高"的时代,梁氏看起来有些折中调和的主张很快就落伍了,被更激烈、更激动人心的调子所取代;然而一百年后,他的那些话重新回到人们的视野,却仍然新鲜。

二、药方与出路

梁启超看到,现代性问题的根源在于,因科技的突破,进而有工业革命,彻底改变了人类生活和产业组织方式,进而颠覆了原有的家庭、社会、政治组织方式。这样彻底而猛烈的变革是人类历史上从未遇见的。而外部生活的急剧变化,导致内部生活(精神世界)的根本动摇。一直作为人生主宰的精神世界的隐退和缺位,使个人生活严重失衡,最终导致外部世界走向崩坏。

科技的高度发达导致科学崇拜,梁启超称为"科学万能之梦"。人类生活本有内外之分,道德和宗教掌管内部生活,是人心的主宰,引领人生的方向。科学万能,意味着科学超出了自己的边界,来接管人们的内部生活,决定人类的方向。于是现代哲学成为科学的附庸,或者变相的科学,道德失去了其神圣性根源,成为经验层面、实用主义的伦理,宗教则几乎被兜底推翻。那么被科学全面接管,做个"科学人"怎样呢?

> 在这种人生观底下,那么千千万万人前交接后脚的来这世界走一趟,住几十年,干什么呢?独一无二的目的就是抢面包吃。不然就是怕那宇宙间物质运动的大轮子缺了发动力,特自来供给他燃料。果真这样,人生还有一毫意味,人类还有一毫价值吗?无奈当

科学全盛时代,那主要的思潮,却是偏在这方面。当时讴歌科学万能的人,满望着科学成功,黄金世界便指日出现。如今功总算成了,一百年物质的进步,比从前三千年所得还加几倍,我们人类不惟没有得着幸福,倒反带来许多灾难,好像沙漠中失路的旅人,远远望见个大黑影,拼命往前赶,以为可以靠他向导,那知赶上几程,影子却不见了,因此无限凄惶失望。影子是谁?就是这位科学先生。(梁启超:《欧游心影录》,第一章上篇之七"科学万能之梦")梁启超说"要晓得时代思潮,最好是看他的文学",与他同时代的柯南·道尔就曾借福尔摩斯(最善于运用逻辑思维和科学知识的人)之口说过十分相似的话:"我们(按,指整个社会)追求,我们想得到,可是最后抓住手里的又是什么呢?一个幻影而已。可能还不如幻影——而是痛苦。"(《福尔摩斯探案选辑(1921—1927)·退休颜料商》)

科学万能之梦破灭之后,人类需要重新回过头来审视内部生活。第一次世界大战后的欧洲,陷入强烈的挫败感和苦闷中,而转机也因此萌发。梁启超特别指出社会学方面的俄国科尔柏特勤(今译克鲁泡特金)一派的"互助说"兴起,有望替代达尔文的"生存竞争说";哲学方面有美国占唔士(今译詹姆士)的"人格唯心论"、法国柏格森的"直觉创化论","把从前机械的唯物的人生观,拨开几重云雾"。参见《欧游心影录》第一章上篇之十"新文明再造之前途"。

中国的情况如何呢?梁启超因着政治的挫折,反省乃是因为从政者的品行败坏,且社会上普遍不讲道德,"现在时事糟到这样,难道是缺乏智识才能的缘故么?老实说,甚么坏事情,不是智识才能分子做出来的?现在一般人,根本就不相信道德的存在,而且想把他留下的残余,根本去铲除"(梁启超著,彭树欣选评:《梁启超修身讲演录·北海谈话记》,上海古籍出版社,2018年,下同)。其根源在于二十年来的"教育不良":

> 现在中国的学校，简直可说是贩卖知识的杂货店，文、哲、工、商，各有经理，一般来求学的，也完全以顾客自命。固然欧美也同坐此病，不过病的深浅，略有不同。我以为长此以往，一定会发生不好的现象。中国现今政治上的窳败，何尝不是前二十年教育不良的结果？（《梁启超修身讲演录·东南大学课毕告别辞》）

"智育日进，而德育日敝"（梁启超编著：《节本明儒学案》眉批），是现代化弊端在中国的表现，但此时的国人并未意识到危局已然成型，依然在盲目追求知识的道路上狂奔：

> 近来国中青年界很习闻的一句话，就是"智识饥荒"，却不晓得还有一个顶要紧的"精神饥荒"在那边。中国这种饥荒，都闹到极点，但是只要我们知道饥荒所在，自可想方法来补救；现在精神饥荒，闹到如此，而人多不自知，岂非危险？一般教导者，也不注意在这方面提倡，只天天设法怎样将知识去装青年的脑袋子，不知道精神生活完全而后多的知识才是有用。苟无精神生活的人，为社会计，为个人计，都是知识少装一点为好。因为无精神生活的人，知识愈多，痛苦愈甚，作歹事的本领也增多。……故谓精神生活不全，为社会，为个人，都是知识少点的为好。因此我可以说为学的首要，是救精神饥荒。（《梁启超修身讲演录·东南大学课毕告别辞》）

对此梁启超开出了药方：以道德统摄教育、科学和政治。"统摄"，不是取消、否定，而是统领、涵摄的意思。"读者切勿误会，因此菲薄科学，我绝不承认科学破产，不过也不承认科学万能罢了。"（《欧游心影录·科学万能之梦》）1923年梁启超的两位好友丁文江、张君劢发起了一场著名的科玄论战，梁启超发表《人生观与科学》一文，认为科学、玄学各有范围，各司其职。他说:"人类生活,固然离不开理智,但不能说理智包括人类生活的全内容,此外还有一极重要一部分——或者可以说是生活的原动力,就是情感。情感表出来的方向很多,内中最少有两件的的确确带有神秘性的,就是'爱'和'美'。科学帝国的版图和权威无论扩大到什么程度,这位'爱先生'和那位'美先生'依然永远保持他们那种'上不臣天子,下不友诸侯'的身份。"其结论是:"人生关涉理智方面的事项,绝对要用科学方法来解决;关涉情感方面的事项,绝对的超科学。"看似调和其间,其实正是梁启超一贯的主张。所以梁启超的提倡道德,并非排斥现代,而是主动地适应时代。

在中国文化传统里,"道德"二字是神圣的,与现在很多人的理解并不相同。梁启超说,现代人理解的道德仅是伦理,或者是道德派生出来的应用,并非是道德的根本。道德的根本,是"无古无今,无中无外"的,是人类共通的。人们之所以觉得今天的道德与古人不同,那只是道德的外在形式和具体应用(节目事变)的改变,道德的这个层面是随时变化的,不仅古今不同,而且古人与古人不同,人与人皆可不同(梁启超编著:《德育鉴·例言》)。

为免误解,这里需要费些笔墨解释一下何谓"道德"。现代语境下一般人理解的"道德"与古典的道德,并非一回事。"德"与"道"相关联又有区别,"道"是宇宙万物的本体,"德"是道在具体事物中的呈现。道下落到个体事物中,个体事物各自以其特有的方式呈现道,称为德。因此德一方面与道相连通,一方面又是某一事物之为此事物的根据,类似于现在说的某一事物的本质。如果没有德,某一事物就不成为它自己了,因此一个人如果没有德,就不成其为一个人。所以德对于人来说,是保证他是一个人的根本,并且是由此上通于道的依据(所以孔子说"志于道,据于德"。由德上通于道则需要"修",称为修身或修道,所以孔子接着说"依于仁,游于艺",就是修身的方法),因此是人的第一需要。后来把这两个字组成一个词,表达的正是道和德的根源性和彼此的关联性,所谓天人之际,所谓万物一体,俱在其中。因此,"道德"在传统话语中是最高序列的词,代表人类精神领域的源头,具有神圣性。

常道与常识——重估梁启超之路

现代语境中"道德"的含义,大致对应古代汉语"德"字的层面,道的意义已经被弱化甚至切断了,因此德也就不是原来意义的德。现代语境中的道德,一般是指为了使人与人和谐相处,或者维系社会秩序而对个人的伦理要求或自我约束,进而固化为社会行为规范。这里的德不再与道相连,因此也失去了其为人的本质和第一需要的意义,成为一个附加在自然人身上的,因应社会需要而后起的东西;因此,通过个人的道德修养而上通天道,与道合一的途径也湮灭不彰,此之谓"天地闭,贤人隐"。由此可见,现代一般所谓的道德,是实用主义的产物,与古典的道德相比,成了无源之水。梁启超所提倡的德育,也并非如现在"思想品德"之类的课程,而是希望在现代学校教育中恢复传统的修身之学。正如朱子入选小学课本却被广泛误读的那首诗所说"问渠那得清如许,为有源头活水来",现代道德教育一定要接通这个源头,才是有生命力的,才可以在人心中落地生根。

道德指向的是万物本原和终极境界,而如何达致道德,正是中国传统文化的核心内容。《大学》说"自天子以至于庶人,壹是皆以修身为本",修身、齐家、治国、平天下,为人生的四个层面,修身既是起点也是根本;格物、致知、诚意、正心,则是修身的方法。佛道二教所说的修行、修炼,目的和境界虽互有差别,但修养身心的方向和原理有共通的基础。以儒释道三教为代表的系统的修养方法和实践经验,即"治心治身,本原之学"(《德育鉴·例言》),统称为修身之学。

以修身之学为核心的中国文化传统,在对治现代病方面有其独特的优势。梁启超说,中国文化的根本精神是追求心灵与外部生活的一致,先秦的孔、老诸圣,"都是看出有个'大的自我''灵的自我'和这'小的自我''肉的自我'同体,想要因小通大,推肉合灵",而隋唐之后大盛于中国的大乘佛教,其宗旨也是寻求世间法和出世间法的统一,这都是"仁慈圣善的祖宗"留给我们的遗产,只是"我们不肖,不会享用"罢了。

应该怎样继承这份遗产呢?梁启超说:"须知凡一种思想,总是拿他的时代来做背景。我们要学的,是学那思想的根本精神,不是学他派生的条件,因为一落到条件,没有不受时代支配的。"这是说,文化有其不变的部分,即根本精神,也有因应时代而变化的部分,即"派生的条件"(此处是"生发的枝条"的意思,指根本精神随着时代的需要而发展出来的具体应用);我们应该学习和继承传统文化的根本精神,其具体应用则应随着时代变化而不断更新(以上参阅《欧游心影录》第一章下篇之十三"中国人对于世界文明之大责任")。这并非梁氏的创见,而是中国文化自我更新的基本方式。根本精神,即古人说的"道",道是通贯一切的,所以说"吾道一以贯之"(《论语·里仁》),又是恒常不变的,所以说"天不变,道亦不变"(董仲舒语);其具体应用或外在形式,则是随外部环境的变化而变化的,所以又说礼应该随时"损益"(见《论语·为政》)。正是基于这样一种态度和方式,中华文明才能绵延数千年,亘古而常新。

梁启超的时代,一面为适应外部环境的巨变,急切需要道德的自我更新,而另一面,其时正值传统文化的衰蔽期,清季以降,随着宋明儒学的衰落中国文化也随之落入低谷,就如一个久病衰弱的人面临寒风凄雨的侵袭,欲调动肌体的能量却力有不逮,还得先做固本培元的工夫。因此梁启超所面对的,其实有两个问题:一是重新回归道德的根本,即返本;二是面对外部环境的急迫需求作出积极的回应,即开新。因此,梁启超"道德统摄"药方,其实现的途径是"返本开新"。申言之,中国文化的返本开新,既是中国现代化的要求,也是解决人类现代性难题的一条正路。

具体怎么做呢?梁启超认为传统的修身性道德是道德的根本,适应现代需要的观念准则是道德的应用,二者并非对立或者新旧的关系,而是道德的两个层面。现代公民意识的枝条可以且应当从道德的根本上生长出来。梁启超1903年写《论私德》时,虽然仍然延用近代日本学者的分类法,把传统的修身性道德称为"私德",适应现代国家需要的观念准则称为"公德",但是特别指出私德和公德并非对立或者新旧的关系,而是道德的两个层面,并且私德为本,公德为末。需要在传统的"私德"之中把"公德"推扩出来。后来梁启超对此有所修正,觉得近世公、私德的分类只是在外在表现形式和应用范围方面的,是平面的区分,未能说明道德的根本,且"公""私"之名易起误解,故从1905年编撰出版《德育鉴》开始,即少以公、私对称,而转以本(根本)、末(节目)分指道德的两个层面。现代公民的观念和行为准则本来已经蕴含在修身性道德之中,只是因为外部条件不具备故而未能充分发展,比如国人欠缺的组织能力、自治能力和法治精神,就是因应现代社会组织形式的需求而发展发达的。既然中国的外部生活环境已经发生巨变,并且还需要进一步建立现代社会和民主政治,那么自觉地培养公民意识就成了必要而迫切的事。但这并非直接从别处拿来就能用的(实际上道德很难直接拿来,需要从内部生长出来,但是外部的刺激和养料可以促进内部的生长),而是需要在传统的道德之中,在每个人的心性之中把现代公民意识推扩出来。

现代社会的思想基础,即平等、自由等价值观念也需要在这个思路下重新评价和处理。梁启超的论证过程大致如下。自由、平等需要区分两个层面。第一个层面是精神层面的自由、平等(属于道德的根本),此义在古典时代(不论中国还是西方)即得到相当的开展,而在中国传统文化中尤其发达。他引用孟子的"良知良能""天人"等观念来论证人格的平等,将现代西方的个性自由与《中庸》的"唯天下至诚为能尽其性"联系起来,称之为"尽性主义",并用孟子的观念将其解释为"是要把各人的天赋良能发挥到十分圆满"(《欧游心影录》第一章下篇之五"尽性主义")。

第二个层面是社会权利层面的自由、平等(属于道德的应用),这是在现代社会环境下才充分发展出来的。平等、自由等价值观念,是现代西方个人生活和社会组织、政治制度的基石。从人类社会发展的角度,现代文明不同于古代文明的一个主要特征是"群众化",即社会权利的平等使得普通民众也逐渐获得了文化和教育的机会,虽然现代文明的"质"

不如古典时代,但"量"却是大大增加了。从这个意义上,梁启超肯定现代社会"毕竟是向上了"(《欧游心影录》第一章上篇之十"新文明再造之前途")。

这两种自由平等并非是不相干的,而是同一事物的两个层面,且两个层面互相补充、同时具足才是其完满意义:权利的自由平等须以精神的自由平等为依据,为旨归;精神的自由平等须由权利的自由平等在社会层面予以体现和保障(孔子提倡"富而后教",孟子曰:"无恒产而有恒心者,惟士为能。若民,则无恒产,因无恒心。苟无恒心,放辟邪侈,无不为已。"虽未直接从权利立论,可见对于大多数人,精神的充分开展须有物质条件、社会环境的保障)。梁启超引用西方的社会政治理论说明,树立基于权利的平等、自由观念,是培养现代公民意识的基础。权利意识的建立和健全,才能在法律和制度层面确立公民权利的内容并保障之,从而使得精神层面的人格平等、自由得到充分的体现(《新民说》各节对此内容均有涉及,另可参阅唐文明:《现代儒学与人伦的规范性重构——以梁启超的〈新民说〉为中心》,载《云梦学刊》2019年第6期)。

概括言之,梁启超提倡的国民教育的内容,包含两个层面,即传统修身性道德(可称为"常道")和与现代社会相适应的公民意识(即"常识",梁经常使用这个词),二者是本末、体用的关系。换言之,常道为体,常识为用;常道适应现代环境开出常识,常识以常道为根本、为依据。没有常道支撑的"常识",恰如无源之水,丢失了根本就会迷失方向;缺乏常识的"常道",是失去生命力的表征(常道,是"日新、日日新"之常,如流水春风般"活泼泼地"之道;无法自我更新,则已不是道),故步自封的结果,己尚不能立,亦无从使人生信。因此"返本开新"可分为两步:第一,回到常道;第二,发展常识。此为逻辑的次序,而非时间的先后,二者可以且应该同时进行,相辅相成。

返本开新的思路,来自对中国文化特质的洞察,同时立足于对人类

发展趋势的观照,以西方文化为参照系来自我定位,因此不仅是解决中国的问题,亦是为全人类开一新路:

> 一个人不是把自己的国家弄到富强便了,却是要叫自己国家有功于人类全体,不然,那国家便算白设了。明白这道理,自然知道我们的国家,有个绝大责任横在前途。什么责任呢?是拿西洋的文明,来扩充我的文明,又拿我的文明去补助西洋的文明,叫他化合起来成一种新文明。
>
> ……
>
> 不尽这责任,就是对不起祖宗,对不起同时的人类,其实是对不起自己。(《欧游心影录》之"中国人对于世界文明之大责任")

三、同道与异调

对比同时代的其他主张,梁启超的思路既非因循守旧,亦非"全盘西化",表面上看,是介于两者之间的中间派或温和派。从继承传统的角度,这个思路近似于清末洋务派的"中学为体,西学为用",这个说法简称为"中体西用",据说始于清末传教士,作为一种有代表性的革新思路则出自张之洞等洋务派之口,其所谓"体"大致指向政治制度、礼法观念层面,而把"用"局限于器物和技术层面(如魏源所说"师夷长技以制夷"),故在时人,特别是革命派眼里,"中体西用"的口号成为了清廷维持其统治,或文化守旧的一种缘饰。但究其渊源,以体和用的关系来看待文化的不同层面是传统的基本方式,且清末李鸿章、张之洞辈与曾国藩等中兴名臣有一定的承接关系,所以"中体西用"本身是一种很好的思考方式,甚至梁启超等人很可能受到这种思路的影响。但作为一个历史语境下的使用版本,"中体西用"没能准确地传达出体用的根本含义,故本文以"返本开新"这一更为明确的表达来指称梁启超所代表的思路。但更开放、更具世界主义精神。因为在梁启超看来,"体"是文化的根本精神,制度、礼教、公民意识等层面也属"用"（这也更符合传统的对于体用关系的认知），因此"用"的这些方面都可以向西方学习借鉴，并且中西文化的"体"也是可以沟通、相互借鉴融合的，即如当年佛教之融入中国文化。从学习西方的角度，梁的思路又近似于鲁迅说的"拿来主义"，但相对于偏重"用"的层面上拿来，梁启超更强调人的精神生活的主宰作用，以及"体"对于"用"的统领、生发。有主宰才能自立，才有方向，如果仅仅在"用"的层面上讲"拿来"，则难以落地生根，甚或本末倒置。因此梁启超的返本开新思路，避免了以"中体"为借口的政治和文化守旧，也防止将人类陷于物质主义的现代弊端。

新文化运动实由梁启超发轫。梁启超 1902 年创办《新民丛报》并连载《新民说》，反响巨大，发行量迅速增长至万余份，且每期甫出，国内即多处翻印。后来成为新文化运动主力的《新青年》，无疑脱胎于此，其改造"国民性"的主导方向也直接延续了梁启超国民教育思路。《新民说》包含两个层面，当时称为私德和公德，即修身性道德（常道）和与现代社会相适应的公民意识（常识）。虽然《新民说》提倡常识的篇幅占了大多数，但实以后期发表的《论私德》一篇为根本（《新民说》开始大力提倡公德，强调这是传统道德所欠缺，1903 年游历北美后发表《论私德》，对此有所修正，强调私德与公德的统一，并且以私德为德育的根基，提出"欲铸国民，必以培养个人之私德为第一义"，也就是以传统修身之学为根本培育现代国民）。但是新文化运动发展的主流，提倡科学和民主，基本是聚焦于常识的层面，而普遍对于常道缺乏认知，其结果则是蔑视传统道德，进而指认为科学民主不兴的根源或绊脚石。

其中鲁迅的情况比较特殊。与其他"新青年"相比，鲁迅更具有文化和精神的深度。他的精神资源，在传统文化方面主要是佛教和老庄，但主要是作为其个人精神底色，而罕见从中直接吸取养料作为重塑国民性的资源，这与他对儒家传统的疏离有关。导致这种疏离的原因，一方面是因为清季以来常道（文化根本精神）的逐渐遗落，导致礼教（文化的表现形式）的僵化和变质，对此鲁迅的感受是直接而深刻的，因此他喊出的"吃人的礼教"确实揭示了某一层面的历史真实，因而引起普遍的共鸣。另一方面,在鲁迅的童年记忆中可以看到对于背四书、对中医的不满和愤恨,毋宁说是情感上的伤痕和积怨造成鲁迅对于"孔孟之徒"的隔膜。这种隔膜对于其正视传统的修身之道造成障碍,并且很可能导致其对佛教的修行实践层面也难以深入。因此其"改造国民性"的建设仍主要在常识层面。

梁启超的常道为本、兼顾常识的思路,成为新文化运动的支流而迅速边缘化,但是其作为"反传统"倾向的纠偏力量,在历史进程中依然发挥了重要作用(相关论述可参阅邓秉元《新文化运动百年祭》一文,载邓秉元:《新文化运动百年祭》,上海人民出版社,2019年)。

从历史经验看,折中、温和的主张往往不像极端、激烈的号召那么引人注目和激动人心,动荡或人心思变的时代尤其如此。梁启超的思想特点是敏锐、明快,对于时代人心有一种直觉式的把握,抓住根本和大势确立和调整其主张。形诸文字,则是反应及时,大处落脉,不枝不蔓,情感充沛,因此容易抓住人心,便于传播。这种形式上的特点配合其戊戌前后的"新潮"主张,鼓动性极强。其后在日本期间连载《新民说》鼓吹引入新思想、改造旧国民时,仍然拥有大批的追随者,但随着其他更新更激烈的思想不断输入,梁启超却转而提倡修身为本的道德路线,显然已跟不上形势,《新民说》很快就连同《新民丛报》一起停刊了。虽然其后的二十多年他奔走宣传不遗余力,演讲所到之处气氛仍然热烈,但主要得益于其政治知名度和个人魅力,其影响力特别是广度显然大不如前,以至于随着他的遽然离世其思想也很快被冷落。梁漱溟的《纪念梁任公先生》说:"当任公先生全盛时代,广大社会俱感受他的启发,接受他的领导。……我们简直没有看见过一个人可以发生像他那样广泛而有力的影响。……但须注意者,他这一段时期并不甚长。像是登台秉政之年(民国二年,民国六年两度),早已不是他的时代了。再进到五四运动以后,他反而要随着那时代潮流走了。"又引时人评梁启超语云:"其出现如长慧烛天,如琼花照世,不旋踵而光沉响绝,政治学术两界胥不发生绵续之影响。此正任公之特异处。"并深以为然,为憾。此固有梁氏所论任公性格及修养方面的不足,然振臂高呼,应者寥寥,岂非超越于时代之先觉人物共同之命运乎。唐君毅回忆1925年前后的情形说:"在北平的时候,我是听过梁任公讲演,当时我们的年轻人都是骂梁启超的,说他是退步了。""至于梁任公先生……那个时候,他在北平,大概是在民国十四五年的情形,一般的青年因见他研究军阀史,就替他加上一个罪名叫做'军阀的变相的走狗',我们所有的同学都是骂他的。他那个时候,写了篇文章讲王阳明的致良知,青年都说他讲的是过时的,说他所讲的东西都是带点欺骗性。当时青年人对老一代的人,对梁任公批评之外,对胡适之先生则骂他是小资产阶级的自由主义者。"(唐君毅:《民国初年的学风与我学哲学的经过》)当时唐在北大读书,可见当时所谓进步青年的倾向和社会风气。不仅梁启超,连晚一辈的曾经的"新青年"(此时也不过三十多岁)胡适也已经跟不上时代了。

　　现代学者看重梁启超的,主要在其多方面的学术开拓之功,但梁氏并非一般意义上的学者,而是修身为本的现代君子。所谓修身为本,即一切行为活动皆立基于个体的身心修养,梁启超的日常生活、学术和社会活动都是以其个人修养为基础,至少是力图以其个人修养来贯穿和支持所有这些,这是传统修身之学的根本特征(孔子对子贡说:"汝以予为多学而识之者与?""非也!予一以贯之。"《论语》记载孔子两次说自己是"一以贯之"——另一次是对曾子——且均为不问自说,可见孔门宗旨)。这与现代人所熟悉的以知识的系统化论述为主的学术,有根本的不同。有学者将这两种类型概括为"修身性进路"和"知识性进路"(参阅张文江先生在《修身之道与成德之教》专题论坛的发言,载《新经学》第三辑,上海人民出版社,2018年。张先生的说法是针对近代以来的国学而言,本文的应用范围则有所扩大,作为区分文化和学人的两种基本类型)。

　　对于修身性进路的学人,其学问由内而外可分为三个层面:一是修身实践,此为核心层;二是义理之学,即系统地阐明修身的原理、方法、效用等,并以此为本推扩出去的一整套理论系统(即包括修、齐、治、平各层面,内圣外王相统一的经学系统);三是其他知识学术,此为外围层。三者统一于修身实践:义理之学是往圣前贤围绕修身实践的经验总结,是直接为修身实践服务的;其他知识活动,或者可以作为修身实践的辅助,或者作为修身实践的机会和途径。以梁启超为例,他主要从儒、佛两家著作中汲取方法和经验,用于指导自己的修身实践(第一层面),并因之系统梳理了修身工夫和心性之学,以著作和演说的形式传达给大众(第二层面)。在第三层面,梁启超也具有多方面的兴趣和才能,对于知识性学术亦有多领域的建树,诸如历史研究、文献学、文学、法学等。其与修身实践的关系是:一方面,知识活动对心性有熏发陶铸作用——文史方面的知识可以为其修身实践提供借鉴和参照,如《易》传所说"君子多识前言往行,以蓄其德",还可以通过知识的充实、眼界的开阔来扩大心胸和精神规模。另一方面,其知识研究统摄于道德修养之中,服从于修身工夫的要求。如梁启超最服膺的大儒王阳明所说,修身需要在事上磨炼,随时随地致良知,不同身份的人应该随分就事做好自己的本职工作,在工作当中依据自己本具的良知(本心的觉照能力)省察内心、磨炼心性。对于梁启超来说,学术研究即其本职工作之一,不过是"事上磨炼"之一事,他要做的,即是将自我心性的修养贯彻到学术研究过程中(详见本文下篇第二节)。

修身性进路的学人,也可以有知识的兴趣和研究,但是须统摄在修身工夫之中,以自我的修身实践为本。换言之,衡量学人是否属于修身性进路,要看他是否将个体的修身实践视作人类生活和文化的基础,更要看他是否将此贯彻到自己的生活中,将修身实践作为自己人生的根本。若其如此,即使从事知识性的学术研究,也不妨碍其为修身性进路。反之,如果只是出于知识的兴趣,而并不身体力行,也不关注以修身为核心的各层面的实践(修齐治平),即使是从事道德理论研究或心性之学的辨析,那也不过是脱离实践的理论(梁启超称之"智育的德育",即知识化的德育，见《论私德》），则仍然是知识性进路。

中国文化的主流由修身性进路转为知识性进路，是近代以来的一大转折。其中的原因，既有西方文化的引进和刺激，又与中国文化内部的转折有关。清代中叶以来，以朴学为代表的知识性学问兴盛一时，甚至有反客为主之势。传统文化是修身性学问（或称之为生命的学问）为主（本），知识性学问为辅（末），这是中国文化的根本精神，而清季以来知识性学问占据了学术主导，正是文化精神衰落的一种表征。这方面的论述可参阅牟宗三的相关著作。自觉地贯彻修身性进路，在梁启超的年代实在是少数。当时引进的西学基本属于知识性的学问自不待言（西学也有不同的层次和类型，只是现代西学多属知识性进路，且当时中国主流所重视的亦在于此），提倡国学的主流人物，比如胡适、章太炎，乃至清华研究院梁以外的其他"导师"，均属于知识性进路。

相对于对主流思想及社会大众的影响逐渐式微，梁启超返本开新的思路对于少数文化精英则颇具启发之功，也就是后来大多被归为现代新儒家的一些人。但是，这些人的特色不一，与梁启超思路的远近关系，仍待分疏。熊十力、牟宗三一系将返本开新思路进一步贯彻发扬，但更偏重于学理的阐发，与梁启超落实到个体实践的取向有所不同。与他路数最接近的是梁漱溟，或不妨以梁漱溟作为任公的精神承继者。梁漱溟屡屡提及年青时深受梁启超的影响，并对任公对他的奖掖和虚怀请益感念不已。虽然二人的政治观念乃至实践途径不尽相合，梁漱溟甚至对任公的修养所至亦有所抱憾，但不妨碍二梁为同道。如他说梁启超"为人富于热情，亦就不免多欲"，"缺乏定力，不够沉着"，因而政治方面"遂多失败"。梁漱溟直言不讳，固然是其耿直性情的表现，亦为同道修身相互砥砺之义，任公地下有知，必不以斯言为忤。因为关注时代紧急的问题，言说有时或失之于轻率，因为着眼于抓住主线，有时或失之于粗略，是此种类型的人容易出现的问题，对此梁启超也深有自觉，而勇于改错，"不惜以今日之我，难昔日之我"（《清代学术概论》),又反省自己在知识方面好博不能深入(赠思顺诗句有云"吾学病爱博,是用浅且芜。尤病在无恒,有获旋失诸。百凡可效我,此二毋我如")。我们应理解这是修身性进路的学人应有之自我反省,却不能以此为口实,与一般游谈无根、泛滥无归者等同视之。

按,熊牟一系的新儒学,属于上述第二层面的义理之学(与此相类,佛教有"义学",当代亦有学者倡导"新义学"),其宗旨是面向新时代,融会西学,从义理层面完成传统文化的自我更新。此须说明两点:

其一,新义理之学虽然引入西学,但其根本仍是经学,乃义理层面的返本开新,故与以西学研究乃至肢解经学者不同。后者可称为科学派,科学派在知识研究层面自有其价值和长处,但对于根源于身心实践的义理之学(经学),这种主客观分立、分析式的方法殊不相应;对于道德实践,这种知识化的德育则与身心邈不相涉。(梁启超在《论私德》中对此有明确的分辨:"窃尝观近今新学界中,其龂龂然提絜德育论者……彼所谓德育,盖始终不离乎智育之范围也。……夫吾固非谓此等学说之不必研究也,顾吾学之也,只当视之为一科学,如学理化、学工程、学法律、学生计,以是为增益吾智之一端而已。若曰德育而在是也,则所谓闻人谈食,终不能饱,所谓贫子说金,无有是处。……今日中国之现象,其月晕础润之几既动矣,若是乎则智育将为德育之蠹,而名德育而实智育者,益且为德育之障也。")

其二,义理之学与修身实践是表里的关系,为修身性进路不可或缺的两个层面;佛家亦云"解行相应",以正知正见作为悟入空性的前提、防非止僻的保证。当今之世,学理的厘定和阐发尤为重要。首先,新儒学从义理层面沟通常道与常识,其所谓由内圣开出外王,乃是消化西学,以求从常道中内生出适应现代需要的新常识。而常识是建立在逻辑、知识之上的,唯其如此才能落实于社会权利层面,建立制度保障。其次,在现代教育模式下成长起来的"知识人",其特点是需要先经过知识逻辑层面的理解,才能够由解生信,切身实践(佛家称为"解入",与直接由实践入手的"行入"不同),优劣且不论,现代人的一般根机如此,必须予以正视。因此通过引入新知识、以世界范围内其他学问为参照系、由逻辑思辨建立传统学问的知识系统,是返本开新的一个重要环节。此为熊牟一系新儒学之价值所在。

但是这个知识系统与实践体证不可割裂,如古人所说"尊德性"与"道问学"之关系:对于学问之整体而言,不同专长的学人固然可以各有分工,修身实践与义理建构分而治之,但仍须相辅相成,互相印证;对于每一个学人自身,尤须二者结合,且以修身为本,如此人生才有根基,学术才不至于凭虚蹈空。以上述修身性进路的标准衡量,新儒学三大家马、熊、梁各有偏重,同属修身性进路。但不可否认,熊牟一系修身实践的地位有逐渐弱化的趋势(梁漱溟曾撰《读熊著各书书后》批评熊十力著作尤其是后期著作中理论与实践脱节的倾向),熊、牟二先生仍有其修身的要求和工夫,而知识化倾向在其第三、第四代传人身上愈发明显,有的学者已经完全学院化知识化,非复修身性进路所能收束了(参阅刘海滨:《熊十力与马一浮——试论现代儒家的两种取向》,载《马一浮研究》,上海古籍出版社,2008年)。

传统文化的核心是修身之道,围绕此核心逐次向外则有义理之学、知识考证等层面。依据与反身内省为特征的修身之道的关系,传统学问一向有内外之分(佛教因此自称内学)。据此,为明眼目,本文将新文化运动以来不同流派和学问取向,据其与修身实践的紧密程度,草成"内外关系图",各派之下略举代表性人物:

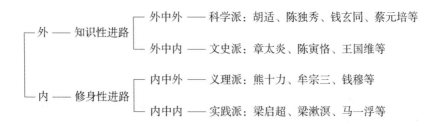

如图所示,新文化运动时代,学问外转是其大势,然而其间内向的制衡力量仍在:一方面当时学人大多仍有旧学根底,因而对传统有亲切感的文史派人数颇多,这一脉虽逐渐式微,但在一路愈演愈烈的全面反传统思

潮中仍起到重要制约作用；另一方面，梁启超启发下的新儒家群体的崛起，堪称"外转"潮涌下支撑危局、延一线文化命脉之中流砥柱。此外仍须说明：限于讨论范围，本图列举人物未包括佛教群体，清末民国有一个佛教复兴运动，影响整个文化走势，上述修身性进路的学人几乎无一例外都与佛学有较深关系。佛教群体主要在修身性进路范围之内，亦可分为新义学、实践派两类，在佛教内部乃至中国文化中分别担当了上述类似功能，其中佛教实践派，更因沉潜于社会内层（其中居士群体起到了非常重要的作用，对此学界似认识不足），大多不为外界所知，然而其所起到的接续慧命传承、支撑文化危局的作用，比之上述人物实有过之，至其密运默化、转移世运之功，乃有不可得而知者。再者，各派势力消长，与时代环境关系甚巨。二十世纪四五十年代，内外之势的平衡进一步被打破，"内"的成分全面退隐；当今之世，科学派无疑仍占据主流话语权，修身性进路却已悄然复归。

对梁启超的种种误解，大多由于对此内外关系认识不清造成的误判，而与科学派的强势话语更有直接关系。对于修身性进路的学人，可从实地践履上指出不足，也可从知识层面摘其差错，但不能以知识性进路的立场批评其不够学术，此之谓道不同也。倘若对这两种进路尚无明确认知，遽加武断引起争端，则混淆汗漫，徒起纷扰而已（当代学术论争多属此类）。在此混淆误判之下，将梁捧为国学大师也好，批评他驳杂浅学也好，看似相反，其为不知任公者一也。

四、吾道一以贯之

如果从1903年算起，直至1929年年初去世，在梁启超后半生的二十五年中，都在身体力行地贯彻自己的主张。他大致在以下三个方面作出了卓越的努力。

一是广为宣传，其手段为办报、结社、演讲、著书和编书。从早年在上海的《时务报》，流亡日本时期的《清议报》《新民丛报》《新小说》，1910

年的《国风报》，直至1920年的《改造》，梁启超亲手创办和主编的报刊就有六七种，还不算他主笔和支持的其他报刊，这些报刊是他发表政论和国民教育文章的主要阵地。正是在《新民丛报》期间（1902—1907），梁启超确立了自己的"道德统摄"路线（1903年发表的《论私德》一文，可以看做是这一路线正式成立的标志）。与办报相配合的活动还有结社，比如1907年创立政闻社（并办有社刊《政论》），1916年创办杜社，1920年成立共学社、讲学社等。

1912年回国后，梁启超所到之处都受到热烈欢迎，凡有公开演说常常听者如云，盛况空前，后来他更是将演讲作为一个宣传主张和影响人心的有力手段，特别是在决心退出政坛、投身文化教育事业之后。1917年他曾计划以三年的时间周历全国讲演，每处停留一月，每日讲演两小时，这个计划虽然没有完全实行，但一直延续到去世之前（参阅《梁启超修身讲演录》）。

除了报刊文章之外，梁启超撰写和编纂德育、国民教育方面的著作计有《新大陆游记》《国民浅训》《欧游心影录》《德育鉴》《节本明儒学案》《曾文正公嘉言钞》等。

二是投身政治。1912年回国后投身政治旋涡，至1917年年底辞去内阁财政总长职务，经历袁世凯政府、护国运动、段祺瑞政府，经历过山车似的动荡起伏，甚至多次命悬一线。

三是教育实践。退出政坛的根本原因在于梁启超看到政党政治没有希望，是因为党人没有操守、平民没有公民素养，即梁启超所谓私德和公德，而其根本原因在于德育的缺失。1919年的游历欧洲，他更深刻地认识到，中国的问题急不得，需要从根本上认清，从文化的根本上、从国民、从每一个年轻人入手，并于最后十年全身心投入教育实践中。除先后在南开大学、东南大学任教外，梁启超曾郑重其事地筹建文化学院，拟自任院长，采用"半学校半书院的组织"，合修身之学与知识研究为一体，开设儒学、先秦诸子及宋明理学、佛学、传统文学美术、中国历史五方面内容(见1923年年初所撰《为创办文化学院事求助于国中同志》),后因经费不足中辍,而这一设想的部分实现即1925年成立的清华研究院。我们都知道清华研究院有所谓四大导师,其实该院是由梁启超倡设和主导的,其出发点是希望做成一种新型的学校教育,"于是改造教育的要求,一天比一天迫切了。我这两年来清华学校当教授,当然有我的相当抱负而来的:我颇想在这种新的机关之中,参合着旧的精神",即实现其以德育统摄智育的理想:"我要想把中国儒家道术的修养来做底子,而在学校功课上把他体现出来","一面求智识,同时一面即用以磨炼人格,道德的修养与智识的推求,两者打成一片"。

> 现世的学校,完全偏在智识一方面;而老先生又统统偏在修养一边,又不免失之太空了。所以要斟酌于两者之间,我所最希望的是:在求智识的时候,不要忘记了我这种做学问的方法,可以为修养的工具;而一面在修养的时候,也不是参禅打坐的空修养,要如王阳明所谓在"事上磨炼"。事上磨炼,并不是等到出了学校入到社会才能实行,因为学校本来就是一个社会。除方才所说用科学方法作磨炼工具外,如朋友间相处的方法,乃至一切应事接物,何一不是我们用力的机会。

但梁启超也清醒地认识到,因为大多数人正热切地走上这条知识技术的道路,根本不想回头,要想改革学校教育任重而道远。而在清华研究院的试验,效果也很有限:

> 我狠痴心,想把清华做这种理想的试验场所。但照这两年的经过看来,我的目的并非能达到多少。第一个原因,全国学风都走到

急功近利及以断片的智识相夸耀,谈到儒家道术的修养,都以为迂阔不入耳。在这种氛围之下,想以一个学校极少数人打出一条血路,实在是不容易。第二件,清华学校自有他的历史,自有他的风气,我不过是几十位教员中之一位,当未约到多数教员合作以前,一个人很难为力的。第三件,我自己也因智识方面嗜好太多,在堂上讲课与及在私室和诸君接谈时,多半也驰骛于断片的智识,不能把精神集中于一点。因为这种原因,所以两年来所成就,不能如当初的预期。

在清华的三年整,可谓梁启超改革学校教育的最后努力,其结果对于改革而言固然不能算是成功,但对于教育本身也谈不上失败,因为修身之道身教胜于言教,古时候师弟朝夕相处,目的是熏陶生发、随机点化。

> 我自己做人,不敢说有所成就,不过直到现在,我觉得还是天天向上。在人格上的磨炼及扩充,吾自少到现在,一点不敢放松。……诸同学天天看我的起居、谈笑,各种琐屑的生活,或者也可以供给同学们相当的暗示或模范。大家至少可以感受到这一点:我已有一日之长,五十余岁的人,而自己训炼自己的工作,一点都不肯放过,不肯懈怠。天天看惯了这种样子,也可以使我们同学得到许多勇气。所以我多在校内一年,我们一部同学,可以多得一年的熏染,则我的志愿已算是不虚了。(以上见《梁启超修身讲演录·北海谈话记》)

从自我的修养做起,尽量影响到身边的人,哪怕只有一个两个,天地一日不息,修己达人的责任一日不放松。

但是梁启超在清华的时间毕竟不长,能够跟同学相处的时间也很有限,从完整实现自己的教育理念、尽可能发挥熏陶点化作用来说,梁氏在另一领域的教育实践则有效得多,甚至可以说是理想的。那便是梁启超的家庭教育。

下篇　梁启超的家庭教育

我们熟悉的现代学者和成功人士形象,或是埋头学术,或是在外奔忙,对他们来说,家庭只不过是办公室的延伸或歇脚的旅店,家庭生活的和乐融洽与盎然生机已经干枯消解。与此形成鲜明对照的是,终其一生梁启超大概都属于那个时代最忙的人,但家庭生活之于他就如水之于鱼,须臾不能离且乐在其中。梁启超的家庭教育,并非仅是学校教育的延伸,或是其教育理念的实验田,而是其家庭生活乃至梁启超生命本身的具体呈现。出于父亲的责任和对子女的爱,他当然希望把自己的理想和经验传达给孩子们,但并非如当今的虎爸虎妈们那样急迫和焦虑,梁启超仍然依着自己一贯的修身之道,如是说,如是行,即修身即生活即教育。

正是因为学问与生活打成一片,很难总结出可称为"梁式家教法"的一套方法;在写给孩子们的超大量书信中,梁启超给儿女的信仅目前能见到的就有四百多封,照他写信的频率——经常是前信刚刚发出,就写下一封,并且与居住在各地的儿女分别写——来看,当远远不止这些。他与年龄较长的儿女交流大多是通过书信进行的,主要是因为早年梁启超投身政治,与家人聚少离多,后期儿女们又陆续出国读书,当然现代邮政的方便快捷也为此创造了条件。我们看到,除了嘘寒问暖之外,梁启超不厌其详地跟儿女谈自己的近况、经历的大小事情、自己的所思所感,语气极其亲切平易,如同亲密朋友之间的谈心,还不时夹杂诙谐戏谑,就像孩子们的玩笑。

在这家常谈话中,一面是对传统家教精神的自觉承接。古人说"言教不如身教",梁启超是通过讲述自己的经历让孩子们具体可感地看到自己为人处世的态度和方法,所以不厌其详地描写事情细节和自己的内心活动。古人又说"父子不责善",孟子说"古者易子而教之,父子之间不责善。责善则离,离则不祥莫大焉",就是说父子之间首先应该注重情感的亲密融洽,如果管教过于严厉就会损害亲情,亲情受损则会带来严重的后果(不祥莫大焉),因此提倡两个父亲互换来教导对方的孩子(易子而教)。在一般人的印象中,传统的父亲都是端着一副面孔、不苟言笑的严父(很多人大概是从《红楼梦》中的贾政得来的印象,要知道小说塑造这个形象本身有其特别的用意,所以叫做"假正"),其实古时候很多父亲是很富有温情的。对于传统家教和父子关系的了解,可以参阅笔者策划的"中华家训导读译注丛书",上海古籍出版社,2020年。故而梁启超非常注重与儿女的情感交流,对他们投入"十二分的热烈"的"爱情",而尽量避免责备和说教。

另一面,又主动将现代西方平等、自由等理念引入家庭关系之中。如上所述,现代的平等、自由侧重于社会权利层面,与传统道德的侧重于精神层面并不矛盾,而恰恰是道德的自我更新。对此梁启超有清楚的认识,并且自觉地将之在家庭生活中体现出来。梁启超将儿女们当成朋友一般,随时述说自己的经历,倾诉情感,这一点确与古人有所不同。古人虽然讲究父子亲情,但在彼此关系上毕竟上下对待的意味多,平等交流的意味少;梁启超则更多采用平等交流的方式,但其背后仍不失父子的伦理地位。

这种以我为主的吸收融合,正是上述梁启超返本开新的文化观的体现。上篇所述的对治现代病的梁氏药方,从教育的角度说,就是如何做一个堂堂正正的现代中国人。而药方上诸般内容,也就是做人的各个方面,所谓家庭教育就是将这些内容通过家庭生活体现出来,使得孩子们得到熏陶和引导。因此,我们在考察梁启超家庭教育的同时,前述梁启超的文化和社会改造思路也可以得到生动而具体的展现和印证。

一、壹是皆以修身为本

梁启超家庭教育的核心，当然是修身，一如其在学校教育中所提倡的。只是教育方式须与学校教育有所区别。传统教育的实践性，使其特别强调"身教重于言教"，在师生之间如此，在父子之间尤其如此。梁启超家书中总是花费大量笔墨叙述自己近来的经历，固然是抒发情感和向家人报平安，更重要的是，借助这样的机会，透过这些叙述，表达自己的人生态度、理念，传授修身方法。

从1912年9月由日本启程回国开始，梁启超与大女儿思顺频繁通信，此后至1917年年底，梁启超积极投身政治，短短几年，历经袁世凯时期、护国运动、张勋复辟、段祺瑞执政，几乎无一日不在风云激荡之中，其间惊涛骇浪、大起大落又不知凡几，甚至数次面临生命危险。在这期间的家书中，完整地呈现了梁氏经历的所有大小动荡、悲喜闹剧，读之如同看一部跌宕起伏的连续剧，既有贯穿始终的情节主线，又有刻画生动的大量细节，梁启超的情感反应也随着剧情发展而百千变化：先是提刀四顾、踌躇满志，继而陷于斗争旋涡、进退两难，接着遇挫失望、几欲归隐，再到振刷精神、知其不可而为之。但无论境遇和情感如何动荡起伏，修身的自觉是贯穿始终的。修身的原则是反求诸己，一切境遇皆是心性修养的机会：不以利益得失甚至生死为虑，对于自己的责任尽心尽力，只问耕耘不问收获，事业的成败结果亦无需挂怀。在信中随处可见这样的句子：困境时"心境泰然，绝无着急"，平坦时"虽终日劳劳，精神逾健"，动荡时"所受刺激颇多，然吾常自镇"，危险时"吾更为小人所最疾忌，亦只得居易俟命耳"，艰难时"事之艰辛，非今日始知之，故亦无畔援，无歆羡也"。其背后的原因乃是修身有得："吾亦尝学道自得，岂外界所得牵移！"再者，时时以生平志向和时代责任提醒自己（此即古人所谓"责志"），"作今日之中国人安得不受苦，我之地位更无所逃避"，"全国国命所托,虽冒万险万难义不容辞";以艰难困苦当作磨砺自己的良机,"处忧患最是人生幸事,能使人精神振奋,志气强立","经历事故,实千载难得之机";反过来,生活太顺利时就需要警惕,"两年来所境较安适,而不知不识之间德业已日退";磨炼后的升华则是"人生惟常常受苦乃不觉苦","胸无一事"。这些并非是空头说教,而是在对儿女讲述自己经历时的真实感受,作为自我的反省、提醒和总结,充满了力量和人情味,儿女们自然得到激发和鼓舞。1915年袁世凯称帝,梁启超策划其弟子蔡锷赴云南组织护国军讨袁,自己随后也逃出北京,绕经香港、越南赶到广西,策动都督陆荣廷出兵。梁启超除了在家信中随时报告以外,又将一路躲避追堵,历经磨难,几乎丧命的经历详细记录下来写成《从军日记》,郑重其事地寄给儿女们,说"此汝曹最有力之精神教育也"。

1918年之后,梁启超从政治中抽身,转而专注于教育和文化事业,生活趋于平稳。他一面奔走各地讲演,提倡修身和德育,一面投身教育改革实验,热情高涨地投入工作。但仍抽空将自己的工作、计划事无巨细地写在家信中,包括忙里偷闲带孩子们去游乐场、北戴河,也绘声绘色地讲给国外的思顺听。

在梁启超生命的最后四五年,1925年至1929年年初,他的健康状况趋于恶化,但笔耕不辍、不时演讲之外,仍主持清华研究院,出任北京图书馆、京师图书馆馆长,创办司法储才馆等。此间除了跟丈夫一起旅居加拿大的思顺,思成、思永、思庄、思忠也先后出国留学,因此梁启超和儿女的通信更加频繁。在此阶段,梁启超的信中有更多的对自我人生观、家庭观总结的意味,他将传统的修身之学与自己的经验结合,总结为"得做且做"主义:

> 这信上讲了好些悲观的话,你们别要以为我心境不好,我现在讲学正讲得起劲哩,每星期有五天讲演,其余办的事,也兴会淋漓。

> 我总是抱着"有一天做一天"的主义（不是"得过且过"，却是"得做且做"），所以一样的活泼、愉快。

不管外境如何变化，内心保持安定；不管结果怎样，兴会淋漓地做事，能做多少做多少。这种做事的状态，来自人生的态度，"我有极通达、极健强、极伟大的人生观，无论处何种境遇，常常是快乐的"，更来自修身工夫的磨炼，"我关于德性涵养的工夫，自中年来狠经些锻炼，现在越发成熟，近于纯任自然了"。

传统学问中，修身和德育是一体的，自己做到了，自然能够影响别人，对子女也是一样："我自己常常感觉我要拿自己做青年的人格模范，最少也要不愧做你们姊妹弟兄的模范"，"我盼望你们都能应用我这点精神"。对于自己对孩子们的影响力，梁启超很有自信，"我又狠相信我的孩子们，个个都会受我这种遗传和教训，不会因为环境的困苦或舒服而堕落的"，"（你们）有我这样一位爹爹，也属人生难逢的幸福"。孩子们的反应（这样的教育效果）如何呢？对于梁启超的身教言传，孩子们从心里感动和认同，"爹爹尽可放心，我们弟兄姊妹都受了爹爹的遗传和教训，不会走到悲观沉郁一路去"。对于这样的父亲，孩子们视若珍宝，时刻挂念他的安危和健康。1927年梁启超做了肾脏切除手术，儿女们放心不下，委托回国的思永做"总司令"，制订了一套严密的康复计划，照顾父亲的起居，限制他的工作。梁启超说："思顺这次来信，苦口相劝，说每次写信便流泪。你们个个都是拿爹爹当宝贝，我是狠知道的。"

古人修身的两大途径，一是省察，二是涵养，一般以前者为主、后者为辅，但须相互配合、不得偏废。所谓省察，就是时时反身内省，照察和修正自己的行为和心念。梁启超除了借助自我的经历为孩子树立榜样和参照以外，还经常就着孩子们的亲身经历，随机点化，让他们借机反省体察。例如1923年思成、思永在北平遭遇车祸，两个孩子都受了伤，一家人颇受惊吓。梁启超连续写信告知思顺,用了大量篇幅描述车祸前后兄弟俩的相互救助,以及在惊惧之中与父母姐妹的情感牵挂,细致入微,只是在其中略加点化,说此次能够"逢凶化吉、履险如夷,真是徼天之幸";在结尾处轻轻说道"这回小小飞灾,狠看出他们弟兄两个勇敢和腆挚的性质,我狠喜欢",却是整个叙述的点睛之笔。思成因车祸骨折,入院治疗两个月,梁启超要他借机温习读诵《论语》《孟子》,"尤于其中有益修身之文句,细加玩味"。思成原定的出国留学计划因此事受到影响,梁启超又开导说:"人生之历途甚长,所争决不在一年半月,万不可因此着急失望,招精神上之萎苶。汝生平处境太顺,小挫折正磨练德性之好机会。"

因为思成的未婚妻林徽音(后改为"徽因")与思顺产生矛盾,给思成造成很大的心理波动,思成反省自己,"感觉着做错多少事,便受多少惩罚,非受完了不会转过来"。梁启超借机说了一大段自己理解的佛教"因果业报"和"随业轮回"的道理。这几乎是梁启超家信中见到的唯一一次系统论述自己的观念,但也是借着儿女的自我反省机会适时加以引导(此即孔子说的"不愤不启,不悱不发"),在说完这番道理之后,又不忘加一句:"我的宗教观、人生观的根本在此,这些话都是我切实受用的所在。因思成那封信像是看见一点这种真理,所以顺便给你们谈谈。"

后来徽音的父亲因为牵入军阀斗争意外身亡,梁启超专门写信给徽音、思成劝慰,又在给孩子们的信中不断开导:

> 思成饮食上尤不可太刻苦。前几天见着君劢的弟弟,他说思成像是滋养品不够,脸色狠憔悴。你知道爹爹常常记挂你,这一点你要令爹爹安慰才好。
>
> 徽音怎么样?我前月有狠长的信去开解他,我盼望他能领会我的意思。"人之生也,与忧患俱来,知其无可奈何,而安之若命",是

立身第一要诀。思成、徽音性情皆近狷急,我深怕他们受此刺激后,于身体上、精神上皆生不良的影响。他们总要努力镇摄自己,免令老人耽心才好。

思顺因为调动工作的事烦恼,他一面答应尽量帮助,一面趁机开导:"大抵凡关于个人利害的事只是随缘最好,若勉强倒会出岔子","着急和愁闷是不对的","顺儿受我教育多年,何故临事反不得力,可见得是平日学问没有到家","现在这种困难境遇,正是磨炼身心最好机会,在你全生涯中不容易碰着的,你要多谢上帝玉成的厚意,在这个档口做到不改其乐的工夫,才不愧为爹爹最心爱的孩子哩"。

修身的第二条途径,所谓涵养,就是在日常生活中陶养性情。对此梁启超也有自觉的认识,并时时灌注到对孩子日常生活的引导和艺术熏陶之中。梁启超对孩子们说"学问是生活,生活是学问",时时关切儿女的生活情况、身体和心理健康。初回国的四五年,家里生活比较优渥,他提醒儿女"汝辈小小年纪,恰值此数年来无端度虚荣之岁月,真是此生一险运",因倒袁运动匆忙出逃之际,反而庆幸自己重回"忧患生涯",说这是上天对儿女的恩赐,欲以此"玉成"他们,假使再过几年舒适虚荣的生活,恐怕就要变成"纨绔子"了。他经常提醒儿女要保持寒素之家的本分,说"吃苦是最好的教育",但当得知思庄在国外过于俭省,又说"你们既已都是狠规矩的孩子,不会乱花钱,那么便不必太苦,反变成寒酸"。

与现代人多把才艺当成竞争加分的手段或者作为日后谋生的技能不同,古来君子以琴棋书画来涵养性情(此即孔子所说"志于道,据于德,依于仁,游于艺",以道德为人生准的,在正面的省察身心之外,辅之以艺术的熏陶涵养),梁启超深得个中三昧。他一面叙说自己如何写字兴致高涨,定为日课,以亲身实践来告诉孩子们此为"养心之良法",一面为了引导儿女学字,请著名书法家魏铁栅指点思顺、思成,还不时请名家给孩子们题赠字画,通常是每个孩子各有一份。他还经常跑琉璃厂搜集字画书籍文具,作为礼物不时分给孩子们。这件事做得非常认真,根据子女的个性和爱好分发礼物(比如给思顺的是白香山、苏东坡、李商隐集和仕女图),要分别刻上每个人的名字,还不忘适时引导,比如有一部仿宋本《四书》乃是清末名臣和收藏家王懿荣的藏品,他先是说不舍得给、要留着"自养",后来赠与思成,一再叮嘱"思成所得《四书》乃最贵之品",务必熟读成诵才不辜负它。

二、修身与科学(学术)研究

梁启超家书的另一个谈话重点是孩子们的学业,而现代学校教育和职业选择面对的是知识性学问,此问题的实质是现代人如何对待科学和知识。在传统的语境下,知识性学问自有其位置,只是处于从属地位,孔子说"行有余力,则以学文";并且被统摄在道德的培养之中,比如王阳明说:"使在我果无功利之心,虽钱谷兵甲,搬柴运水,何往而非实学,何事而非天理,况子史诗文之类乎?"(《王阳明全集·与陆原静》)君子以道德养成为目标,但并非要摒弃事务,只要在做事的过程中保持省察涵养,则各种事务无不是磨炼心性的途径,知识性学问不过是其中一种事务。只是随着现代科学的发展,知识性学问占据了前所未有的重要地位,这就要求重新处理知识与道德的关系定位。对此,梁启超倡导以道德统摄科学,即是一方面必须纠正现代性的偏离,重新恢复道德的主导地位;一方面又需给予知识特别的重视,使它既不会僭越自己的位置,又能够保持活力获得应有的发展。

清华研究院时期,梁启超实行的教育改造,其目的正在于此。他首先强调道德修养的主导地位:"我要想把中国儒家道术的修养来做底子……总要有这类的修养来打底子,自己把做人的基础,先打定了。吾相信假定没有这类做人的基础,那末做学问并非为自己做的。"在此前提

下,再处理知识的地位。他一面延续王阳明的思路,将知识的学习作为修身的一种途径:

> 至于智识一方面,固然要用科学方法来研究,而我所希望的是:科学不但应用于求智识,还要用来做自己人格修养的工具。这句话怎么讲呢?例如当研究一个问题时,态度应如何忠实,工作应如何耐烦,见解要如何独立,整理组织应如何治理而且细密。凡此之类,都一面求智识,同时一面即用以磨炼人格,道德的修养与智识的推求,两者打成一片。

科学研究作为人格修养的工具,其运用方法与王阳明所说的"事上磨炼"并无二致,王阳明《传习录》中的一段对话,恰可作梁启超这个意思的注脚:"有一属官,因久听讲先生之学,曰:'此学甚好,只是簿书讼狱繁难,不得为学。'先生闻之曰:'我何尝教尔离了簿书讼狱,悬空去讲学?尔既有官司之事,便从官司的事上为学,才是真格物。如问一词讼,不可因其应对无状,起个怒心;不可因他言语圆转,生个喜心;不可恶其嘱托,加意治之;不可因其请求,屈意从之;不可因自己事务烦冗,随意苟且断之;不可因旁人谮毁罗织,随人意思处之。这许多意思皆私,只尔自知,须精细省察克治,惟恐此心有一毫偏倚,枉人是非。这便是格物、致知。簿书讼狱之间,无非实学。若离了事物为学,却是著空。'"在具体做事中省察克治,即是实学,才是真致良知。做学术研究何尝不是一项精密繁难的事务,而恰恰是修身的机会。但这里是作为学校教育的重要方面提出来,因此具有时代意义。梁启超接着说:

> 现世的学校,完全偏在智识一方面;而老先生又统统偏在修养一边,又不免失之太空了。所以要斟酌于两者之间,我所最希望的是:在求智识的时候,不要忘记了我这种做学问的方法,可以为修

养的工具；而一面在修养的时候，也不是参禅打坐的空修养，要如王阳明所谓在"事上磨炼"。事上磨炼，并不是等到出了学校入到社会才能实行，因为学校本来就是一个社会。除方才所说用科学方法作磨炼工具外，如朋友间相处的方法，乃至一切应事接物，何一不是我们用力的机会。(《梁启超修身讲演录·北海谈话记》)

所谓"要斟酌于两者之间"，就是要面对知识的现代情况加以调整：知识性学问已然成为学校教育和社会生活的主要方面，就不能将它与其他方面等量齐观，而需要特别处理。在梁启超的方案里，知识探求既然可以作为修养的工具，当然有其合理地位；不仅如此，学生和学者还需要自觉地将知识学习和学术研究作为修养的主要方法，因此知识获得了特别的重视。这样既肯定知识和科学的价值，又保证其发展始终处于道德的统御之下，不致脱离方向、失去控制。

求知作为修养工具，其操作方法就是在知识探求过程中时时省察内心和调整状态("态度应如何忠实，工作应如何耐烦，见解要如何独立，整理组织应如何治理而且细密")，这对应的是修身的第一条途径"省察"。除此之外，知识对于道德修养还有熏陶默化的作用，则对应修身的第二条途径"涵养"。随着知识在现代生活中的地位和作用的显著增强，知识对于修身的涵养作用，也应得到重视和强化。这一点在古时博学类型的儒者身上有所体现，朱子即其代表，但限于时代环境和言说方式，对于知识的涵养陶铸作用未见有明确的论述。梁启超在修身工夫路径上更认同陆王，而自身的知识兴趣则有类于朱子。下面以梁启超对儿子的一番话为例。事情的起因是，梁启超对于在国外留学的思成的人格偏向和情感异动产生了担忧："我这两年来对于我的思成，不知何故常常像有异兆的感觉，怕他渐渐会走入孤峭冷僻一路去。我希望你回来见我时，还我一个三四年前活泼有春气的孩子，我就心满意足了。"

接下来分析其原因:

> 这种境界,固然关系人格修养之全部,但学业上之薰染陶镕,影响亦非小。因为我们做学问的人,学业便占却全生活之主要部分。学业内容之充实扩大,与生命内容之充实扩大成正比例。所以我想医你的病,或预防你的病,不能不注意及此。

这里强调学业的"薰染陶镕"之功,就是说,知识性学问除了属于事上磨炼的一种方式之外,对于生命亦有涵养、充实、扩大的作用。这段话值得特别注意,因为是专门对"做学问的人"说的。现代社会中知识生产成为一种职业,学者成了专门从事知识生产的人(在这一点上所谓的人文学者与科学家并无不同)。这是新时代出现的新事物,需要面对它,处理好这个职业行为与修身的关系。梁启超的观点是,学者一面要像对待其他职业一样,把学术研究也当做修身的途径之一,一面强调由于学术研究(知识生产)的特殊性——学者的研究活动占据了生活的主要部分(其中人文社会学科与生命活动的联系更紧密),因而对生命有很强的"薰染陶镕"的作用——需要尽量充实扩大其内容,以求促进生命的充实扩大。

相反,如果所从事的知识内容单调乏味,也容易造成生活和生命的单调和厌倦:

> 我怕你因所学太专门之故,把生活也弄成近于单调,太单调的生活,容易厌倦,厌倦即为苦恼,乃至堕落之根源。再者,一个人想要交友取益,或读书取益,也要方面稍多,才有接谈交换或开卷引进的机会。

接着又现身说法,说明多面的学问趣味对自己精神的激发作用:

> 我是学问趣味方面极多的人，我之所以不能专精有成者在此，然而我的生活内容异常丰富，能够永久保持不厌不倦的精神，亦未始不在此。我每历若干时候，趣味转过新方面，便觉得像换个新生命，如朝旭升天，如新荷出水，我自觉这种生活是极可爱的，极有价值的。我虽不愿你们学我那泛滥无归的短处，但最少也想你们参采我那烂漫向荣的长处（这封信你们留着，也算我自作的小小像赞）。

对于知识性学问的重视，同时对其可能带来的对生命的损耗保持警惕，这两点总是同时体现在梁氏家庭教育之中，试举两例说明。思顺在梁启超回国后继续留在日本完成学业，在此期间梁启超专门请了几位日本家庭教师为其补课，其内容遍涉西方社会科学的主要门类。同时梁启超再三告诫思顺不要因为赶进度劳累过度（每星期不许超过十小时，星期天必须休息，必须多游戏运动），他还极力反对日本式的填鸭教育，提倡"猛火熬、慢火炖"，"优游涵饫，使自得之"的传统学问方法。需要说明的是，梁启超给思顺请家庭教师，包括后来在家中讲《孟子》和清代学术源流，都是在补学校教育的不足，因为当时（国内）的学校学不到这些内容，梁启超曾为孩子们从日本回国后如何选择学校伤脑筋，这也是后来梁家子弟尽可能都到国外读书的原因。采用家中授课的方式和知识性的内容，严格地说，不属于家庭教育的范围，而是学校教育的延伸。这在梁启超是不得已而为之，与现在家长给孩子上各种补习班的性质不同。

另一个例子，在思庄面临大学专业选择时，梁启超建议她学生物，"因为它是现代最进步的自然科学"，并且"你们弟兄姊妹，到今还没有一个学自然科学，狠是我们家里的憾事"，希望她为弟妹们开个好头。又建议思庄在主业之外，再选一两种与之有密切关系的学科作为辅助，并且"专门科学之外，还要选一两样关于自己娱乐的学问，如音乐、文学、美术等"，思庄"本来有些音乐天才，能够用点功，叫他发荣滋长最好"。这里的意思,与对思成的话联系来看,他对知识性学术可能产生的负面影响有足够的警惕,希望生命和学术形成良好的互动关系。相对而言,做社会科学(包括人文学科)的,其所事与生命的联系较紧密,可以在内容上扩充,以促进生命的充实扩大;做自然科学的,所事与生命的距离较远,还需要增加人文艺术方面的内容和实践,以滋养涵润生命。

虽然有这些提醒和建议,但梁启超对于孩子的专业和职业从不干涉,希望孩子们根据自己的兴趣自主选择(思庄一度听从父亲的建议,选择生物学,后来发现与自己的兴趣不合,转为图书馆学,梁启超同样很支持)。后来子女们各有所长,各自选择了不同的学术领域和职业,并成为各自领域的杰出人才。至此我们看到,修身为本以及专业研究与生命之间相互促进,才是梁氏家教的"秘诀",才是成就"一门三院士,九子皆才俊"佳话的根本原因。

对科学和知识地位的重新评估和调整,是梁启超基于时代要求作出的贡献,亦为返本开新之一例。身体力行的梁启超为后来的学者立了一面旗帜:学术研究与修身实践相统一,一切无非生命的学问,与占山头争夺资源、为稻粱谋的学术投机者固自不同;知识性学问不成为修身的障碍,多方面的兴趣反而有助于精神的激发和生命的充扩,一扫知识、道德的本末倒置,与知识耗损生命、干枯无趣的学者形象恰成对照。

三、修身与现代生活

现代生活有别于古代的显著特征,一是物质条件的巨大变化,其背后的推手是科学;二是社会权利的平等化,其背后的原因是民主(民主包括思想、组织方式和制度等不同层面,思想层面的民主与公民意识紧密相连,是平等、自由等权利意识的反映,可应用于家庭、社会、政治诸领域)。所以"五四"运动高喊赛先生和德先生,确是时代的呼声。早年的梁启超本是这个潮流的鼓动者,后来调整了思路,在修身为本的前提下对现代生活加以调摄。

提倡修身性德育之外,梁启超也很重视公民意识的培养,称之为"增进国民常识"。1916年他赴广西起兵讨袁而绕道越南,独处荒山,染病几乎不治,甫一脱难,即穷三日夜写出一本宣传公民意识的小册子,其动因是袁世凯恢复帝制使梁启超深受刺激,痛感养成群众公民意识的迫切性,故极为看重此书,在给思顺信中说:"病起后即捉笔著成《国民浅训》一书,约二万言,此书真我生之绝好记念也。"此书后来广为流传,并一度作为民国"教育部审定"的国民教育用书。

请日本教师给思顺补课,也是梁启超国民教育思路的体现。这些补课实际是学校教育的延伸,原因是怕思顺回国后没有机会,想让她在日本接受"完全教育"。所谓完全教育,乃是获得现代国民所应具备的常识,学习的内容包括法学、经济学、比较宪法、财政学、政治学等,其目的并非进行学术研究,而是立足于知其大意和了解大势,故梁请求诸教师"于纯理方面稍从简略,于应用方面稍加详,能随处针对我国现象立论尤妙"。

女性地位的改变是现代生活的一个标志(广义的女权运动,是影响最大最广泛的现代社会思潮,亦为权利意识的一种表现),这同样反映在梁启超对待女儿的态度上。对于女儿们的教育,梁启超看得与男孩子一样重,九个儿女中,毋宁说对思顺的学业费心最多,为她请了好几位日本家庭教师,为了让她完成学业延迟举家回国的时间,还将思顺的作业亲自批改后编成一本《艺蘅馆课艺》。作为长女的思顺,某些方面还扮演了旧式家庭中兄长的角色,不但照顾弟妹们的生活和学业,梁启超遇事也喜欢先征求思顺的意见,长子思成对大姐也很尊重甚至有几分惧怕,这从上述思成因为徽音与思顺的矛盾,写信给思顺忏悔过错等事情上很可看出(这件事上梁启超似乎也是更重视思顺的想法)。梁启超对思庄的教育也极为用心。因为思顺婚后随丈夫(周希哲,时任加拿大总领事)居住在加拿大,就让思庄去加拿大读中学,以便毕业后继续留学深造,后来为思庄在加还是在美读大学、选择专业等问题书信往返讨论，提供了很多参考意见。正是因为这种对子女平等看待的教育观，使得梁家女儿从小就有强烈的自信和独立意识，为日后成才奠定了基础。大体而言，传统家庭中女性地位低于男性，那么传统文化是否歧视女性呢？对此仍需区分层次，从体用关系来看待。从传统文化的根本精神来说，孟子说"人皆可为尧舜"，孔子说"有教无类"，佛教说人皆有佛性，且允许女性出家，人性人格的平等是题中本有之意；从历史进程来说，古时女性受到社会条件和风俗习惯的限制，没有担当与男子类似的社会职责，使得其教育程度和所受的社会期待总体低于男子。也就是说，"体"上本来平等，"用"上需待条件成熟。此外还有一层，文化的根本精神如此，不等于在具体历史环境下就体现为如此，甚至可能在文化低潮期偏离根本精神发生异化，因此不能将历史中发生的不平等现象简单归因于根本精神（参阅刘海滨：《中华家训导读译注丛书出版缘起》，载前揭"中华家训导读译注丛书"）。

在梁启超这里，这些现代意识与传统观念并非对立，而是有机结合，统一于修身为本（如前所述，平等、自由等现代观念应视作道德本体在现代环境中的应用，可以且应该从传统道德的根本上生发出来）。对于继承传统家教的根本精神，梁启超有很强的自觉。比如时常提醒儿女保持寒素之家的忠厚家风。老父在世时，梁启超每次写信问安之外，会特意嘱咐儿女照顾祖父起居，凡事禀告，还要体会祖父心情，时常陪伴不要让他寂寞。儿女在外，则经常提醒他们写信问候老家的长辈，"这种子弟之礼，是要常常在意的"。后来年龄较大的儿女都到国外读书，梁家的事务多由二弟梁启勋操持，梁启超常常跟子女提到二叔的辛劳，尤其是梁启超妻子去世后，启勋一手操办了其墓园的设计建造及葬礼，梁启超为此写了好几封信给儿女们，详细描述诸事经过，要求他们每人写信给二叔，"恳切陈谢"。葬礼完毕，又让在场的年龄尚幼的思忠、思达作代表给二叔磕头，"谢谢二叔替你们姐弟担任这一件大事"。

传统与现代的统一，在梁启超的婚姻爱情观方面表现得更为显著生动。思忠结交了一个女孩子,梁启超知道她父亲为人卑劣,了解到她也受到家庭的熏习品行不好,因此很怕思忠受其蒙蔽,就拿出父亲的威严,写了一千多字的信严重告诫他,并让思顺、思成等一同劝说。

梁启超在徐志摩、陆小曼婚礼上轰动一时的发言,则可作为注脚。徐志摩是梁启超很看重的弟子,徐志摩对这位老师也非常尊敬,所以请他作证婚人(还有一个说法,徐志摩与有夫之妇陆小曼相恋,陆因此与其夫离婚,再与徐志摩结婚,徐志摩的父亲也觉得此事不光彩,所以说须得请胡适做介绍人、梁启超证婚才同意他们结婚),梁启超禁不住胡适等人的一再敦请,勉强应允。结果,在盛大的婚礼现场,当着许多社会名流的面,梁启超毫不留情痛斥二人,最后徐志摩面红耳赤地乞求:"请老师不要再讲下去了,顾全弟子一点颜面吧!"见梁实秋的回忆录。现在流传的这篇训词(证婚词)有两个不同的版本,一是梁启超随信寄给孩子们的文字版(还特意裱成手卷交给徐志摩,以作永久的警示),一是曾在婚礼现场的梁实秋回忆的。可见梁启超对此事很重视,写过发言稿,当然也有可能临时脱稿另发了一通言论。此以作者亲定的文字稿为准。全文参见《我们今天怎样做父亲:梁启超谈家庭教育》,上海古籍出版社,2020年。

梁启超的证婚词有云:

你们基于爱情,结为伴侣,这是再好不过的了。爱情神圣,我狠承认;但是须知天下神圣之事,不止一端,爱情以外,还多着哩。一个人来这世界上一趟,住几十年,最少要对于全世界人类和文化,在万仞岸头添上一撮土。这便是人之所以为人之最神圣的意义和价值。……就专以爱他而论,爱情的本体是神圣,谁也不能否认,但是如何才能令神圣的本体实现,这确在乎其人了。徐志摩!陆小曼!你们懂得爱情吗?你们真懂得爱情,我要等着你们继续不断的,把它体现出来。

爱情的本体是"爱他",爱他人,而不是基于利己地满足生理和心理的欲望,这是爱情与情欲的区别。在梁启超看来,二人的相恋和结合是基于情欲的成分居多,所以希望两人结婚后,要通过互相支持,把"爱他"的本体体现出来。在第二天写给孩子们的书信中表达得更清楚,"(陆小曼)与志摩恋爱上,才和受庆离婚,实在是不道德之极","志摩却是狠高洁,只是发了恋爱狂——变态心理——变态心理的犯罪",这是情欲的冲动,"青年为感情冲动,不能节制,任意决破礼防的罗网,其实乃是自投苦恼的罗网,真是可痛!真是可怜!"更糟糕的是,对方又是这样一个人,"我又看着他找得这样一个人做伴侣,怕他将来苦痛更无限,所以想对于那个人当头一棒,盼望他能有觉悟(但恐甚难),免致将来把志摩弄死,但恐不过是我极痴的婆心罢了"。

梁启超所说爱情本体的神圣是基于"爱他",需要通过婚后继续不断地体现出来,就是说一般世俗所谓爱情,其实是情感和欲望的混合,情感之中有爱他、利他的因素(其纯度视不同的人而定),欲望则是基于生理和心理的冲动,其本质是占有,而爱情本体的体现是一个过程,在这个过程中通过爱他、利他消除和转化欲望,或者使欲望服从于爱他的情感。此即以道德转化欲望,提炼情感,使其归于纯正,亦即传统文化"性其情"的含义(儒家的诗教传统即是基于这个思路,所以经孔子之手删定的三百首诗才成为"经",其选择标准是"思无邪",其目的和作用是化导情感归于纯正)。在此过程中,还有一个重要环节就是"礼防":礼教的防护作用。用道德纯化、升华情欲很难一蹴而就,除了少数天资卓越、气质清明的人以外,普通人情欲冲动时还需要借助外在伦理和礼法的约束,古人称之为"发乎情止乎礼",既肯定情的自然合理性,又强调其边界(礼),超出边界的情就是私欲,需要克制。此即梁启超所谓礼防节制情感冲动的意思。对此梁启超还有一段切身经验。1900(庚子)年,二十八岁的梁启超计划从日本渡海赴美,途中因防疫管制,在檀香山滞留了半年,其间结识了当地华侨商人之女何蕙珍,年方二十岁,"学问见识皆甚好",尤善英文,担任梁启超演讲翻译,赢得诸方赞誉。蕙珍极其爱慕梁启超,并表示不计较给梁作侧室。梁启超也一度动心,以至夜不能寐,写了一封长信给妻子叙述经过和对何的情思。梁妻大概将这封信看作试探自己的态度(今天再看这封信,实不敢说梁当时全无此意,虽然信中也说已婉拒何,以兄妹相称云云,但显然情丝飘荡,方寸扰扰),回信说将禀告梁父促成此事。但梁启超马上再写一信,却是毅然决然斩断情丝。首先裁之以理性:"以理以势论之,岂能有此妄想。"所谓理,梁提倡一夫一妻,男女平权,不可自违其义;所谓势,梁为维新领袖,众人仰望,不可因此败坏新党声名。继而以修身之法化解之:此时正值义和拳乱,国家危亡,"吾独何心,尚喁喁作儿女语耶?"此即责志。"任公血性男子,岂真太上忘情者哉。其于蕙珍,亦发乎情,止乎礼义而已。"此之谓礼防。据说,后来民国成立,梁启超入内阁,何蕙珍随即来访,但梁只在司法总长的客厅里接见了她;梁妻李惠仙亡故之后,何蕙珍再次来访,梁启超又一次婉拒了她。抑此时梁任公已臻"性其情"之境欤?不能节制的冲动,不仅给别人带来伤害,首当其冲的是自己,冲动过后就要承当苦痛烦恼,这一点梁启超看得很清楚。而且梁启超洞察世情,深知陆小曼的为人,欲望和虚荣的成分大于情感,所以会有很不好的预见,当头棒喝实是针对陆小曼的成分居多。不幸的是,徐陆之恋的结局恰恰应了梁启超的预感。

与之对照的是,梁思成、林徽音的婚姻至今为人所乐道。徽音是梁启超的好友林长民之女,是梁启超先留心观察看定后,再介绍给儿子,然后由他们自己去交往、决定。这是梁启超"发明"的方法,对此很是得意,"我觉得我的方法好极了","我想这真是理想的婚姻制度"。思顺和周希哲(马来西亚华侨,也是梁启超的学生)的结合也是通过这个方法促成的。这个方法兼采中西(古今)婚姻方式的长处,既保证了婚姻的自主,又尽可能考虑到了双方的家庭因素。当然婚姻是否成功,充当中间人的父母很关键,像梁启超这样的父亲自然是最适合用这种方式的。他对思

常道与常识——重估梁启超之路

顺调侃道：

> 我对于你们的婚姻,得意得了不得……我希望往后你弟弟妹妹们个个都如此(这是父母对于儿女最后的责任)。我希望普天下的婚姻都像我们家孩子一样,咳,但也太费心力了。像你这样有怎么多弟弟妹妹,老年心血都会被你们绞尽了,你们两个大的我所尽力总算成功,但也是各人缘法侥幸碰着,如何能确有把握呢? 好孩子,你说我往后还是少管你们闲事好呀,还是多操心呢?

思成、徽音准备于 1928 年回国,梁启超力主他们归国前先在加拿大举行婚礼(在此之前梁启超先向林家行聘礼,回国后再于天津宴请宾客),因徽音的父亲是基督徒,可先在教堂举行婚礼,"主张用外国最庄严之仪式",次日再到领事馆(希哲、思顺家)向两家祖宗及父母遥拜行礼。还说"你们若在教堂行礼,思成的名字便用我的全名,用外国习惯叫做'思成梁启超',表示你以长子资格继承我全部人格和名誉"——这个举动可说是相当开放和西式。为什么不回国再办婚礼呢? 主要原因是,梁启超认为他们应该在归国前到欧洲做一次完整的文化旅游,将他们所学和欧洲的文化建筑等相互印证(后来又郑重建议他们沿途所见所感随时做笔记,并作速写插图,日后出版一本书),因此先结婚才方便同游。后来婚期有所推迟,梁启超又马上写信劝思成、徽音先分居两地,以防因为所处亲近产生心理生理的波动(发生亲密行为),可见在两性关系上梁启超又很"保守"。开放和保守,同时体现在梁启超身上,并不觉得冲突,而是相互补充协调,孩子们得到父亲的身教感召,自然心悦诚服。这不正是梁启超教育之道的一种写照吗?

在生命的最后时刻,梁启超展示了一个现代君子的态度和气度。这是中国现代医疗史上的一个著名的事故。1926 年 3 月,梁启超在协和医院接受肾脏切除手术,结果发现割下来的右肾并无毛病,且便血的病症依旧,完全是误诊,且院方还试图掩盖。综合梁启超家书、梁思成等述《梁任公得病逝世经过》及后来史家的考证,梁启超此病的原由经过大致如下:1923年春初次发现小便带血,但并未在意,1926年1月往北京德国医院检查,之后入协和医院就诊,经X光透视显示左肾有黑斑一处,专家会诊的结果是左肾结核,须手术切除。在3月16日的手术中,因值班护士错标了位置,主刀医生亦未核验,结果误切了右肾。此系重大医疗事故,但医院隐瞒了实情,先是说右肾确实有病(部分腐坏),后经名医伍连德(亦为梁启超好友)亲自查验,确认右肾健康无病,协和始说是误诊,但仍隐藏了错割右肾的事实。直至1971年,梁启超去世四十多年后,经当年参加手术的实习医生透露,梁思成才得知真相,由1997年翻译出版的美国学者费正清夫人费蔚梅所著《梁思成与林徽音》一书予以披露。梁启超此病,伍连德诊断为一种轻微肾炎(而非协和的结论"无理由出血"),并认为西医很难求速效,同意以中药疗治为好。而据著名中医唐天如的诊断,"病源在胆,因惊皇而起,胆生变动,而郁积于膀胱"(梁启超1926年8月22日给孩子们的信),据此梁启超推断其病起于梁妻病重之时,而改服唐氏所开中药后,立见奇效,十剂后小便颜色恢复正常。但此后并未能断除病根,梁启超又不肯停下工作,操劳稍有过度病即复发,身体很快衰弱,不到三年即去世。考察整个过程,病因虽在内,手术和误割对梁启超体质的影响是直接且巨大的(他一向体力精力过人,家信中说医生在手术前后也一致称赞其体质强健、恢复奇速,超乎常人)。此事放在任何人身上都难以接受,何况是梁启超这样一位名人,一时间舆论哗然,很多友人学生预备兴师问罪。在整个事件过程中,以及梁启超在给孩子们的信中谈及此事,始终保持客观和乐观,即使在误诊确凿之后也从未有过言辞急迫。并且为此发表了一个声明,请大家不要因为偶然的失误而为难医院,从而妨碍西医和医学在中国的前途和发展。面对突发事件,即使是切身相关,保持理性的判断,做出合情合理的决定,这是现代文明人应有的态度;在此过程中,能够保持内心的安定,体察他人的困难和心境,乃至平静地接受结果,不怨天不尤人,始终保持向上不息的生命状态,这是君子的修养。手术毕竟对梁启超的健康造成了严重影响,此后身体状况明显恶化,不久即离世。古人云"平生所学,正今日要用",古人对于修身之境界(效果)的检验,特别看重生死之际的表现。佛家自不必说,儒者之间也往往以此衡量工夫学力。可参程颐关于邵雍的谈话:"邵尧夫临终时,只是谐谑,须臾而去。以圣人观之,则亦未是,盖犹有意也。比之常人,甚悬绝矣(按,此谓邵雍不以生死挂怀,虽与圣人之境犹有差距,与常人相比则已天地悬殊)。他疾甚革,某往视之,因警之曰:'尧夫平生所学,今日无事否?'他气微不能答。次日见之,却有声如丝发来,大答云:'你道生姜树上生,我亦只得依你说。'"(《二程遗书·伊川先生语四》)朱熹所撰《伊川年谱》载:"(程颐)于疾革,门人进曰:'先生平日所学,正今日要用。'先生力疾微视曰:'道着用便不是(按,此谓不应有意于用,胸中自然洒脱)。'其人未出寝门而先生没。"梁启超手术之事虽非临终,亦可类比,且观其临终前数日仍镇静自若,无私忘我之情形(见梁思成等述:《梁任公得病逝世经过》),虽不能妄拟圣贤,允称今之君子。面对生死考验,梁启超展现了其最终的修为境界,更重要的是,为"现代公民可以为君子"作了表率。

结　　语

本文写作的初衷,是为我策划的梁启超修身系列书中最后一本《我们今天怎样做父亲:梁启超谈家庭教育》写一篇前言,也算是对数年来与梁任公的缘分有一个交待。没想到,竟断断续续写了将近半年,来到了庚子年,并且由于历史和现实的交相触发,越写越长,乃至突破了预想的框架。

2020年元旦,我读到张文江先生的一段话:"生命和写作有可能做到互相焕发,生命本身在某几个节奏点,需要写作来调节一下,才可能把精彩焕发出来,这才是写作的真谛。……写作不太重要,也不是不重要,是生命的组成部分。"心有戚戚焉。我也希望能如此;在写作的过程中一点点调整气息,清理内心,也渐渐在纷繁复杂的历史陈迹中理出了头绪,梁任公及其时代的面目逐步清晰起来。

与理论家不同,梁启超之路首先是他个人成长的道路。任公力图在生活和事业中践行他的理念,虽然就实证境界而言,诚如其诗云"世界无穷愿无尽",向上还大有事在,但是他以自己数十年的修身实践验证了成为现代君子的可能,这是他对于我们这个时代最直接的意义。

中国传统的"常道",有两层含义:一是恒常不变,人类存在一天即须臾不可离;二是平常,百姓日用而不知。西方讲"常识"(common sense),与我们通常理解的偏重于"知识"的意义有所不同,更指向一种能力,即依据理性和实际经验,独立思考、判断和决定的能力。近来愈发体会到,仅把常识当成一种现成的知识,有很大的偏颇和副作用。在这个真假信息混杂暴涌的时代,缺乏分辨和思考的能力是无法获得有效知识的,不经思考的知识也常常是偏见和压迫的来源。梁启超的道路,其实质即是常道与常识的本末一贯;回到常道,增进常识,才是现代人的必经之路。修身为本,此为中国文化传统的常道;在此基础上增进现代公民意识、学习新知识,培养独立思考和抉择的能力,这是当下的常识。这样一条道路,平实无甚高论,但平实正直、坦坦荡荡,不正是"王道"的本义吗?中国一百年来的曲折激越的道路走得太艰辛了,我们似乎已经淡忘了正直平实才是做人的常道,做事有常识才不致惑于奸邪、流于诞妄。"却顾所来径,苍苍横翠微。"在此百年回望之际,重读梁启超,正视梁启超道路,不亦宜乎!不亦宜乎!

1919年,梁启超回望他之前的一百年,看到常道的遗失,精神超越与世间生活的隔离,使人类走上了歧途,其直接的后果是第一次世界大战,由此反思人类文化需要合内外生活为一体,铸成一个新的文化系统,并且满怀信心,认为以"推肉合灵"为传统的中国文化可以为此贡献重要力量。此后,人类又经历了一次世界大战,之后各种灾难危机接踵而至,基因改造、人工智能等驾着科学的高速列车正迎面而来。本文写作之际，中国突然被拉入了一场大瘟疫，焦虑惶恐之中，人心人群空前地分裂，各种意见相互撕扯。常道与常识的缺失，以一种触目惊心的方式呈现出来。于二者俱无知无识者固不待论，讲常识者往往不信不行常道，陷于"自暴自弃"而不自知，终不免于"盲人骑瞎马"，又何从走出现代危局；倡言传统者，又多轻视甚而反对常识，已难免胶柱鼓瑟之诮，况有为虎傅翼之嫌，又何谈引领时代？

本文定稿之时，这场瘟疫已然成为二十一世纪的全球灾难，其范围之广、影响之巨，亦已超越两次世界大战。与此同时，一种反全球化和狭隘民族主义的情绪正在人群中蔓延。

人类该往何处去？中国该如何自处？1919年那个萧索寒冷的冬天，蜗居巴黎郊外的梁启超写下了这样的期望：

> 我们是要在这现状之下，建设一种"世界主义的国家"。怎么叫做"世界主义的国家"？国是要爱的，不能拿顽固褊狭的旧思想当是爱国。我们的爱国，一面不能知有国家不知有个人，一面不能知有国家不知有世界。我们要托庇在这国家底下，将国内各个人的天赋能力尽量发挥，向世界人类全体文明大大的有所贡献。将来各国的趋势，都是如此。

刘海滨于海上毋画斋
2020年1月27日初稿
2月22日二稿
3月17日三稿
5月15日改定

柯小刚手书

江西吉安青原山阳明书院大门

阳明书院学舍

青原山净居寺大门

净居寺山后七祖塔

北京府学胡同文天祥祠

江西吉安富田王氏宗祠

江西金溪陆象山墓下伴月泉

陆象山先生之墓

江西铅山鹅湖书院

鹅湖书院"斯文宗主"牌坊

鹅湖书院雨中步道

江西上饶三清山

三清山顶明代遗迹三清宫

三清山顶峰玉京峰

三清山玉京峰"仙境"巨石

三清山绝壁栈道

弘一法师圆寂处——晚晴室

厦门鼓浪屿日光岩寺中的弘一大师像

厦门狮山万石莲寺与中岩寺

万石莲寺弘一题联

南安小雪峰寺晚晴亭

承天寺月台别院中的弘一大师像

泉州开元寺

开元寺内弘一法师纪念馆

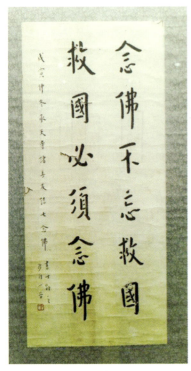
弘一法师手迹

泉州清源山弘一大师舍利塔

泉州承天寺

承天寺弘一法师化身处

讲演实录

先立乎其大
——孟子之学的现代意义
邓秉元（复旦大学历史学系）

各位同仁、先进：

今天很荣幸来到孟子故里学习。孟子是孔门德行科在先秦的集大成者，其学术涉及内圣外王各个层次，与孔子"一以贯之"之道密合无间，所以在后世被奉为亚圣，成为道统所宗。对孟子学术显然很难泛泛而谈。逝夫希望我能在此讨论一下孟子的"先立乎其大"之论及其现代意义。我想现代意义本来是见仁见智之事，假如做不到"先立乎其大"，那么意义之说似乎也无从谈起。所以下面着重谈一下对"先立乎其大"的理解。假如时间允许，再对此稍作引申。

一

"先立乎其大"的说法，出自《孟子·告子上》篇。原文是这样说的：

> 公都子问曰："钧是人也，或为大人，或为小人，何也？"
> 孟子曰："从其大体为大人，从其小体为小人。"
> 曰："钧是人也，或从其大体，或从其小体，何也？"

曰:"耳目之官不思,而蔽于物。物交物,则引之而已矣。心之官则思;思则得之,不思则不得也。此天之所与我者,先立乎其大者,则其小者不能夺也。此为大人而已矣。"

在讨论这一段之前,我们首先要知道《告子上》这篇文字的大旨。告子其人生平并不清楚,一说是孟子弟子,这显然是不对的,二者其实是主要论敌。也有人认为告子是墨子的弟子,但也没有坚实的证据。《墨子·公孟》篇曾经提到告子,墨子有弟子说:"告子言义而行甚恶,请弃之。"墨子曰:"不可,告子言谈甚辩,言仁义而不吾毁。"其为人究竟如何现在已经难以细考,但与墨子、孟子都有交集当为确事。而墨子卒年与孟子生年很接近,就此可知告子至少比孟子大几十岁,算是他的前辈。

《告子》篇的主旨其实是讨论心性结构,或者说心性论。心性论如果详细讨论恐怕不是一时半会的事,但简单说来,哲学家在研究人类对事物的理解时,发现导致理解不同的原因除了个人思维有深浅(譬如初中生与大学生,物理学初学者与物理学家)之外,常常还与理解问题的视角有关。这种不同视角其实就是个人的用心不同。譬如同是自然科学,有物理学、生物学、地理学;同是研究学问,有数学、美学、自然科学、历史学;同是观察事物,有艺术家、诗人、工人、农民;等等。假如再往里面分析,便会发现,这些不同的用心其实可以理解为不同的心性结构,在哲学上常常被称作心、灵魂、主体、自我、此在,等等。孟子在这一篇中所讨论的,其实便是儒家德性思维与普通人的知性思维的区别。

所谓知性思维,每个人都不会陌生,因为我们每天都在使用它。出去买菜,在与人算计价钱的时候,我们运用的就是知性思维。这个思维,我们把它叫作"算计"。在数学、自然科学研究,以及人类日常交往的大多数时候,我们都是靠这套算计来生活的。只不过普通人是"日用而不知",哲学家却会去反思它。在运用思维的时候,人会自觉地受所处环境及各种需要的影响,研究各种对人类有利的事情,于是形成所谓便利、功利、利益。这种心理结构,古人叫作"习心"。主导习心的是一种普遍的思维形态,也就是知性。并非知性来源于习心,而是说,是被习心所触发的。这也就是孔子所谓"性相近也,习相远也"的习心。这里"性"与"习"都是动词,所谓"习相远"是指习心使人相互背离,渐行渐远;所谓"性相近",是指假如通过"性之"(即复归本性)的活动,则可以使人相互接近,结成一体。

这种人我之间的一体性,便是儒家德性思维最根本的大义。所谓德性,现代人很容易把它理解为伦理道德意义上的德性,这是西方伦理学的一个概念。伦理学也就是道德哲学,研究道德现象、道德行为、道德心理及其哲学依据,属于哲学的一个分支。把中国传统德性概念等同于伦理学的德性或道德理性,虽然不完全错误,但却在事实上把经学的德性概念狭隘化了。补充一句,我在这里使用的经学概念是指传统中国知识体系的代表,因为古代思维其实是在对六经的阐释(经学)或是与六经的对话(诸子学)中展开的。

在经学中,德性的德,乃是"得"的意思,也就是分有。因此经学的道德概念包括两个层次:首先是天道,或宇宙本身的运行方式(道路);其次则是对天道的"分有"或者说"理解"。后者就是所谓"德"。古人所说的天人关系,也就是道与德的关系,即宇宙本然与如何对这一宇宙本然进行理解的关系。现代人把这种天人关系望文生义理解为人与自然的环境问题,便是不了解传统概念的内涵所致。这其实是晚清以来传统教育被颠覆的一个恶果,因为至少在章太炎那一辈人还是懂的,所以在《国故论衡》中,章太炎明确把物性即事物性质表述为"物德",这还是经学传统中的古典含义。

也正是因此,我一直认为,中国人研究传统文化虽然有着语言上的某种优势,但同时也有非常不好的一面,那就是容易望文生义,不求甚解,根据自己的理解揣测古书,并因此误人误己。当然,后一点也是在禅宗以及阳明心学末流影响下,国人精神上日益缺乏诚意的结果,凡事总喜欢速成,但结果却常常是《论语》中所说的:"无欲速,无见小利。欲速则不达,见小利则大事不成。"

《论语》的这句话里,其实隐含着一个小和大的区分。类似表述还有很多,其实与孟子这段话里的小、大也是相通的。譬如子夏所说:"虽小道,必有可观者焉,致远恐泥。"在孟子这段话里,大人、小人是指德性的境界而言,而非身份地位。从德性视角而不是社会身份视角观察人类社会,这是孔孟以来的新视角。因为在此之前,大人也就是君子,即身份上处于大夫之位以上可以参与政事的人;小人则是野人,即只做具体事务而接受治理的人。但在孔孟这里,君子主要是指成德之人。虽有高位,但德行不够,也不可以称作君子。

二

问题是人性既然相同,为什么会有大人、小人之分呢?又该用什么标准来区别大人、小人呢?假如用外在的标准,似乎很容易区分。譬如一个人社会地位高、势力大,很容易觉得自己是一个大人物,司马迁在《货殖列传》中已经指出:"凡编户之民,富相什则卑下之,伯则畏惮之,千则役,万则仆,物之理也。"这是人类社会中的常态。时下一些做法,譬如国家之间追求GDP,追求做大做强,其实也还是一样的思维。

既然做大做强是值得追求之事,使人敬畏,使人恐惧,那么德性思维这种理解问题的方式有什么意义呢?孟子在对人性的观察中发现了这样一个现象:

是故所欲有甚于生者,所恶有甚于死者,非独贤者有是心也,人皆有之,贤者能勿丧耳。一箪食,一豆羹,得之则生,弗得则死。嘑尔而与之，行道之人弗受；蹴尔而与之，乞人不屑也。

这就是我们耳熟能详的"廉者不受嗟来之食"。当然，面对生死之际，未必人人都能做到，但却都有这种希望别人尊重自己的心，这就是人的羞耻心，人的自尊心。假如说人与动物有区别，那么也就是这种自尊心。如果失去了羞耻感与自尊心，人类其实也就与禽兽无所差异了。在这个意义上，人有区别于动物的意识，也同时具有要求自己自别于禽兽的权利。所以从儒学角度而言，做人的权利并非简单是由上天所赋予的，人权基于人人所共有的自尊心与羞耻心。这种羞耻心，正是孟子所说的四端之一。孟子说：

> 恻隐之心，人皆有之；羞恶之心，人皆有之；恭敬之心，人皆有之；是非之心，人皆有之。恻隐之心，仁也；羞恶之心，义也；恭敬之心，礼也；是非之心，智也。仁义礼智，非由外铄我也，我固有之也，弗思耳矣。

在另外的表述中，他也强调过，假如无恻隐、羞恶、恭敬（辞让）、是非之心，则是"非人也"。那么这种自尊心又是从何而来？很明显的是，这种自尊心不是践踏别人的那种心，因为后者我们在前面那种功利性的关于大与小的比较中已经可以看到了。

自尊心其实是一种平等心。这种平等心不是一般意义上的社会身份平等，在社会身份分化之前，人类其实已经具有这种平等心。一个不懂事的小孩子，假如有人欺负他（她），也会感到生气或愤怒，这就是平等心最初的表现。甚至连动物也会如此。这种心不是来自对社会分化的理解，或知性的分析、比较，而是来自前面所说的德性思维。这种思维乃是基于这样一个前提，即孟子所说的"万物皆备于我矣"，或者宋儒所说的"人与天地万物为一体"的一体性。这种一体性可能无法被证实,但却可以被理解。这种一体性之所以无法被证实,是因为证实是一种知性思维,而人与宇宙或天地万物的一体性已经超出了知性所理解的范围。知性的思维方式本身便是把人与对象区隔开来,使对象变成所观察的对象,在这一过程中,一体性已经被人为地破坏了。假如说知性思维给人类带来认识事物的某种好处,但这种好处的代价其实也是极其显然的,那就是破坏了人与宇宙的一体性联系。

但一体性又是显然的,即使是由知性所发展出的自然科学其实也可以反证这一问题。譬如真正具有根源意义的物理定律,其实都是在宇宙尺度之内普遍有效的。无论是牛顿万有引力定律,还是爱因斯坦相对论,甚至是量子力学,都是在宇宙尺度内被理解的定律。也许这些定律将来会被重新升级为新的表述,但在这一问题上不可以有任何退缩。

而从哲学或义理之学的角度来看,这种一体性更是极为自然的,因为个体就身处于宇宙之中,并因此就是宇宙这一概念所表述的对象的一部分。所谓宇宙,一种理解是"上下四方曰宇,往古来今曰宙"(《尸子》),宇宙也就是抽象意义的时空。因此个体(无论是人,还是万物)其实是分有了这个一体性的宇宙,在宇宙的立场上,事物原初就是一体的,也就因此而是平等的,平等是基于人我未分那个层次所具有的精神上的无差别。当个体采取前面所说的那种与一体性相分割的立场之后,才有了人我之分、彼此之别。这两种层次其实是同时存在的。

而所谓平等心,其实就源于宇宙自身的一体性。人为什么会有恻隐之心?其实也就是佛家所说的"同体大悲",这种大悲可能有时只是表现为"小悲",所谓"兔死狐悲,物伤其类",但就是在这种小悲中也可以看到尚存的恻隐之心,看到同体大悲的一种呈现。同样,羞恶之心与恭敬之心是两种相反相成的德性范畴,羞恶之心是人的自尊心,这是一种消极的争取受到平等对待的平等心;而恭敬之心则是"己所不欲,勿施于人",

以恭敬之心待人,并以此表现为一种对他人的积极的平等之心。至于是非之心,则是人我同体之中所隐含的那种人我之间的界限,假如无此界限,也就不会有万物的生成。这种界限也就是孟子所谓"理义",或者宋代理学家所说的"天理"。

问题是这种一体性在很多人那里其实已经丧失了,或者说很多人在精神上已经丧失了对人与天地万物为一体的体认。结果便导致人在精神之中本来具有的与宇宙的一体性联系,以及因为这种一体性而本然具有的某些高贵的东西逐渐丧失了。合理的欲望(在"界限"之内)也就是天理,但在天理之外个体为欲望所束缚,于是自我膨胀、践踏别人、掠夺他者、弱肉强食成为生活世界的常态。孟子对此真是有着无尽的悲悯之心,他说:

> 人之于身也,兼所爱;兼所爱,则兼所养也。无尺寸之肤不爱焉,则无尺寸之肤不养也。所以考其善不善者,岂有他哉?于己取之而已矣。体有贵贱,有小大。无以小害大,无以贱害贵。养其小者为小人,养其大者为大人。今有场师,舍其梧槚,养其樲棘,则为贱场师焉。养其一指,而失其肩背,而不知也,则为狼疾人也。饮食之人,则人贱之矣,为其养小以失大也。饮食之人,无有失也,则口腹岂适为尺寸之肤哉!

用养生来做比喻,大体就是人身的整体,小体也就是身体的一部分。用身体的整体与部分比喻人或万物与天地(宇宙)的关系,在先秦是常见的。《庄子·德充符》便借孔子之口说:"自其异者视之,肝胆楚越也;自其同者视之,万物皆一也。"孟子所谓大体、小体的区分,完全是德性视角,所言大人、小人也以大体、小体为喻,实际上已经隐含"人与天地万物为一体"之义。因此,人是选择成为大人还是小人,全靠心官,也就是意志与理性的抉择。心官的功能在思虑计度，这是上天所赋予的本能。物与物交，则以力相牵引，按照墨子的说法，"力，重之谓"（《墨子·经说上》），后世以引力解释重力，即本于墨子。当心物相接之时，耳目的功能只是观察，而非决断，所以能够被外物所牵引，只有心官之思乃可以抗拒外力之牵引，这就是先择其大者，所谓"先立乎其大"；外物既然不能遮蔽或诱导，就是"小者不能夺"。这个"先立乎其大"的心就是所谓本心，能够保持本心的就是所谓"大人"。

三

根据上面的理解，所谓小大之辨，其实便是孔孟儒学，或者说德性之儒最关键的问题意识之一。强调大，也就是强调如何在对事物的关照中，不失去与宇宙整体的一体性联系，这也就是儒道两家所说的天人合一。这一观念反映在孔子所订的六经之中。我曾经提出：

> 《易》卦屡言"小往大来""大往小来"，以阴阳分喻小大，而以扶阳为本务；《尚书》以元首统百工，而君臣交儆，责难于君，君臣亦为小大所摄；《诗》分风、雅，统合于颂，固寓小、大之别，而风、雅复分正、变，亦小、大也；"礼仪三百，威仪三千"，有经有曲，则小大之义正可由《礼》觇之。至孔子作《春秋》，以匹夫行天子之事，而进退诸侯，固持其大者也，是董仲舒所谓"以元统天"。（邓秉元：《德性与工夫：孔门工夫论发微》）

《周易》以阴阳分小大，泰卦卦辞所谓"小往大来"，否卦卦辞所谓"大往小来"，往来分别对应外卦和内卦，小大就是指阴阳。泰卦阳内阴外，所以是小往大来，反之则就是否卦的大往小来。按照《周易》的观点，"孤阴不生，独阳不长"，以生命的发展为例，阳代表生命的种子或主导性力量,阴则代表辅助性因素。譬如,对于一株禾苗而言,阳就是种子,阴则是土壤、肥料、水分与光合作用。所谓扶阳抑阴,不是要否定阴,而是不让阴成为主导性力量。

从这个角度理解的大,不是要否定小,而是不执定在小的境界上。如前引《论语》中所载"虽小道犹有可观者焉,致远恐泥"。孔子曾经嘉许子贡:"汝器也。""何器也?""瑚琏也。"瑚琏其实就是瑚簋,是可以在祭祀时盛物而献之于神明的大器。但孔子也曾告诉弟子"君子不器",并不是说成器不好,而是说成器还不够,应该另有上出的境界。所谓"君子不器",其实也就是老子所说的"大器晚(免)成"的境界。天道不成,《易》终未济,这才是圣人的理想境界。

大与小的这种关系,其实也就是《大学》所说的本末先后关系:"物有本末,事有终始,知所先后,则近道矣。"生命的本源最大,无本之木、无源之水是不可能具有真正的生命的。从这个意义上说,强调"先立乎其大",也就是回到生命宇宙的本源处。这一观点说起来似乎也容易接受或理解,但一遇到具体的问题,许多人便不知所措了。

举例而言,这一"先立乎其大"的观念,《尚书》还有一个比喻,也就是所谓"如网在纲,有条而不紊"。我们日常所说的"纲举则目张",其实也就是这个意思。这一观点后来引导出著名的"三纲说":"父为子纲,君为臣纲,夫为妻纲。"自从东汉《白虎通》一书明确界定"三纲六纪"之说以来,直到晚清的中体西用派,都把这一观点看成中国文化精神的核心部分。但近代以来则可以说是臭名昭著,许多人都把这一观点视作传统"糟粕",务必除之而后快。也正是因此,不仅在"五四"以后的反礼教运动中,"三纲"被视作礼教的核心;在后来教科书的社会历史叙述中,君权、父权与夫权的统治地位仍然被看成"封建主义"的遗毒。这些观点同样影响着二十世纪下半叶包括众多学者在内的普通国人的理解。其中有些试图为传统儒学开解的学者,在为"三纲"溯源时找到了更早的表述，譬如《韩非子》一书，便如获至宝，以为从此就可以把"三纲"归入法家，与儒学脱离干系了。

二十世纪是一个经学衰微甚至几乎中绝的世纪，做这些讨论的学者似乎很少有人愿意从根源上讨论一下"三纲说"的原始意义。这种讨论其实也是一种"先立乎其大"。近代人似乎已经忘记了平等的本来意义，当晚清又从西洋学说中听到平等一词的时候便如获至宝，于是追求一种近乎绝对的平等便成了潮流：政治上的君臣关系被匆匆否定，成了无政府主义；家庭里的父子关系被理解成压迫关系；夫妻关系则逐渐被男女平权所替代，娜拉出走成了时髦。譬如，晚清女权运动的先驱金天翮（金壹）的《女界钟》一书，其观点之激进在许多方面远超于当代女权主义者。

当然，激进主义者所提出的问题在晚清政治及社会中并非捕风捉影。元明清以降，无论是君主个人的独裁权力、世俗礼教的偏执，还是女性在家庭中地位的压抑都是事实。我们首先必须肯定，这些激烈否定传统以及对平等的要求都有其现实的合理性。但是，根据清代的政治社会现实而否定一切传统礼教，也使得二十世纪的中国社会付出了惨痛的代价。由于毁掉了文化赖以生成的良性土壤，平等只是成为一个抽象的名词，更大的不平等反而在许多领域重新确立起来。

四

问题是，晚清以来对于"三纲"的诠释，是否合乎原义呢？在一般的意义上，我们可以理解纲举目张的意义，那么什么才应该成为纲领？譬如父为子纲，从核心家庭存在的现实而言（汉代其实已经是五口之家为主的家庭结构），父母与未成年子女之间的纲目关系，不仅在伦理上是正常的，在实践中也是合理的选择。今天的法律也依然尊重监护权。父母本来便是作为子女的本源而存在的。所谓"父子有亲""父慈子孝""父子不责善"，本来便是儒学对父子关系的双重约束。但中国传统社会到了后期确实遇到了根本问题,在父子关系中更多强化了父母对子女的支配性,所谓孝被片面强化了"顺从"的含义,但却完全没有意识到这与古典儒学是相背离的。至少在汉代所尊奉的《孝经》中,"家之诤子""国之诤臣"都还是经典所鼓励的角色。更重要的是,我发现作为父母角色的"家有严君",在《周易》中本来是一个受尊敬但鼓励子女任事的角色,而不是后人所理解的与慈祥相对的那种严厉。譬如,后世母亲被称作"家慈",父亲被称作"家严",严本来是敬的意思,现在却与慈相反,被绝对化了。而经典本来一直说的是"父慈子孝",现在慈反而成了母亲的专利。这表明,对古典的错误理解不仅已经有了漫长的历史,甚至也已形成了自身的传统。

君臣关系也是一样。在孔孟那里,君臣关系首先是上下级关系,所以入仕则为臣,不入仕则不为臣。在春秋时代,凡有封地或封爵的,都可以称作君。所谓入仕,也就是出来做事。这和现代社会到企事业单位做事的道理是一样的。具体的君臣关系,最初不过是韦伯所谓"科层制"管理机制中的上下级关系。君本来也是一个中性词,从尹从口,发号施令。同样,在一个科层制体制中,下级服从上级也是必然的。但即便如此,古代也还有"从道不从君"之说。"君为臣纲"的本意恰恰是责难于君,要求在源头上立天下之大本。而在近代人所理解的"三纲"理论中,"君为臣纲"被理解为君主对臣民的绝对控制,这种君臣关系固然应该遭到否定,但显然已经不是"三纲"所本应有的意义。

"夫为妻纲"的问题,是与人类社会本身的困境相关的。在传说中的上古母系社会及近代男女平权运动之间,绝大部分社会都经历过一个男性对女性的优势时代。但问题在于,男女本身是一种生物属性,而夫妻则是一种社会关系。家庭作为人类的一种核心关系,其运作本身依然有着分工的因素,因此仍是一种社会存在,很难变成两个个体完全的平等合作关系。这种分工关系决定了双方的相互配合,有主有从,在这个过程中,大小、先后的关系出现了。在男女分工而又主要是依靠体力的时代,男性的优势常常是显然的;但当这种分工有着各种智力或其他因素进入的时候,男女的优势完全可能易位,但绝对的平等是不可能的,仍然会有着各种主从、主辅关系充斥其间。现代许多人的错误在于,简单地把主从、主辅理解为主奴关系,是一种压迫关系,而不知道在实际的社会生活中,这是主客、主宾、主辅等虽然人格平等但大小有别的关系。所以我曾经发过一个"谬论",提出夫妻不当以男女分,而应以主从分。现实之中,巾帼不让须眉者所在多有,男子之中无阳刚之气者亦比比皆是,因此"男为女纲"可破,但"夫为妻纲"难破,就是因为家庭之中这种主从关系的存在。主从关系就是小和大的关系。

因此,所谓"先立乎其大",便是要求为主者先要负起自身的责任。这就是孔子所说的"君君,臣臣,父父,子子",君先要像君,臣方才可以像臣;父先要像父,子才可以像子。古人对君主、长上不是姑息迁就的,相反是要责难于君,求全责备的。所谓君义则臣忠,父慈则子孝,兄友则弟恭,道理也都一样。具体对于君臣关系而言,所谓君,只有在具有君德即施行仁政之时,才可以称为君;否则自外于人民,便是独夫民贼,可以"诛一夫纣"。假如君权绝对不可撼动,那么汤武革命就是一番虚话。被片面解读甚至被刻意曲解的"三纲"理论,尽管在后世被某些权力者所鼓吹,但与古典儒学其实是相背离的。今天许多人张口儒学,闭口儒学,但观其内容,却常常与朱元璋、朱棣、雍正、乾隆一鼻孔出气,这是把历代专制者强加给儒家的观念当成儒学了。汉人尚且知道"天下之言六艺者,折中于夫子"(司马迁语),"祖述尧舜,宪章文武,宗师仲尼"(《汉书·艺文志》),谈儒学而不以孔子为宗,那又何必自称为儒学呢?

五

"先立乎其大"假如说具有现实意义,那就是利用大小、本末之间的关系来考察社会生活中的种种现象是否合乎这一原则。

譬如,在政治上,最首要的"大本"就是韦伯所说的正当性问题。正当性本来在西方的表述是合法性(legitimacy),但这种合法的含义是自然法,而不是现实的法律。假如法律就是合法性,那么君主完全可以制定一个让所有人都不许反对的法律,秦始皇以下许多朝代就是这样做的。但事实并非如此,孔子就说过,"要盟也,神不听"。自然法在中国文化中的对应物是天理,所以合法性,其实可以译作合理性。但西洋的rationality已经被译作合理性,所以只好译作正当性,这样不易产生歧义。正当性用传统的表述其实就是正统性。但因为正统性常常与家天下的世袭制纠缠不清,所以还是正当性比较合适。由不该承担君权的集团或个人承担政治权力就是缺少正当性,用中国传统的语言,那就是乾纲不振。在经学中,乾被理解为乾元,"首出庶物",所以是大。问题是如何判断这一正当性呢?孟子的说法是"民为贵,社稷次之,君为轻"。借用《尚书》的说法,就是"天视自我民视,天听自我民听"。至于民众如何行使这一选择权,非一言可尽。但孟子也曾给过一个判断,那些违背民众这一政治大本的结果,便是"得道者多助,失道者寡助"。周厉王时代"道路以目",所以最终还是被赶下台了。

假如政权尚能维系,那么是否遵守共同制定的法度便成为根本?

> 子路曰:"卫君待子而为政,子将奚先?"子曰:"必也正名乎!"子路曰:"有是哉,子之迂也!奚其正?"子曰:"野哉由也!君子与其所不知,盖阙如也。名不正则言不顺,言不顺则事不成,事不成则礼乐不兴,礼乐不兴则刑罚不中,刑法不中则民无所措手足。"(《论语·子路》)

制定共同认可的法度,也就是孔子所说的"正名"。正名并不是权力者的自我宣示,而是要使言顺、事成。在这里不许存在对语言的扭曲,而是在共同理解的语言约定之下建立公意,并成为法度。假如法律模糊并扭曲其义,那就不叫"名";假如制定了法律而不去遵守,那就不是"正"。所以,孔子对季康子说:"政者,正也。子帅以正,孰敢不正?"所谓"正名",便是"先立乎其大"。

对于个体而言,最重要的大本就是修身。《大学》所谓"自天子以至庶人,壹是皆以修身为本"。问题是什么是修身?这当然也是一言难尽的问题,是每个人都能发表意见的问题,也是最难说清楚的问题。从目前的现实状况来看,显然是不容乐观的。说废话也还罢了,许多人说假话;说闲话也还罢了,许多人污蔑他人。责人以严,律己以宽,趋炎附势,为虎作伥,既不尊重别人,亦缺少自己的人格。总希望出来一个人物供自己膜拜,但却并不尊重那些真正的英雄或圣贤。这些问题当然在每个社会都存在,但却也各不相同。

修身当然不是不出差错,否则阉然媚世,看似老实厚道而又毫无纰漏的乡愿就是圣贤了。所以,孔子说:"乡愿,德之贼也。"对于孟子来说,修身首先是要知道"人禽之别",即从作为灵长类动物而存在的那个群体之中超拔出来,同时也从小人之中超拔出来,因为后者"与禽兽相去几希"。在这里,小人并不是骂人的话,尽管在后世许多人以君子自居,而把小人看作为诟骂之语。小人就是常人、普通人。应该指出,经学的最大弊端就是常常流于虚伪,即便在传统时代也是一样,一事勉强合乎君子所为,便以圣贤自居。还有人喜欢以经典里的各种高尚境界作为门面相互恭维,于是当面则人人君子、个个圣贤,转头则鄙夷不屑之语紧随其后。我们首先应该承认自己的小,承认自己是一个小人、常人,这样才可以直面自己的种种不足、种种局限、种种缺失。一个对自己都不诚实的人,也不可能真正有所"立"。

修身是为了自我树立,圣贤的志向也不过是"立己立人"。立己首先是人格和精神上的独立，这尤其表现在个体如何对待权力或权威方面，因此更多地表现于孟子所说的出处、辞受、取与之义。孔子所谓"小人之德草，草上之风，必偃"，这种随风倒的形象便是孟子所谓"无恒产因无恒心"的小人。一个社会永远都会有立不起来的人，但有志者应该努力振拔于流俗，其中能够不作践别人，甚至做到"己欲立而立人"的，则是君子。自己无所立便欲教化别人，或强人就己的，必结恶果。真正的立人，不是让人人都和自己一个模样，而是使人人都像自己一样，能够有所立。至于立的方法，经典所言义蕴无穷。对于已经愿意自我成就的人来说，孔子告之以"兴于诗，立于礼，成于乐"；对于精神上无法自立的人而言，孟子还提出了"养气""养勇"等自我磨砺之法。"好学近乎知，力行近乎仁，知耻近乎勇"，学者可以深长思之。

从这个意义上说，所谓"先立乎其大"，可以表现在生活中的各个方面，绝不能简单执定，否则就未免乎刻舟求剑了。研究学问也好，躬行践履也好，都需要艰苦的磨炼，学者最应该着力避免的，是把经典中的观念当作口头禅，张口"立乎大"，闭口"致良知"，毫无诚意，却以为大道在此。误人误己，莫此为甚。

以上一点浅见，粗率直露，不揣愚拙，谨与诸君共勉，并敬候批评指正！

本文为2018年4月14日在孟府习儒馆所作演讲

真知笃行

冯焕珍(中山大学哲学系)

引　言

各位同学,各位来宾:

大家晚上好!知行学社举办这样一个活动,我认为是特别有意义的!当初知行学社成立的时候,我就讲知行学社的学习应该是学历教育的良好补充,而不是学历教育的继续或者扩展。这两者有什么不一样呢?学历教育主要是一种知识教育,知识教育当然有意义,但是它不能解决人生的所有问题。我希望知行学社的成立能够在中山大学播下一颗火种,开启学习人类经典的另外一条通道——智慧的通道。这条通道跟学习知识的通道不一样,要达到的目的也不一样。知识的通道是理性认知的通道,通过它获得的知识可以相对改善我们的处境;智慧的通道是智慧观照的通道,通过它获得的智慧可以永远安顿我们的精神生命。那么,安顿精神生命的智慧和相对改善处境的知识是不是截然对立的呢?不是,它们是体与用圆融的关系。不过,这种关系只有通过知行合一的学习之路才能达到,如果不走这条道,我们不但看不见两者之间的圆融关系,甚至可能连安顿精神生命之道是否存在都不得而知。

譬如,我们一直在讨论:到底要不要诵读《弟子规》?特别是在民间,有的说要,《弟子规》是做人的基础,所以到处诵读《弟子规》;有的说不要,《弟子规》宣扬愚忠愚孝,是大毒草,应该扫进历史垃圾堆。之所以造成这种现状,我个人的看法是,两种观点都未免偏执,都没有打开心胸看对方到底在做什么。如果消除了这种偏执,我认为他们至少可以各安其位、各得其所。传统两三千年,你说中国人都是愚忠愚孝吗?不见得吧?现代人这么聪明,为什么没见几个比孔子更有修养?比老子更通达?比释迦牟尼更有智慧?从这个常识我们就可以反思,现代很多人的心态是比较褊狭的,在这种褊狭心态中讨论问题实在没有多大意义。

我们今天不介入这样的讨论,直接进入主题,但有必要交代,以下主要是从"一个处于二元对立思维模式中的人如何走进经典"的角度进行的讲解,所谓种种学问的性质是会随其思维方式的改变发生变化的。

一、建立信心

如果我们要用知行合一的方式诵读经典,不建立信心是不能起步的;只有建立了信心,才能够对我们相信的对象产生追求的愿望、发起追求的行动,所以首先必须建立信心。大致说来,这信心分为几个方面:第一是相信因果原理;第二是相信人生有痛苦需要解决;第三是相信人间有理性之学与智慧之学两类学问;第四是相信儒道佛三家是能够安顿精神生命的智慧之学。

第一是相信因果原理。相信因果原理说起来很简单,我们都相信因果呀,我们都相信不吃饭肚子不饱、吃石头会撑死人呀。但实际上,因果关系是非常深广的,仅仅在皮面上相信因果很难称得上相信因果,要真相信因果,必须彻底相信传统智慧经典中所开显的因果。这方面,儒家、道家和佛家都有许多相关的内容。请看佛家关于因果的经典偈颂:"假使经百劫,所作业不亡,因缘会遇时,果报还自受。"这个偈颂的第一层意思是有因必有果。只要造作了因,只要这个因没有体现为果,它会永远作为因保存下来,待到因缘具足时,就会表现出果来。一个因表现为果以后,它又作为下一个果的因发挥作用,由此构成因果相续的过程。没有无因之果,也没有无果之因,因因果果,果果因因,循环不息。第二层意思是因果平等,自作自受。佛教一方面讲诸法无我,另一方面讲自作自受,这不是自相矛盾吗?哪里有一个我在受报应呢?所以有人认为这种说法有问题。其实这是理解者的问题,而不是这个偈颂本身有问题。这里的"自"并不是指某人的身心原封不动转到下一世,乃至无量未来世,等着接受他现在所造业的果报,而是说在因果相续的过程中谁也逃不了因果报应,因为佛家相信所有事物都是在环环相扣的因果网络中存在的。例如我打了一个喷嚏,这个世界的状况已经不是我没打喷嚏之前的那个状况了,我的喷嚏不仅仅污染了我周围的空间,实际上把整个世界都污染了,只不过像水波一样,越往外影响越小而已。所以这里的"自"不能简单地理解为张三、李四、王五等某一个体,它根本是指我们整个人类,甚至是所谓六道众生,是整个众生造业整个众生受报。或许有人想:"既然这样,我不如多造点业,趁机从中多捞点名利,不好的结果大家来摊。"但佛教说因果是平等的,你造多少业就要相应地受多少果报。这果报虽然并没有某个永恒不变的灵魂来承受,但对于没有认识到这一事实的人来说,他认为真有一个不变的灵魂在承受果报,这恰恰是很多人难以承担的。或许还有人会想:没有看见"无我"这个事实的人难以承担果报,看见这个事实的人知道并不存在承担果报的灵魂,那岂不是可以随心造业了?这是外行话。佛家告诉我们,众生正是为了超越业报的束缚才去学道,他悟了道之后怎么还会造业呢?他只会做引导有缘众生从业报束缚中解脱出来的工作。

这样的因果原理,在《易传》里也有讲到,其中的阴阳消长之道就是因果之道,《坤·文言》说"积善之家,必有余庆;积不善之家,必有余殃",则直接将此道运用于人类生活。虽然《易传》的说法比较粗糙,但其性质与佛教的说法是一样的,都是从因果切入、从行善入手安顿精神生命。如果不相信"善有善报,恶有恶报,不是不报,时候未到"的因果原理,以为行善不得善报,行恶不得恶报,就会直接导致社会道德秩序的混乱。现代社会,无论东方还是西方,主要靠一道法律防线防止人们作恶,而不能从道德乃至信仰层面促使人们向善,根本原因就是越来越多的人不相信这样的因果原理了。不相信因果原理,人类就只能依赖制度从外面进行管控,就不能主动发起离恶向善、解脱因果束缚的决心,因此相信因果是学习智慧经典的首要前提。

第二是相信人生有痛苦需要解决。这一点也不容易做到。为什么呢?很多人说我很快乐,哪有痛苦啊。特别是年轻人,不愁吃不愁穿,想玩就玩,想睡就睡,太乐了,有什么苦呀?你不是乱讲吧?其实这都是浮在生命表面得到的肤浅之见。

大凡智慧的经典,都对人生痛苦有过透彻的洞察,否则就很难说是智慧的经典。这方面,佛教的经典反省得比较全面,它把人类的痛苦归纳为两大类:一类是肉体的痛苦,即生、老、病、死的痛苦。有些人说,老、病、死诚然比较悲催,但"上天之大德曰生",我们应该是欢迎生才对,怎么能说生也是苦呢?佛教的生、老、病、死的痛苦不是说这个身体有生、老、病、死的现象,而是说愚痴烦恼众生不能接受生、老、病、死这个事实。佛教说,一个人如果在此世没能通过修行断除烦恼,他一定会在贪欲的驱动下再寻求投生的地方,即他下一世的生命形态和生活世界。有人说,我贪着的生命与世界正是我理想的生命与世界,怎么会痛苦呢?佛教认为,没有断除烦恼的凡夫,在贪心驱使下,看到的不是真实相而是妄想相,等他明白真相后已经晚了。譬如,极热地狱烈火熊熊,人难道不知道?他那么笨?还要去那里投生?对此佛教怎么解释呢?佛教认为,这种人因为造了下极热地狱的业,临终时受到业力的推动,他看到的不是一堆燃烧的猛火,而是一团温暖的阳光,满以为自己奔向了光明!去了一看,才发现事与愿违!这就像有的女孩子被玩弄女性的男人骗了一样。一开始她以为遇到了一个长相帅、道德好、修养高的君子,梦寐以求地要跟他在一起,待到真正与他生活一段时间后,才发现他原来是一个接触性诈骗的高手!不幸的是,此时她的财色都被骗光了。又譬如,前几天广州出现严重雾霾,眼睛发花的人会说:"哇!我们生活在仙境里面!"有些人还发照片说:"你看广州多漂亮!"这也是被自己的眼睛所骗了。佛教说,下至投生到地狱道、上至投生到天道的众生,都还得继续遭受蕴身不断转生的痛苦。老、病、死苦大家都比较熟悉,我就不讲了。

为什么生、老、病、死会成为痛苦?本质上是由于精神的痛苦,如果精神不痛苦,生、老、病、死并不是问题。精神的痛苦有哪几类呢?佛教将它分成三个层面,第一个层面是情感的痛苦。情感的痛苦又分成三大类,首先是爱别离苦,恩爱的人终将别离的痛苦。有的人会问:男女恩爱,如胶似漆,幸福美满,何苦之有?的确,如果男女看透了恩爱必将别离,在一起的时候也不贪着对方,本无痛苦可言。问题在于,一般人看不到这个真相,更不能直面这个真相,往往深陷贪爱之中,"汝爱我心,我爱汝色",这就难免在对方离开后痛苦不堪了。我们不看"已吞声"的"死别",但看"常恻恻"的"生离"吧。《红楼梦》里,林黛玉与贾宝玉天天在一起,但因为种种障碍,有情人始终不能成为眷属,天天都度日如年!这种"商参各一垠"的痛苦,在她的《葬花词》里表现得哀怨凄婉,很多人听了都会流泪。爱别离苦是贪心带来的痛苦的极端表现。

其次是怨憎会苦,有仇怨的人相会的痛苦。我们常常说"不是冤家不聚头",但真正的冤家亲面相对是非常痛苦的事情。这个方面,今天都市比较常见的是所谓离婚不离家的夫妻。你想想,一对形同陌路甚至相互仇恨的男女,还要天天在一套房子里面过,这种日子多难受啊!怨憎会的极点就是"不共戴天"即与杀父杀母的仇人相见,这样的人见面往往分外眼红。佛教认为,怨憎会苦是嗔恨心带来的痛苦的极端表现。

再次是求不得苦,即千般万般追求都得不到的痛苦。这里的求不得苦有广狭二义,广义通于思想与感情两个层面,狭义专指单向贪欲得不到满足带来的痛苦。求不得苦的典型例子是单相思,一方苦苦追求另一方,但总是得不到对方的同意,甚至遭到对方的奚落或痛恨。这种痛苦小则弄到精神萎靡或失常,大则可使人丧身失命!

第二个层面是思想的痛苦,即不能正确认识事物带来的痛苦。这里讲的思想,特指在二元对立模式里认识世界的理性及其结果。人的理性有一种想完全弄明白世界奥秘的冲动,但世界却永远对理性保持奥秘,由此形成一种强烈的紧张关系,康德把这种紧张关系的几个极端表现称为二律背反。譬如,时间到底有始终还是无始终?世界到底有限还是无限?人到底有没有自由意志?古今很多人钻进去进行苦苦思考,说时间有始终、世界有限、人有自由意志的人讲了一大堆道理,说时间无始终、世界无限、人没有自由意志的人也讲了一大堆道理,但是始终得不到确定性的结论。有些哲学家因此疯狂,有些哲学家甚至因此而死,非常痛苦。

这类问题为什么得不到决定性的回答?我们这里可以透露一点消息,因为这种二元对立的理性思维方式已经把世界推到对象一边,当认识主体认知这个外在于主体的世界时,世界永远是被他的认知目的支配的世界。由于他用带有强烈工具性的目的去认知对象,所以只能够认知对象的一个侧面、一个平面或一个片段,永远不能全知这个世界。古人曾对此提出严重警告,例如庄子说:"吾生也有涯,而知也无涯,以有涯随无涯,殆矣!""殆矣"就是危险,如果知道危险还去追逐,那就没救了。为什么没救了呢?释迦牟尼通过一个很形象生动的故事,对此作出了精彩开示。佛经里有一部《箭喻经》,经中说有一个猎人上山去打猎,不小心被另一个猎人射伤了。他的同伴找到他,着急地说:"哎呀,赶紧回去疗伤吧!"被射伤的人却说:"不,等一下!"同伴很纳闷:"为什么要等一下?

难道你受伤了不赶紧救吗?"他说:"我要先弄清楚:这支箭是从哪个方向射过来的?这支箭是哪个种族的人射的,是婆罗门、刹帝利、吠舍,还是首陀罗?这支箭是淬了毒还是没淬毒?这支箭全部是金属的,还是只有箭头是金属的?"等等,问了一大堆问题,问题还没问完,人已经死掉了,没得救了。佛陀讲的这个故事真精彩,确实是对治深陷二元对立思维模式弊病的一剂良药。这是求不得苦在思想层面的表现,根本是痴心带来的痛苦。

第三个层面是痴心带来的痛苦,最深层的是意志的痛苦。意志是西方哲学的一个概念,指推动人前进的一种动力。基督教认为人是上帝创造的作品,只有上帝才有自由意志,人没有自由意志,只能遵奉上帝的意志行动。中国古典思想跟这种讲法有一定的差异,《易经》称意志为阴阳二气,认为万物都是由阴阳二气交通推动的;佛家称意志为业力,同样认为它是推动万物生存变化的根本动力。在这样的思想里,人当然有自由意志,如果人没有自由意志,他的生命就已衰竭了。佛教认为,如果人的自由意志得不到调顺,就会没有方向、没有轻重、杂乱无章地爆发出来,很难有确定性的努力方向,使一个人备受困扰。为什么很多人没有成就呢?按照佛教的看法,根本是由于自由意志这匹野马没有得到调顺。这匹马今天飞到美国,明天飞到欧洲,后天飞到月球,甚至前一念还在欧洲,下一念已经去月球了。自由意志得不到调顺的原因是什么呢?根本原因就是愚痴,就是没有智慧。人因为没有智慧,其自由意志才不能够得到安顿,而所谓安顿精神生命根本上就是安顿意志。只有安顿了自由意志,人的精神与肉体苦痛才能得到降服,而安顿精神生命只能通过智慧体知之道,不能通过二元对立的理性思维之路。

第三,相信人类有两类学问。第一类学问是所谓相对改善人类处境的理性之学。为什么说理性之学只能相对改善人类处境呢?因为它是在二元对立的世界观基础上,通过能认知主体对所认知客体进行认识、把握从而产生的知识。这种知识,如同我们刚才所说,是工具性的知识,它只能解决一个个工具性的问题。譬如,我家房子今天很脏,我一方面不能忍受这种状态,另一方面既不想扫地,又不想请家政,那就要去买一台扫地机来解决这个问题。但如果我的衣服脏了,该怎么办呢?当然不能用扫地机去洗,因为扫地机不是洗衣服的工具,我只有去买一台洗衣机才能解决这个问题,是不是?这类知识由于是依工具性的目标认识对象得到的结果,它只能解决我们需要解决的某个问题。我们的技术科学也好,法律科学也好,经济科学也好,都是这样的知识。伦理学或政治学呢?如果是在二元对立基础上形成的伦理或政治思想系统,都有各自遵循的正义或道德原则。按照不二的智慧学说,你有一条坚守的正义或道德原则,就有你反对的相应原则与你对立。当你的正义或道德原则遇到相反的原则时,你的心还安吗?没法安了。譬如,美国现在走到哪里都宣称:"我是履行普遍正义,普遍正义就是美国所说的平等、自由、民主。"当美国不看因缘或场合,同时向各方推展这种"普遍正义"时,就会带来灾难,因为有些地方不适合或没有能力接受,甚至根本不能理解你的正义原则,你仍然强行推动,只能适得其反。譬如,就算我们相信美国人真想向利比亚、伊拉克这些地方推行自由、平等、民主的价值,但这样的行动带来的是什么结果呢?是国家的长期混乱和老百姓的流离失所!所以,如果是在二元对立基础上形成的知识,无论是科学技术、社会科学、政治学或伦理学,它的适用范围都很有限,它都必然有一个或明或暗、或小或大的敌手,这没有办法。既然如此,这种理性之学只能相对改善人类处境,而无法安顿精神生命。

另一类学问就是安顿人类精神生命的智慧之学。智慧之学跟理性之学的根本区别在哪里?智慧之学是在非二元对立世界观基础上,以不二的智慧观照方式产生的学问;理性之学是在二元对立世界观基础上,以二元对立的理性思维方式产生的学问。由于智慧之学的基础是非二元对立的世界观,它的认知方式是智慧的观照方式,所以它们有一个基本的共识:人类生活的大千世界是一个缘起缘灭、环环相扣的因果世界,在这样一个世界里面,每个存在者的价值是完全平等的,没有任何众生比另一个众生高半分或低半分;而它们具有这种共识,其前提都是"无我",即它们一致认为不存在任何现代哲学、心理学或科学安立的实体,无论是物质实体还是精神实体。这种学问,在古典世界里,不只中国有,西方也有,只不过在中国表现得更强大深厚而已,中国的儒、道、佛三家都属于通过这种方式建立的学问。

于是,我们有了第四个要相信的内容,即相信儒、道、佛三家都是智慧之学。这里,我们分别从每一家的核心思想来对此略加证明。儒家创始人孔子在《论语》里说:"子绝四:毋意、毋必、毋固、毋我。""毋意"指不以自己的意识去揣测任何人、事、物,"毋必"指不偏执人、事、物一定如何,"毋固"指不固执己见,最关键的"毋我"即指不执着任何精神实体。孔子之所以是圣人,根本理由在这里,因为只有无我,他才能创立内圣外王的儒学。再看看道家。庄子《齐物论》开篇说,有一天,颜成子游在侍候师父南郭子綦时,发现他的状态跟以前很不一样:师父以前神采奕奕、英姿勃发,现在看上去却形如槁木、心如死灰。他就问:"师父,这是怎么回事?"他师父说:"今者吾丧我",意思是"我现在没有我执了"。这告诉我们,没有"我执"的人没有从混乱意志爆发出的"我执"冲动,看上去确实与从前判若两人,这是学智慧之学的人检验自己是否有"我执"的重要标准,如果我们看见某种环境或者听到某种声音时还有惊诧的感觉,那肯定没有做到"丧我"。南郭子綦实际上是齐生死、齐万物的庄子的化身。佛家呢?佛家就更不用说了,佛陀讲的三法印是"诸行无常、诸法无我、涅槃寂静",其中最关键的就是"诸法无我";我们最熟悉的《金刚经》说"无我相、无人相、无众生相、无寿者相",其中至关重要的也是"无我相",只有无我相才能"无人相""无众生相""无寿者相"。因此,在我看来，以佛陀为代表的佛家、以孔子为代表的儒家、以庄子为代表的道家，都是破除"我执"、超越二元对立世界而进入不二世界的智慧之学，都是安顿精神生命的学问。如果我们不能建立起这个信心，要想通过研读三家的智慧经典获得精神上的利益是不可能的，因为我们的一切知识和智慧都以信心为根基。

二、如何诵读

下面我们讲一讲如何诵读古典经典。诵读经典自然先要有一种诵读经典的态度，这就是我所谓四种心：恭敬心、惭愧心、精进心、长远心。第一是恭敬心。比如我们读《论语》《庄子》或《金刚经》时，就要像孔子、庄子、释迦牟尼坐在我们面前给我们讲课一样，他就是我们的老师，而且是我们求了很久才求到的老师，这样就可以生起恭敬心了。这个恭敬心还有一个效用，每每在我们读不懂经典的时候，我们不会动辄责怪圣贤。例如读到《论语》的"唯女子与小人为难养也"一语，有人不考虑上下文语境，轻率地指责孔子是大男子主义思想者！这不光是没有恭敬心，反而是一种严重的轻慢心。如果我们生起这样的心，就会对他们产生一种厌弃感，很难进入他们留下来的经典。孔子的《论语》，我认为每一句话都是不可更改的，如果读不懂，一定是读者智慧不够。只要我们用这种态度反省自己，就不会生起轻慢心，而会生起恭敬心。如果继续读下去还是读不懂，那就应该生起惭愧心："哎呀，圣贤讲得这么好，我竟然读都读不懂！"话说回来，面对惭愧心我们不能自卑，而应该生起誓愿读懂的精进心：正因为我读不懂，我要更加努力去读，一遍读不懂就读十遍，十遍读不懂就读一百遍！所谓"人一能之己十之，人十能之己百之"，这是很正常的事情。朱熹曾介绍他读《论语》的经验，说他读了数十遍还是不懂它在讲什么。他再读下去，到终于读懂时，说他"前后判若两人"！从此他便与《论语》融为一体，《论语》就是朱熹，朱熹就是《论语》。朱熹都读那么多遍才读懂，我们读《论语》的次数比他多吗？难道我们比朱熹还聪明吗？显然不是嘛。因此我们没有理由不勇猛精进。最后，我们还要生起长远心。真正的精进是要持之以恒地精进，不能够只有三分钟热度，如果真的要以古人为友，真的要让古圣先贤走进我们心中，成为我们精神生命的导师，就要把诵读经典当作人生第一要务。

接下来讲一下诵读经典的两种进路。诵读经典是有两种进路的，为什么呢？因为我们学习经典无非是想获得智慧，而不仅仅是为了理解经典，写几篇文章发表，仅仅以此为目标就太低了。如果通过诵读经典追求智慧，能够自利利他，这才是比较好的追求。在实践中，如果想让我们盲动的意志力得到调顺、安顿，最根本的方法就是禅定。尽管修禅定的方法有很多种，但只有智慧统摄下的禅定才能够达到这个目的。比如，石头虽然岿然不动，但我们不会说石头有禅定；轰炸美国世贸大厦的拉登手下虽然很有定力，但这是邪智慧统摄下的定，叫作邪定；只有正确智慧统摄的定，才是能够安顿精神生命的正定。

诵读经典的第一种进路，是以静心的方式来诵读，即以修禅定的方式来诵读。用这种方式诵读经典，从头到尾都要庄严。我们诵读某部经典，譬如《庄子》《论语》或《金刚经》时，都要以恭敬心将经典请到要诵读的地方，恭恭敬敬地摆在书案上；有的人怕弄脏经典，还要在经典下垫一张手绢。放好经典后，就以念念相续、不疾不徐的方式从头诵到尾。急是急躁，徐是懈怠，都不行；念念相续，指读经时尽量不起杂念。当然，一开始要做到这一点很难，往往才开始诵第一品就想什么时候诵完，或诵着诵着就开始琢磨经典的意思，这都是杂念。面对这些杂念，也没有其他好办法，只有在发现后赶紧把心收回来放到经典上，久而久之才能一心不乱，甚至能达到经典文字随着诵读声一个个跳出来的境界，诵读到这个境界是可以开启智慧的。但这种诵读方式有一个基本的要求，即诵读者要坚信诵读的是智慧的经典，并且不要尝试去理解经典的意思。如果你诵读时经常去理解经典的意思,比如诵读到《论语》的"学而时习之"一语,你就忍不住问"学是什么意思?""怎么学?""学什么?"等等,对于第一种诵读方式来说,这是应当力求避免的杂念。另外,依这种方式诵读经典,每天要有定课,每次诵读完后,都应恭恭敬敬地将经典放回原处,最好是放到专门安置经典的洁净所在。

第二是以理解的方式来诵读。很多人不适合用第一种方式诵读经典,他怎么也控制不住要去理解经典。比如,很多人喜欢读禅宗公案,我们就举个公案说说。有人问赵州:"什么是祖师西来意?"赵州回答:"庭前柏树子。"有人一看到这里就开始琢磨:"赵州为什么唯独讲庭前柏树是祖师西来意呢?难道亭前那块石头或亭子里那根柱子不是祖师西来意吗?"这种方法不能读公案,因为用二元对立的方式去理解公案,思路本身就不对,怎么理解都无法得到赵州"庭前柏树子"的真意。对这类没法避免杂念的人,应该用第二种方式诵读经典。

用理解方式诵读经典有些什么方法呢?首先,从古典概论或者注疏得到助益。譬如,如果我们读《论语》,总是读不懂其中的意思,最好的办法是通过《论语》的有关古典注疏去认识和了解。我为什么特别强调阅读古典而非现代注疏呢?因为古典注疏是接着古代人讲的,现代注疏却很少接着古人讲。换句话说,古典注疏是接着古人传递智慧的注疏,现代注疏则多是在二元对立思维方式下研究出来的知识,这当然不是一回事。所以,但凡有能力的人,都应该通过阅读古典的《论语》注疏来帮助了解《论语》的基本意思。不过,像《论语》这样的经典,古典注疏很多,初学者既没有定力,也没有抉择力,所以最好从与自己相应的一家入手,弄通这家之后再读下一家,如果今天看何晏的,明天看刑昺的,后天看朱熹的,大后天看刘宝楠的,将会陷入注疏海洋而无法自拔。

其次,注意经典中同名异义和异名同义的问题。同名异义指同一个名词有不同的含义,异名同义则指不同的名词具有同样的含义,这两种现象在中国古代经典中都非常普遍,如果忽略了这方面的内容,理解古典经典就很容易出问题。为什么会产生这种现象呢？其中一个重要原因是,儒道佛三家的智慧经典,都是大师们对于宇宙人生刹那间有一种整体觉悟后,教化后知后觉者而形成的经典,而不是通过现代学术方式撰写出来的。这样,大部分经典都带有老师与学生在教学中互动的情境性和鲜活性,典型者如《论语》和禅宗公案。由于学生的根基不一样,其偏好、所学等也各不同,老师随顺汉语多义词或同义词的特征,有时用同一字词表达不同的意思,有时又用不同字词表达同一个意思。当这种现象与老师的独特思想结合在一起时,情况更加复杂。同名异义的例子,如《论语》中的"道"字,我们随便一看就能看出如下几种含义：道路——"任重而道远"(《泰伯》)；方法——"虽小道,必有可观者焉"(《子张》)；主张——"道不同,不相为谋"(《卫灵公》)；天道——"朝闻道,夕死可矣"(《里仁》)；引导——"道之以政,齐之以刑,民免而无耻；道之以德,齐之以礼,有耻且格"(《为政》)。异名同义的例子,如佛教思想中的实相,《雪峰义存禅师语录》说有如下种种异名："亦名无住心,亦名自性涅槃,亦名无言说,亦名无系缚,亦名无形相,亦名一心法门,亦名大涅槃,亦名定念总持,亦名真如性海,亦名无为大道,亦名一真法界,亦名无去无来菩提萨埵,亦名无性涅槃,亦名金刚三昧实谛,亦名自性清净心,亦名如来藏,亦名实相般若,亦名正因佛性,亦名中道一乘,亦名净性涅槃,亦名一念真如。"这么多"亦名"都是实相的异名,真是太复杂了！如果再加上禅宗的"无缝塔""无底篮""无孔铁锤"等形象化表达,足可以令人眼花缭乱了。如果我们诵读经典时不考虑这一面的话,能读懂经典吗？

问题是,是否考虑到同名异义、异名同义等文义问题就能读懂经典呢？不见得。我们很可能陷入另外一种处境,即虽然完全弄懂了经典中每一个概念、每一句话的意思,但依旧不知经典在说什么。要读通一部经典,关键要将整部经典的思想及其传统贯通起来领会。我们以《论语》

中"道"字的"天道"一义来说明一下这个问题。众多《论语》注疏,对"道"字的注解各不相同,这里简单列举几家——钱穆说道是"人生大道",周振甫说道是"真理",朱熹说道是"事物当然之理",邢昺说道就是"善道"。我们怎么融通诸家的解释呢?无论钱穆说的"人生大道",周振甫说的"真理",还是朱熹说的"事物当然之理",邢昺说的"善道",都是天道某个层面或某个侧面的含义,不能说有什么错,但也不能说全对。

如果联系孔子的整体思想及其传统来看,我有一个理解,孔子所说的"道"是"易道",也就是《易经》里所说的"道",这样的理解既比较具体,又可以涵盖诸家对于"道"的解释,把它们作为其中的一义包含进来。我这样理解有没有证据呢?当然有。首先,孔子本人是一个大易学家,古来大多数人甚至认为《易经》的"十翼"是孔子写的,司马迁就说"孔子晚而喜《易》,序《彖》《系》《象》《说卦》《文言》"(《史记·孔子世家》)。当然,宋代以来不断有人认为"十翼"不是孔子写的,但是他们所提出的论据从来没有完全驳倒主流观点。我认为,至少可以说"十翼"的主要内容是孔子写的。孔子在《论语》里说自己学过《易经》,所谓"假我数年以学《易》,可以无大过矣",司马迁也说孔子"读《易》,韦编三绝。曰:'假我数年,若是,我于《易》则彬彬矣'"(《史记·孔子世家》)。孔子的学生商瞿是把《周易》传到汉代的关键人物。据司马迁《史记》记载,孔子还是一个预测学家。如鲁国季桓子打井挖到一个瓦罐,罐中有个像羊一样的小动物。他们到孔子那里对他说,我们挖到了一只狗。孔子说,以我的看法,应该是一头羊。我听说,森林高山中的怪物叫夔、罔阆,水中的怪物叫龙、罔象,土里的怪物叫坟羊。鲁哀公西狩获麟,孔子由此观知"河不出图,洛不出书,吾已矣乎!"(《史记·孔子世家》)另外还有一个故事:孔子去世之后,大家都很想念孔子,就一直把他的位置空着。但老这样也不是办法,因为学生们看到椅子就很伤心。有若长得很像孔子,于是有人提出请有若当大家的师父,宛如夫子还在一般。过了几天,有孔子弟子反对,就请有若解释两件事情。第一件事：商瞿年长无子，他的母亲要为他娶妻，夫子却要他出使齐国。商瞿的母亲很着急，夫子规劝她说："您老人家不要着急，商瞿四十岁后会为您生五个好儿子。"后来果真应验了。第二件事：有一天，这名弟子跟夫子一起出门，刚出门时万里无云、阳光普照，夫子却叫他带上伞。他不明白为什么要带伞，夫子解释说一会儿会下雨，结果果然下雨了。这名弟子问有若，夫子是如何知道结果的？有若答不上来，这名弟子就说："这位置不是你能坐的，你下来吧。"(《史记·仲尼弟子列传》)根据这些记述，我认为孔子所说的"道"根本是"易道"，而不是"人道"，因为"人道"是"易道"运化赋予人的性德，没有"易道"的运化，"人道"无从立根。孔子说"吾道一以贯之"，根本上是从"易道"这个"一"来贯通的。因此，我们读《论语》应该从这个"道"来会通，不然就不能完全读懂《论语》。当然，我们一下子难以做到这一点，也不能强求自己某天一定要做到这一点，但一定要有这个目标。

仅贯通孔子还不够，还要贯通儒道佛诸家。我们同样举"道"这个概念来加以说明。据《四书或问》记载，曾有学生问朱熹："儒家的'道'是否近于佛家的'道'？"朱熹说："吾之所谓道者，固非彼之所谓道矣。且圣人之意，又特主于闻道之重，而非若彼之恃此以死也。"曰："何也？"曰："吾之所谓道者，君臣、父子、夫妇、昆弟、朋友当然之实理也；彼之所谓道，则以此为幻为妄而绝灭之，以求其所谓清净寂灭者也。人事当然之实理，乃人之所以为人而不可以不闻者，故朝闻之而夕死，亦可以无憾；若彼之所谓清净寂灭者，则初无所效于人生之日用，其急于闻之者，特惧夫死之将至，而欲倚是以敌之耳。是以为吾之说者，行法俟命而不求知死；为彼之说者，坐亡立脱，变见万端，而卒无补于世教之万分也。"他的意思是：我们的道不是佛家的道，我们的道是在日用常行中体现出来的仁、义、礼、智、信之道；佛家的道是了却自家生死之道。朱熹的说法也有几分道理，因为佛道的基本目的是参破生死，否则不能说是得道；如果生死都看不开,还可以做好其他的事吗?但朱熹讲的只是佛道的一个层面,即专了自己生死的罗汉层面的"道";至于自度度他、普度众生的佛菩萨之"道",朱熹却懵然不知。朱熹以罗汉之"道"作为佛道全部,并以之与儒家日常伦理层面的仁、义、礼、智、信之道相比较,以此批判佛道不管世事、不近人情、不切实际,不但不是实情,甚至没有抓住要点。佛道与儒道的根本区别,确如朱熹所说是"吾儒之理皆实,释氏之理皆空",但此空不是朱熹误为佛坚持而实为佛呵斥的罗汉"道"的偏空,而是佛菩萨不住生死、不入涅槃的中道。佛菩萨的"道"既要在生活中参破生死,又要在生活中利益众生,不但能落实到生活中,而且能在生活中施行大慈大悲。可见,我们要融通儒家和佛家的"道",得对两家的思想有透彻的把握,如果没有透彻的把握,就要少下全称判断,似朱熹这般则难免贻笑大方。难道朱熹真的不知道佛教有佛菩萨之"道"?我认为不是。真正的原因是朱熹的护教之心大过心平气和地了解佛教之心。隋唐时代,佛教一枝独秀;到了北宋,王安石甚至感叹:"吾门收摄不住,人才都归佛家了。"儒家在那个时候命若悬丝,朱熹为了延续儒教的生命、维护儒教的地位,对佛教无心细读、有意曲解,才导致了这种结果。

宋明儒家由于护教之心太切,许多人对于佛家都没有真切了解,因而他们对佛教的批判,大部分都像朱熹一样是错误的。为了证明这一点,我们看看《六祖坛经》里的一段经文:"心平何劳持戒,行直何用修禅!恩则孝养父母,义则上下相怜,让则尊卑和睦,忍则众恶无喧,若能钻木出火,淤泥定生红莲。苦口的是良药,逆耳必是忠言,改过必生智慧,护短心内非贤。日用常行饶益,成道非由施钱,菩提只向心觅,何劳向外求玄?听说依此修行,西方只在目前。"六祖明确告诉我们,菩萨道需要在日常生活中践行,怎么能说"无所效于人生之日用"?如果说《六祖坛经》是中国化的佛经,那么请看《佛说观无量寿佛经》怎么说:"欲生彼国(西方极乐国土)者,当修三福:一者,孝养父母,奉事师长,慈心不杀,修十善业;二者,受持三归,具足众戒,不犯威仪;三者,发菩提心,深信因果,读诵大乘,劝进行者。如此三事名为净业。"其中的"孝养父母,奉事师长""慈心不杀,修十善业""发菩提心,深信因果"等,与儒家仁、义、礼、智、信的内容不仅高度一致,而且更深更广,哪里是"无所效于人生之实用"?

下面简单了解一下诵读经典的四个境界:第一是不知所云境。最典型的是读《易经》。我们如果读过《易经》,这种感觉肯定很强烈。我从前也一样,读了几十遍《易经》,不知道它讲什么,后来读《金刚经》有点感觉后,回去再读《易经》,才感觉读懂了。为什么会出现"不知所云"的现象呢?因为我们长期习惯用二元对立的思维方式思考智慧的经典,而智慧的经典却是从不二智慧中当机说出来的活生生的生命智慧,两者根本不相应。第二是依文解义境。这是通过查字典、看注疏来弄通经典语言文字含义的境界。这种境界虽然懂得了经典的文字句义,但没有真正依智慧的观照方式进入经典,更没能贯通经典的思想。第三是通达一经境。这个境界,能够依智慧观照方式进入经典,也能把一部经典贯通起来,知道什么是经典的思想归宿和宗旨,知道它如何从其归宿与宗旨开展思想,又从哪些方面、哪些层面回到其归宿与宗旨,是真正通达一部经典的境界。第四是豁然贯通境。这里的贯通,既指智慧观照方式的贯通,也指所学智慧的贯通,小到贯通一家思想,大到贯通一切思想,即不光贯通儒、道、佛三家或诸子百家,甚至还包括贯通世间一切学问。到了这个时候,才谈得上用智慧来统摄前述两类学问,才谈得上自如地运用一切学问。

三、切实笃行

"笃行"就是要修行,只有修行才能净化自己的身、口、意三业。如果不修行,只是在理论上通了,在古人看来不算得真正成就,在王阳明看来根本就不算真知。"切实笃行"之道,不管在儒家、道家还是佛家,都有两条路子,即次第修行与非次第修行之路。关于次第修行之路,我们从儒家入手说说。儒家的次第修行之路由《中庸》的"自明诚"一语开出,而在朱熹的《补大学格物致知传》中得到集中阐述:"盖人心之灵莫不有知,而天下之物莫不有理,惟于理有未穷,故其知有不尽也。是以大学始教,必使学者即凡天下之物,莫不因其已知之理而益穷之,以求至乎其极。至于用力之久,而一旦豁然贯通焉,则众物之表里精粗无不到,而吾心之全体大用无不明矣。此谓物格,此谓知之至也。"朱熹认为,虽然心与理一,但为人欲所蔽而不得现前,故需要通过内而正心诚意、外而格物致知的工夫,待到工夫成熟,穷理尽性,则心物打成一片,达到陆九渊所谓"宇宙便是吾心,吾心即是宇宙"的境界。次第修行之路,在佛家就是如来禅或渐修法门,具体修法很多,这里就不多讲了。

第二是非次第修行之路,就是顿悟之道。在儒家,这个法门发端于《中庸》"自诚明"一语,而由王阳明集大成。王阳明的《传习录》里有"四句教",所谓"无善无恶心之体,有善有恶意之动,知善知恶是良知,为善去恶是格物",就是非次第修行之道的典型表达。他先让弟子体悟每一个人都具足良知本体,这个良知本体具足智慧和道德,见真自然知真、见假自然知假,见善自然知善、见恶自然知恶,见美自然知美、见丑自然知丑,修行无非是"致良知",即在生活中将此良知发用出来。他说:"区区专说致良知:随时就事上致其良知便是格物,着实去致良知便是诚意,着实致其良知而无一毫意、必、固、我便是正心。"这是儒家的顿悟之路。

佛教的顿悟之路,集中体现为六祖惠能的"三无"法门,即"无念为宗,无相为体,无住为本"。所谓的"无相""无念""无住",都是从众生本具的自性清净心或其具有的功德来讲的:"无相"是持戒的方法,指不拘于戒条而从本心上守戒,类似于孔子所说的"从心所欲不逾矩";"无念"是参禅的方法,指不从事相对法门(在二元对立系统中一步步断烦恼开智慧的法门)而直接安住于自性清净心没有任何杂念的状态;"无住"是修慧的方法,指不从因定发慧的次第法门开智慧,而直接安住于自性清净心没有任何执着的状态。这种修法实际上是要我们把"无住""无相""无念"的智慧心随时发用到行住坐卧之中。譬如,到中山大学就自然知道守中山大学的规矩,到天安门广场就自然知道守天安门广场的规矩,这就叫做"无相戒";讲座的时候一心一意讲座,听课的时候一心一意听课,这就叫做"无念";过去不回顾,现在不执着,未来不妄想,这就叫做"无住"。

非次第修行之路虽然方便快捷,但入手处太高,如果没弄清"无相""无念""无住"的内涵,往往摸不到门径,甚至走向歧途。因此,我们不妨退一步,说一下禅宗里头针对中根人的根本对治法门:只要心里起了任何一个二元对立的念头,就用大智慧将此念头照破。如此训练,久而久之,照样能够开启智慧,达到知行合一。

本文由中山大学哲学系知行学社整理,经作者授权刊发

工夫讲求

修行切忌浮光掠影：回归八正道

成 庆（上海大学文学院）

平淡生活中，修行为哪般？

我们最近在陆续分享三十七道品的相关内容，这些内容可以说是学佛的基本核心。三十七道品里面的各种名相贯穿在整个学佛过程中，相当于为我们做了个总结，然而佛法的真正落实最终是要超越这些名相。我常常觉得学佛最难的地方不是在殿堂里，而是在日复一日、不易觉察的生活中。就像我最近放暑假，难得有闲工夫，每天作息很规律，除了有特别的事出去一下，基本都待在家里，好像也没做什么。如果每天都过得这么平淡，早上醒了，吃完饭，做点家务也好，看书也好，到了中午再做个饭，吃完睡一觉，起来继续做事。爷爷奶奶辈的人可能三四点钟去接小孩，接完回来稍微弄点吃的，晚上看看电视，一天结束。大部分人面对的就是这样平淡无奇的生活，没什么特别之处，每天就是这样过。假如家中遇到突发事件，我们可能会意识到这个世界真苦，于是变成一种学佛的动力，周末跑到寺院听听课，共修一下。但是如果每天衣食无忧，安逸得很，你学佛的动力在哪里呢？比如说你要诵经，理性上也知道诵经的好处，可是心里面却没有那种勇猛心，又该如何让修行变得更精进呢？

就像身患急症的人和健康的人相比,哪个看医生的动力更大? 其实看似平淡的生活藏着细微的行苦。如果没有在日常生活中觉察到这些,着实难以产生修行的动力。我们一般容易体会到苦苦跟坏苦,行苦则不易觉察。行苦是看似安稳的表相下隐藏着的不安。纵然生活舒心安逸,稍微有点反省觉察能力的人依旧能体会到非常细微的不舒服的感觉。看似没什么变化、挫折、打击,也没有被环境逼迫,可是你内心却被隐藏的不稳固笼罩着。日子明明过得挺舒坦,某一瞬间却有些怅然若失:人终究逃不过一死,生命将要坏掉,不免产生忧虑。恰巧这时生了病,或者失去心爱的东西、挚爱的人,于是苦上加苦,无可奈何。

你眼中的无常与佛教的无常

佛法讲无常,但是我们很难直接体会无常,多半是从苦苦跟坏苦当中去感受无常。就像人们说天下没有不散的筵席,发出这种感慨说明对筵席还是心生向往的。亲朋好友围坐一桌,关系融洽,饮酒作乐,可惜再好的时光终将逝去。因为我们对无常的理解都是带着"我"要某部分、不要某部分的感觉,是一种"分别"的无常。就好像身患重疾的人突然病情好转,他绝对不会舍不得病魔的无常离去;樱花飘落也是无常,人们却从凋零中看到美;而生活优渥的人住大房子、开豪车,大概觉得时间最好停止,巴不得它们不要耗损,永远崭新。

你喜欢的东西就想要它"常",一旦失去就觉得"无常",苦便从这里滋长。**坏苦**是你想要保留它,而不得已接受它要变坏的现实,从而产生不舍跟烦恼。**苦苦**是你看到这样的变动跟崩坏,产生以它为苦的一种更深的执着,令烦恼加剧。而**行苦**是看到众生内心深处无时无刻都想要执着"常",可是这个世界本来就显现为无常相,这是一种更深层次的无明烦恼,它使得我们无时无刻都带着个人喜好去看世界,希望一切都按照

"我"的预期去发展,如果得不到满足,便产生无休无止的苦。

　　有情众生无论富贵贫穷、聪明愚钝,都要面对一个基本现实:一切皆将毁坏。这种无处不在的因缘变异会带来一种悲剧感,看看历史,感受时间的变异,器世间的变化,怅天下之寥阔,莫名忧伤涌上心头。这有点类似于藏传的坛城沙画,花几个月时间用不同颜色的沙砌成精美庄严的坛城,完工的那一天,直接倒入河中,顷刻化为乌有。如此极端的表现方式不过是在提醒我们,一切都不稳定。如果你足够敏锐,思维得足够深入,你站在这里看见貌似坚固的东西,内心应该涌现出一种"一切皆将毁坏"的深沉的无常感。觉受和思维达到这种地步时,你对无常的理解才会深入。有时你会突然觉得人生无常,并不是发生了什么特别的事情。根本无需触发,内心自然涌现出一种悲悯。不是悲悯自己,而是对这个世界多了一层真实的理解。悲伤哭泣未必是因为失去你所在乎的人、事、物,而是看到这个世间本来无常,你却念念执它为常,这份智慧和看清足以引发内在的悲心和哀痛。倘若没有这份感悟,你或许只有在遭受巨大挫折时才能发起修行的猛利之心。否则,生命淹没在平淡稳定的生活中,修行也不知不觉被消磨掉了。因为你的心觉察不到苦,体会不到无常,反而执着"常",执着现在看似不错的生活,没有动力思维佛法、打坐诵经、观察起心动念。大概修行越久的人越容易有这种感觉。

深观行苦:修行切忌浮光掠影

　　所谓的行苦往往超越了个人得失,想要观察到行苦,需要有足够的定力和观察力。比如打坐的时候练习观察呼吸无常,如果平常都看不到事物的无常,又怎么能在坐中体验更深的无常呢?风吹过银杏树,你能看到叶子的姿态变动,却很难看到银杏树本身的刹那变异。同理,感受到呼吸的粗细涩滑,却很难推及一切法皆是无常。这就需要我们不断用功,修习禅定,坐中系缘,一心安止。观察念头的起落,觉照五蕴的生灭。随着定力增加,才能体认一切法无常,包括我所执着的财富、名利、眷属。体认的前提是要具足定慧。这份清楚的体认跟科学技术证实的细胞生灭代谢不同,好比亲临战场和看战争片完全是两回事,佛法重在亲证。回到最初的问题,想要在平淡的生活中获得修行动力,就要从行苦的层面深入观察。跟大家分享一下我个人平常用功的方法:练习觉察。不用刻意提起"一切都是无常"的道理,就是时刻让觉察保持稳定,稳定之后你会观察到很多平常注意不到的细节。早上醒来,从睁开眼睛的那一刻开始,觉察就像一面镜子,一天基本上不会掉。如果没有这个工夫,就要努力训练,刷牙、做饭、上班路上,保持正念,不要得少为足。等到觉察稳定了,想掉都掉不了,才算有点基本功。先立这样一个小目标,将工夫落实。修行切忌浮光掠影,如果自己不体会,终究是别人的东西,听多无益。

警惕八邪法,回归八正道

修行的根本离不开"理事"二字。"理"是原则、方法,"事"是落实、体会。修行人常常落入两端,要么执理废事,要么执事废理。前一类人好高骛远,后一类人盲修瞎炼。而八正道正是引导我们做到理事圆融、事事无碍的良方,相当于修行的基本原则。

八正道:(一)正见。若修无漏十六行,见四谛分明。(二)正思惟。见四谛时,无漏心相应,思惟动发,觉知筹量,为令增长入涅槃。(三)正语。以无漏智慧,除四种邪命,摄口业住一切口正语中。(四)正业。以无漏智慧,除身一切邪业,住清净正身业中。(五)正命。以无漏智慧,通除三业中五种邪命,住清净正命中。(六)正精进。以无漏智慧相应，勤精进修涅槃道。(七)正念。以无漏智慧相应，念正道及助道法。(八)正定。以无漏智慧相应入定故。(《法界次第初门》)

八正道的反面是八邪行，是指我们的身语意常犯的过失，也叫作八邪法。了解八邪法可以辅助我们清楚认知八正道。

八邪行：八正道之对称。即身、语、意等所犯之八种误谬。即：(一)邪见，指不信因果、功德、父母、圣人等之见解。(二)邪志，又作邪思惟，指欲、恚、害等之思惟。(三)邪语，指妄语、两舌、恶口、绮语等。(四)邪业，指杀生、不与取、邪淫等。(五)邪命，指不如法之生活。(六)邪方便，又作邪精进，指为恶事所作之方便精勤。(七)邪念，指不如法之观念。(八)邪定，指非正定之定。以上八者，乃凡夫外道所常行，求涅槃者悉皆舍离。(《佛光大辞典》)

第一个是**邪见**，对应八正道中的正见。包括身见、边见、邪见、见取见、戒禁取见等。众生因为深陷无明，对事物有错误认知、不信因果、不信三宝功德等种种偏离正道的见解，都可以称作邪见。第二个是**邪志**，又叫邪思维。思维是我们对这个世界的直觉反应，是就着一个境界、应着一件事情所产生的反应。比如做生意时看到有利可图，你突然产生贪心，琢磨着如何让自己获得最大利益，甚至不惜损害他人利益，这就是一种邪思维。如果你有正见，就可以约束调整自己的行为。但有时背后那点贪得无厌的心会自然生起，那是一种更深层次的无明执着。如果明白因果道理，做事情就会有相应的"防御机制"，而非随心所欲，摒弃做人的原则。第三个是**邪语**。前面的邪见和邪志属于思维的层面、意业的层面，邪语则进入口业的层面。最严重的邪语当属大妄语，未得谓得，未证言证。而我们平常在生活中也很难避免制造口业，例如夸赞别人的时候讲得天花乱坠，而不是如实、中肯地评价，这就属于绮语。第四个**邪业**属于身业的部分。修行的难点在于有时候我们观察不清楚自己的起心动念，稍不留神就容易犯戒。而一个戒律持守得严谨又不失圆融的人一定非常有智慧，时刻保持觉察，念念清楚如何让身口意如理如法地对境运作。第五个**邪命**是指不如法的生活。例如屠宰、贩酒、诈骗等。有人可能会问，禅宗不是讲屠夫也能修道成佛吗？其实这个要看个人根器，不要因为屠夫能够证悟就误以为杀业可行，那只是他的业缘成熟，示现了这样的相，不能把特殊当作普遍。作为在家人，还是要尽量从事如法的职业，做正面的事情。第六个是**邪方便**，也叫作邪精进，指为恶事所做之方便精勤。对应的是八正道中的正精进，也就是符合佛法的精进。举几个通俗的例子，小偷提前踩点，企图在盗窃前做些准备工作；电话诈骗团伙作案，有组织、有预谋，甚至有"剧本"套路，这些都是典型的邪精进。第七个**邪念**是指不如法的观念。比如我们面对一个境界的时候，如果不能理解，就会用一个我们习惯的观念去解释它。假如不具足无漏智慧，与正道不相应，很可能只是用外道或者一般人的世俗见解来解读一件事情，这种不如法的观念就属于邪念。最后一个是**邪定**，是非正定之定。如果没有依着佛法正见、正思维去修禅定，而只是得了一些外道定的体验，稍有体会便容易满足，就会令修行止步不前，甚至偏离正道。其实这种体验只是暂时让人远离世间尘劳之苦，得了点安定相而已，根本问题并没有解决。

　　大乘佛法的修行向来不是只在枝末上下工夫，而是着重于断除烦恼的根本，体证一切法当体即是虚幻。而我们在实际修行当中，例如观呼吸无常时，很少会因为出入息的无常而悟入万法皆无常的道理，很难一下子相应到无漏智慧。所以在用功初期可以带着一个观念：此是无常。慢慢用佛法正见纠正身口意，广积福慧资粮。待到因缘具足时，自然会看清现实,相应于实相。我们在修行过程中常常陷入有慧而福不足,或者有福而慧不起的困境。而福慧具足则是需要我们念念清楚,所有一切我皆不恋,所有一切皆回向修行的出世功德。

  所谓出世,不是要我们离开现在,而是要我们看清楚一切。看清楚自己的不舍之处,看清楚自己为什么不舍,看清楚一切都无法被你占有、控制。既然控制不了,随缘应对就好。感受、体验、把握当下,不去造作另外的想象。其实这样的道理我们不是第一次接触了,为何还要反复熏习?因为实证的因缘还不成熟。如果听到一句就有所触动,能够将其落实到行动上,就说明你正在一点点地成熟修行的因缘。

庖丁解牛：关于书法的一种解读

燕　凯（上海海事大学徐悲鸿艺术学院）

艺术通常不是知识性的。虽然有关艺术的理论阐释或历史梳理都需要文字的表述，但艺术本身的滋养方式却是"技艺"。以书法而言，甚至很多人直接将书法就等同于书写的技法，认为书法之美感、气韵、神采，也完全是通过笔墨技巧而实现。然而，人类的眼睛不仅仅是遵循成像原理来观察事物的器官。视觉之外，更有神遇。

《庄子·养生主》中"庖丁解牛"的寓言，正是探讨目视与神遇、技与道的话题，给了我们无限的启发。本文就要借助这则寓言来展开思想，引出书法的相关问题来。

"庖丁解牛"全文如下：

庖丁为文惠君解牛，手之所触，肩之所倚，足之所履，膝之所踦，砉然响然，奏刀騞然，莫不中音。合于《桑林》之舞，乃中《经首》之会。

文惠君曰："嘻，善哉！技盖至此乎？"

庖丁释刀对曰："臣之所好者，道也，进乎技矣。始臣之解牛之时，所见无非牛者。三年之后，未尝见全牛也。方今之时，臣以神遇

庖丁解牛：关于书法的一种解读

而不以目视，官知止而神欲行。依乎天理，批大郤，导大窾，因其固然，技经肯綮之未尝，而况大軱乎！良庖岁更刀，割也；族庖月更刀，折也。今臣之刀十九年矣，所解数千牛矣，而刀刃若新发于硎。彼节者有间，而刀刃者无厚；以无厚入有间，恢恢乎其于游刃必有余地矣，是以十九年而刀刃若新发于硎。虽然，每至于族，吾见其难为，怵然为戒，视为止，行为迟。动刀甚微，謋然已解，牛不知其死也，如土委地。提刀而立，为之四顾，为之踌躇满志，善刀而藏之。"

文惠君曰："善哉，吾闻庖丁之言，得养生焉。"

首先，庖丁解牛的场景所展示给我们的是一幅动态图画。他的手、肩、足、膝等身体部位在解牛的过程中与牛相互"倚""触"，是贴近的，融为一体的，犹如舞蹈与音乐一般。《桑林》之舞是商汤时乐名，"乃中《经首》之会"。张文江先生解释"经首"乃"经脉之首尾"，张文江《〈庄子〉内七篇析义》之《养生主》："经首之会"有二解：一、《咸池》之乐章；二、经脉之首尾。当以二为是，亦可含一，因"乃中经首之会"，必为礼乐相合而丝丝入扣的极妙处。"会"指经脉的总汇，后世禅家"单刀直入"，所入即此。抽象而言，各家各派皆有其经，"中其经首"乃能解此家此派。而"中其经首之会"乃能解牛，牛，大物也，乃整体（whole）之象。"乃中经首之会"，也就是《易·系辞》所谓"开物成务，冒天下之道"（张文江：《〈庄子〉内七篇析义（修订本）》，上海书店出版社，2018年）。一体而贯通。"牛"乃"大物也"，为物之共相，这也是一个隐喻。

接下来，庖丁面对文惠君对他解牛的赞叹，回答说："臣之所好者，道也，进乎技矣。"庖丁立志于道，解牛对他来说乃行其本分，要以此"技"通"道"。解牛的"解"字：从刀，从牛，从角，是会意字，表示用刀把牛角剖开，其本义即分解牛，后泛指剖开。"庖丁"以"刀"解"牛"，这三者都各归本分，犹如书家以笔作书，可与"庖丁""刀""牛"对应领会，同样是各居本位，这其中的关键还是要看一个"志"字。志于道，则技近乎道，如庖丁解牛；书家写字，若仅限于谋生，那技只是技能而已，最多定在"能品"。这说明了：道，安住在本位，更于本位上超越。故"本立则道生"，立地可成佛。大有深意！

接着说，庖丁开始"所见无非牛者。三年之后，未尝见全牛也"，时至今日，达到了"以神遇而不以目视，官知止而神欲行"的境界。这是寓言的中心，众多对寓言的征引、阐释，也不免要围绕庖丁的"见"而展开。"所见无非牛者"必是以目视为主的阶段，不仅要观察"牛"的形体、结构、骨骼、肌理，还要用"刀"去实际剖析，犹如初学书法要注意字的间架结构、用笔方法一样，由粗入精，踏实做工夫。工夫纯熟至极，"技"这一关便过了，虽有眼光照顾，却无需分别计较，以书画而言，大概是"能品"之境。"方今之时"已经不是时间序列表述，非年、月、日可以限定的。这更像是禅宗常说的"当下"，豁然契入，绝非工夫所能致。此际，"官知止"——目视的分别作用停下来，一脉贯通，自然有"《经首》之会"，因目止而神行，或丹道修炼谓之："心死而神活。"以佛家的语言表述，也就是渐渐消磨"我"执，最终摆脱而入"神"。这才跳脱"自我"的分别意识，由"目视"转为"神遇"，看破字"形"而不见"全"形。此谓破除"我见"，佛家称"我见"有两种：一、人我见，一切凡夫，不了人为五蕴假和合，固执人有常一我体之恶见也；二、法我见，一切凡夫，不了诸法之空性，固执法有真实体用之妄见也。《起信论》下末曰："人我见者，计有总相主宰，法我见者计一切法各有体性。"（引自丁福保《佛学大辞典》"二我见"辞条）是"我"选择了"目视"的方式，困于"我执"，自然无法"神遇"，此理显而易见。

"神遇"是某一时豁然发生的，是不期而遇的，其中关窍非言语所及。有些人认为解牛的技术由不熟练到熟练，时间长了就不用再去"看"，而"神"化境界就显现了。显然这是思维推理作出的解说，并未触到"神遇"的消息。由"目视"而"神遇"，既是一个逐层开显的工夫过程，同时也要时时保有含混守拙的状态，存养真元。《庄子·在宥》中就提示了由无

庖丁解牛：关于书法的一种解读

视、无闻而入道之理。他说："目无所见,耳无所闻,心无所知,女神将守形,形乃长生。"原文："来,吾语女至道：至道之精,窈窈冥冥;至道之极,昏昏默默。无视无听,抱神以静,形将自正。必静必清,无劳女形,无摇女精,乃可以长生。目无所见,耳无所闻,心无所知,女神将守形,形乃长生。慎女内,闭女外,多知为败。我为女遂于大明之上矣,至彼至阳之原也;为女入于窈冥之门矣,至彼至阴之原也。天地有官,阴阳有藏。慎守女身,物将自壮。"关闭耳目的门户,泯去分别,回到混沌状态。"官知止",意味着反对技术,返归本原的一面。历来讨论书法,也讲工夫的生与熟、巧与拙,同样是在兼顾这两种向度。总之,"神"化至极,庖丁之刀、书家之笔,皆是"依乎天理",自能"游刃有余"。

"彼节者有间,而刀刃者无厚;以无厚入有间",这是"游刃有余"的原因。"节"譬喻世间万物转化处,包括人的念头生灭,字形的微小变化,还有"牛"的骨节。言"刀刃无厚",果然无厚吗?实为此心常在"空""无"自性,虽念虑之细,形体之微,刀、笔皆可入,"以无厚入有间"也。提到"牛"的骨肉、关节,也令人想到,历来形容书法也须具备血、气、骨、肉等。可见,前人何曾将书法看作死板的"形"呢?

寓言的后面几句,人多不注意。"謋然已解,牛不知其死也,如土委地。提刀而立,为之四顾,为之踌躇满志,善刀而藏之。"为何"牛"已被解,却"不知其死也"?"牛"确实没有"死"!它只是比喻庖丁运刀,对纷繁世事进行了开解,最终事物还其本来面目而已。庖丁即圣人,他纵浪大化,行于无事,本无作为。庖丁之"刀",喻本性"空""无","牛"之生死,乃诸法幻灭。浮世如尘,落定归土,"如土委地",万物皆然。同理,书法至于神品,技法无执,字形无碍,用心无住,笔笔运于空性,字字安其本然。虽笔势翻飞,点画跳跃,斐然成章,而此中却有个空无自性,如如不动。所以,庖丁"提刀而立,为之四顾"——卓然不倚,独立于天地之间。"踌躇满志,善刀而藏"——浩气充盈,至善而退藏于密。

最后，文惠君曰："善哉，吾闻庖丁之言，得养生焉。"这又是个问题。"解牛"何关"养生"呢？这说明，文惠君观庖丁解牛，确是悟到了死与生消息相通。解"牛"之死，而养人之生。"牛"只是比喻，以它开解生死轮转、阴阳变化的道理。悟通生死相续，即是生生不息，"养生"在其中矣。

释德清《庄子内篇注》解道："庖丁喻圣人，牛喻世间之事。大而天下、国家，小而日用常行，皆目前之事也。解牛之技，乃治天下、国家，用世之术智也。刀喻本性，即生之主，率性而行，如以刀解牛也。言圣人学道，妙悟性真，推其绪余，以治天下、国家，如庖丁先学道，而后用于解牛之技也。"德清对"庖丁""牛""刀"，一应而解，颇具禅家手眼。我倒觉得"牛"还有一番意思蕴藏在《周易》的"坤"卦之象。《易·说卦》曰："坤为牛，坤为地……"牛与大地几乎是坤卦最常用之象。"乾知大始，坤作成物。"（《易·系辞上》）乾，代表健动至诚、生生不息，乃万物之始，是本体；坤，主柔顺承载、含藏贞固，故成物、成形，是大用。庖丁是"乾"之象，牛即"坤"之象。并且，阴中有阳，坤亦内含动势。《易·系辞上》曰："夫坤，其静也翕，其动也辟，是以广生焉。"（《易·系辞上》："夫乾，其静也专，其动也直，是以大生焉；夫坤，其静也翕，其动也辟，是以广生焉。"）"辟"与"翕"是坤卦一开一合的动静之象。这说明大地、牛以及书法，表面呈现为"物"之"形"态，好像是封闭的，但其内里却生机涌动，只待庖丁来开解！庖丁解牛，实为生命的实相得以开显，故文惠君一见之下，开悟养生之理。如同大地（坤），接纳天（乾）赐的阳光雨露，便有草木生发一般。

书法创作，正合于庖丁解牛、天地创生之道。王羲之挥笔作书，同样使人联想到庖丁解牛的情景。他运笔如刀，诞生了神品之作《兰亭序》。草圣张旭也如文惠君，一观公孙大娘舞剑器而得悟，自此草书入于神境。那些流传下来的名帖墨宝，虽然在创作完成之际也"闭合"为一件有"形"之"物"，但它如同大地与牛一样，依然具有灵性，只待通灵感物之人，与之"神"交便是。董其昌就曾讲到，如何与古帖通"神"。他说："临帖如骤遇异人,不必相其耳目、手足、头面,而当观其举止、笑语、精神流露处。庄子所谓目击而道存者也。"(董其昌:《画禅室随笔》)必要脱然无碍,空灵神涌,此刻的心会带有"电光",能击穿法帖之"形",触见其"精神流露处"。反之,若是死死盯住,以目视形,无感无触,那法帖依旧只是封闭的"形",绝不开启。像这种情况,董其昌也评到:"药山看经曰:'图取遮眼,若汝曹看牛皮也须穿。'今人看古帖,皆穿牛皮之喻也。"(《画禅室随笔》)我们再来看书法临摹,就更应明白,模仿字"形"只是最浅的层面,关键要与古人相应、相会,同体、同感。如姜夔所言:"余尝历观古之名书,无不点画振动,如见其挥运之时。"(姜夔:《续书谱》)随之挥运,才感之深切。这也是书法何以养生的窍妙。

志道游艺

缘东坡诗词入无常观

孙大鹏(浙江工业大学)

人存活于世间,莫不有死;物充塞乎天地,咸归消亡,这本是万古不易的道理。然而,即便人人都听过"人生自古谁无死"的道理,人人都曾经历过他人的死亡,可在死亡向自己显现的那一刻,依然会措手不及。大多数人会认为死亡来临的那一刻纯属意外和偶然;因为无法理解为什么死亡会在此时找上自己,所以只能以悲苦和不甘来承受命运这沉重的一击。一方面在理智上知道自己会死,另一方面内心不愿意接受死亡的事实,这两种显然相互矛盾的态度,却一直"相安无事"地并存在我们的心中,甚至使我们意识不到它们本来是不可调和的。

死亡是最大的无常;除了死亡,生活中也充满了其他的变易。对老人来说,时代的快速发展,电子产品的迅捷应用使他们觉得茫然和不安;年轻人虽然拥抱变化,但如果他们的快乐和习惯被突然中止,同样也会感到不能接受;无论是老年人还是年轻人,都很少愿意正视离别和衰老。所有这一切,原因无他,皆因为在无常这个问题上,见未真、知未的故。

通常而言,想要获得真正的知见,必须真正进入思想的内部,这也是通达无常的法门。事实上,在留传下来的传统文化里,几个主要的思想传统都以某种方式与"生死无常"发生关联:儒家经典《周易》的主题就是变化——生生之谓易；道家的清静无为中也充满了常与无常的思辨，道教的长生久视之道更可被看作是一种试图超越生死的努力；佛教三法印之一便是诸行无常。中国思想最典型的特征，就是知行合一：所有的理解和洞见，不仅停留在知识层面，还要深入生命内在，成为安身立命的根本和为人处世的原则。因此，面对无常的思考，同样也是生命自身所提出的要求。甚至可以说，对世间无常变化的思考，是中国古老文化的基石之一。

然而，尽管对于无常的理解极为重要和根本，但由于一些实际的困难，使得在许多情况下，很难通过直接研读经典到达问题的核心；同时，由于现代文化以及个体生活经验自身的局限和缺失，导致无法全凭体验而获得对无常全面而准确的认识。因此，以某种契理同时又契机的方式来谈论并且体会无常，也许在当下是一件重要而有意义的事情。这里我们可以通过苏东坡的诗词，来尝试着体会无常观深刻而丰富的内涵。

选择东坡先生诗词的原因大体有二：其一，诗歌本就是教化方式之一。先贤有云，深于诗者"温柔敦厚而不愚"，此处不妨宽泛地将"诗"就理解为通常的诗词。作为中国人最为熟悉的古典文学体裁之一，援诗入理有着得天独厚的优势。其二，作为诗人、词家的苏东坡，是家喻户晓的文豪，他诗词上的成就足以雄视千古，而他跌宕起伏的一生也颇有传奇色彩。东坡先生的诗词大量记录了他的人生遭际，而他本人又是一位聪慧敏感的人。我们可以借东坡对于人生变迁的感慨而体悟"无常"蕴含的多重意义。

对于许多人来说，死亡常常体现为如下四个方面：首先，死亡无常仅仅发生在遭遇生命危险或者临终的那一刹那；其次，活着不同于死亡，活着是一段稳定并有意义的生命，而死亡则是另外一件事情；再次，死亡何时到来，无人可知，因此在活着的时候似乎不必对死亡的来临做相应的准备,甚至讳言死亡;最后,死亡被理解为生命的意外和悲剧。

事实上,这样的观念在表面上似乎是在谈论死亡,然而实质却是拒绝的,因为在这种观念里,并没有意识到生命和死亡其实是一体的,从未分开过;同样,在这样的观念里,我们没有任何一天认为自己会死,也没有任何一天做好了迎接死亡的准备。这是一种最为常见的"无常"观念,同时也是一种错误的无常观。

那么,又该如何理解无常的生和死呢?

东坡先生有一首脍炙人口的《西江月·平山堂》:

三过平山堂下,半生弹指声中。十年不见老仙翁,壁上龙蛇飞动。

欲吊文章太守,仍歌杨柳春风。休言万事转头空,未转头时皆梦。

细细品味其最末一句,其中就蕴含着无常的真正含义。转头即是回首。事过境迁,回首往事,恍然如空,正是一般人对世事无常的理解。我们对于生命无常的理解,大体上就是如此。然而东坡先生的高明之处,正在"休言"二字:切莫要这样认为。为什么?正在下一句:"未转头时皆梦"。千万不要以为,世事无常只有在事情发生之后,回首往事的时候才是如此;事实上,在事情发生的当下,就已经是一场无常大梦了。既然是梦,那必定变化,最后必定成空,无论醒来与否都是如此。正如生死,并不要待将死才知此生是梦,即在生中便已是梦。之前白乐天曾说"百年随手过,万事转头空",后则有陆放翁有诗云"死去元知万事空",皆未及当下,唯东坡先生说"未转头时皆梦",直指当下。

作此词时,东坡先生正值壮年,却先后经历了丧母、丧父等世事变迁。十年之前于扬州拜谒老师欧阳修并初游平山堂时,尚意气风发,上书评论新政;转眼十年已过,老师已经不在人世,自己也被贬出京。仕途的起落以及人情的悲欢已经使他感叹"半生弹指声中",更未料到几个月后的"乌台诗案"还将带给他新的人生打击。也许这样动荡的人生,促使东坡先生以其敏感的心灵吟唱出这一阕《西江月》。

不待死而知无常,才是无常真意;若必待无常到来方才明白,虽然不可谓错,已失其真。东坡先生的领悟力使得他终于触及这一层面。我们也可以在同样的意义上,来理解东坡先生对人生在世的深刻感悟:"世事一场大梦,人生几度秋凉"(《西江月·世事一场大梦》),甚至是将"隙中驹,石中火,梦中身"(《行香子·述怀》)三者等量齐观。这并不仅仅表达出人生流逝的迅速,而是进一步提示我们,人世的本质与梦境并无二致,其短暂存在的当下就是虚无,以至于没有任何坚实可言。若非如此,我们就绝无可能在还活着的时候即有机会感受到死亡的逼迫,而应当在最后才会见到死亡。事实上,严格说来,生命并不是一条到达终点才会完全消失的小径,而是一堆在燃尽之前就不断跳跃的篝火,在每一个瞬间跳着生与死的舞蹈。《前赤壁赋》中的"盖将自其变者而观之,则天地曾不能以一瞬",更是将这个含义表达得淋漓尽致。任何存在,包括生命在内,其存在的本质即是无常,就是死亡。"此事古难全",只有看到了事情从来如此,才可能进一步深入对无常的思考。

在接受了生命的本质中已含有死亡的观念之后,我们才有可能去面对另外一个严酷的事实:我们随时会死。这句话的重点不在会死,而在随时。随时的意思就是无时不在,任意时刻皆是如此。死亡就如我们的伙伴,正因为它随时都在我们身边,从未离去,所以我们并不知道它的目光什么时候向我们望来。用我们今天的话来说就是,我们不知道死亡和明天哪一个先来。这并不是一句玩笑,尤其是对于有过类似经历的人而言。

缘东坡诗词入无常观

　　以东坡先生的敏感心灵，自然也有深刻的领悟。《前赤壁赋》中的"寄蜉蝣于天地，渺沧海之一粟，哀吾生之须臾，羡长江之无穷"便是有感而发：与浩浩长江相比，人生确实只能是须臾，即便这个须臾，我们还要一争短长，划分寿夭。没有人知道生命何时结束，这意味着原本不断缩减的生命又随时可能戛然而止，导致寿量无定。心中带着这样的领悟，东坡先生吟道"人事凄凉，回首便他年"（《江城子·前瞻马耳九仙山》），这份凄凉，未必是从惨淡的遭遇而来，彼时东坡先生的内心"真个是超然"；这份凄凉的感受，正来自生命本身的损减和不定。怀着这份凄凉，再看自己，对于人生的须臾也就有了明了，"雪颔霜髯不自惊"（《浣溪沙》），这也是对于生命流逝的一种接受吧。既然"事如春梦了无痕"，那就泰然处之。没有什么意外，也不会因为突发而震惊，更不会由此而痛苦不堪，因为生与死的相伴、生命的短促和不定，正是一个事实，只看我们能否发现和接纳它而已。

　　对于我们许多人而言，人生尽管艰难而短暂，但毕竟也有快乐和意义相随，有亲人，有朋友，是值得去追求和珍惜的。这样的看法是人之常情，不能说错，然而其中埋藏着极大的隐患。这隐患在于，一旦我们认定某些对象可以让我们感到快乐幸福，不论是人还是环境，没有得到的我们便会努力追求，已经得到的我们就会希望长久保持，不再改变，更不要失去。同样，我们对于自我以及自己已经适应的生活方式，也会有这样的坚执不舍。人生的意义也慢慢地转到了这个方向。这样的看法，也就是和无常观刚好相反的常见。这是产生痛苦的源泉。为什么这么说？这是因为我们的常见和世界流转变迁的事实是不能相容的，人、事、物都不可能按照我们的意愿而保持在固定的状态中；若我们不肯放弃自己的常见，那么现实就会惩罚我们的一厢情愿，不论我们是想要一份山盟海誓的爱情，还是希望亲人永不分开，都是如此。愿望有多强烈，痛苦便也同样强烈。

　　对于人生的这番纠结和悖论,东坡先生在他的诗词中同样有着鲜明的表达。因为我们内心的执着和爱恋,造成我们生活的底色并非快乐,而是痛苦,这是许多人所不愿意承认的。在扩杜牧重阳诗的《定风波》中,东坡先生几乎完全重复了杜牧的"尘世难逢开口笑"和"牛山何必泪沾衣"。这两句诗几乎写尽了人生悲苦的真相。人人都向往赏心乐事,然而在终日劳碌中,又有多少时日是能够开怀而笑的呢?《庄子·盗跖》中说:"人上寿百岁,中寿八十,下寿六十,除病瘦死丧忧患,其中开口而笑者,一月之中,不过四五日而已矣。"可见,人人欲乐而不可得。反之,忧患事人人避之,却又避之不能,其中以死为甚。"牛山沾衣"的典故出自《晏子春秋》:景公游于牛山,北临其国城而流涕曰:"若何滂滂去此而死乎?"一国之君,思死之将至,亦不免涕泪沾衣,更何况芸芸众生。

　　在这样的底色背景下,以往我们认为充满意义的、孜孜以求的那些东西,都改变了性质,比如名誉和利益。东坡先生曾有"八风吹不动"之句,名利皆为八风之一,又有多少人不为之所动呢?在这熙熙攘攘之中,东坡先生的话语与众不同又令人省思:"蜗角虚名,蝇头微利,算来着甚干忙。事皆前定,谁弱又谁强。"(《满庭芳》)这样的言论,普通人皆以为消极避世,却有多少人发现这其实是曾经沧海者的洞见呢!为什么追逐名利并无意义?因为这是"虚苦劳神"(《行香子·述怀》),徒费精力而无所得故。这背后的原因,正是简简单单的"古人谁不死,何必较考折"。因为无常的本性,世间的追求都如石中之火,以坚执不舍的心去求,除了因为求不得而忧苦,还有何可得?

　　东坡先生有一首七言《海棠》,颇为清新:

东风袅袅泛崇光,香雾空蒙月转廊。
只恐夜深花睡去,故烧高烛照红妆。

缘东坡诗词入无常观

海棠花开,诗人深夜秉烛看花,我们眼前出现的是一幅充满了审美情趣的画面。然而细细体味,这何尝不是现实的写照呢。花开一刻,崇光香雾,何等艳丽,然而这些却无法留驻,在最美时刻也是走向反面的同时。若花开不谢,又何来"只恐"二字? 在现实中,那么值得我们珍惜爱护的人和事,最终必然如同海棠凋谢一般"睡去",我们能做的,无非是多看片刻。若此心恋恋,那么痛苦凄凉几乎是无法避免的。因为人生如客路,如逆旅,"为乐常不足"(《送顿起》)正是常态。故而东坡先生回顾一生的时候,早已心如止水:"问汝平生功业,黄州惠州儋州。"(《自题金山画像》)人生的起落,大体如此吧。

当我们再看到东坡先生如内心独白一般的话语时,是否会同样心有戚戚?

> 百年三万日,老病常居半。
> 其间互忧乐,歌笑杂悲叹。
> 颠倒不自知,直为神所玩。
> 须臾便堪笑,万事风雨散。
> 自从识此理,久谢少年伴。
> 逝将游无何,岂暇读城旦。
> 非才更多病,二事可并案。
> ……①

诗人往往是多情的,东坡先生也不例外,在他的诗句中,充满着对故人的不舍["酒阑不忍去,共接一寸烛。留君终无穷,归驾不免促。"(《送顿起》)],充满着对故地的难离["天涯流落思无穷,既相逢,却匆匆。"

---

① 《乔太博见和复次韵答之》。

《江神子·恨别》)]以及对于唯一弟弟的思念["咫尺不相见,实与千里同。人生无离别,谁知恩爱重。"(《颍州初别子由》)]。然而这样的多情,与之相应的是故人的零落以及自身的漂泊,自三十四岁以后直至人生终点,东坡先生从未在一个地方停留过三年以上。这些还只是生离的无奈,死别所带来的更是深入肺腑的哀痛。这首悼念亡妻的名作可谓声泪俱下,值得我们多看一遍:

十年生死两茫茫,不思量,自难忘。千里孤坟,无处话凄凉。纵使相逢应不识,尘满面,鬓如霜。

夜来幽梦忽还乡,小轩窗,正梳妆。相顾无言,惟有泪千行。料得年年肠断处,明月夜,短松冈。(《江城子·乙卯正月二十日夜记梦》)

这样的痛处正是由于对于世间本是无常事物的执着。然而,东坡先生的不同凡响之处就在于,他从未停止对于生命的体察,痛苦带给他的财富最终转成了思考。比较早的时候,他就已经思考过这样的问题:"有主还须更有宾,不如无境自无尘。只从半夜安心后,失却当前觉痛人。"(《钱道人有诗云直须认取主人翁作两绝戏之》)中年之后,磨砺日久,见识日深,终于显露出"胸中有万卷书,笔下无一点尘"的旷达气质,说出"回首向来萧瑟处,归去,也无风雨也无晴"这般豪迈的词句。

对于东坡先生而言,随着生命的展开而日益看清生死无常的意义,这对他是一件再应当不过的事情,就如"寒鸡知将晨,饥鹤知夜半"那样自然而然。他将自己形容为人世间一个老病的客人,随着不同时节的到来而感受相应的无常变化,因为所有的人生最终都将如雪泥鸿爪,各计东西。借由东坡先生的诗句,同样可以启发我们的一番思考。

有人也许还会产生疑问:我们只要活着就好,不去思考死亡,可不可以呢？就如之前已经说过的那样，如果死亡和我们无关，那么思考无常就是一件多余的事情；相反，如果我们难免一死，却反过来无视死亡，甚至酩酊大醉于生的幻象之中，那么这大概可算是一件愚蠢的事情了。难道我们不应该对这件终将发生的事情做好相应的准备吗？这里我们不妨再来看一则东坡先生的教诲："天下之患，最不可为者，名为治平无事，而其实有不测之忧。坐观其变，而不为之所，则恐至于不可救。"(《晁错论》)我们常说居安思危，在生的短暂安乐中自欺，忽略即将来临的不测之忧而无所作为，恐怕不是聪明人的作为。事实上，不仅东方的思想家，西哲如苏格拉底就曾说过，哲学乃是训练如何死亡。近世哲学家海德格尔也认为死是此在的在世方式。类似的思想比比皆是，只因为人生直接和死亡相连。

有人也许还会生发这样的疑问：如果我们不去专注于如何活着，却总是想到死亡，那么活着还有什么意义呢？这样会不会太过悲观了呢？这的确是一个很好的思考。事实上，认识什么是真正的无常，并不是让我们陷入所谓的悲观，同样也不是无视无常而保持所谓的乐观，这只不过是认识事情的真相而已。就如同一个人能够认识自身的缺点，如果这个人足够冷静的话，他就会发现这样的认识和乐观悲观都没有关系，只是一种非常清明的理智。至于认识了无常之后，又该如何生活，目前暂时只能这样回答：这样的认识并不是我们的终点，而是进一步思考和重建生活的起点。

禅解红楼梦·总说

陈嘉许(深圳本焕佛学院)

一、《红楼梦》的基本套路

读一本悬疑小说,咱们不需要知道它的基本套路,只需要被作者牵着鼻子走,饭也顾不上吃,觉也顾不上睡,最后熬几个通宵,终于真相大白即可。但是,要读《红楼梦》,你得知道它的基本套路,否则,被作者牵着鼻子,绕来绕去,绕晕了,也不知道作者到底想说啥。自从《红楼梦》问世以来,一代又一代的读者已经绕了N年,还是公说公有理,婆说婆有理,不知道曹雪芹葫芦里到底卖的是什么药。

民国以前,红学算冷门,民国以后就热闹了,出现了索隐、考证、文学批评等诸多派别,蔚为大观。这些派别的观点,我觉得都没有问题,至少,他们从《红楼梦》里得到启示了,得到消遣了,不是挺好的么?

不过,要是《红楼梦》就只有这些解读的话,还是不免让人有点遗憾的。这就是《禅解红楼梦》写作的缘起。

本书的"禅解",是按照原著行文次序,解读完一百二十回的。

解读古人的东西,最容易的是"六经注我",也就是天马行空那种套路,解读者先设定一个前提,然后随手从原著里一拈,当作证据,你看,原著就是我说的那样吧?然后,再东拈西拈,不顾前后,甚至断章取义,一本解读的书就出来了,而且刚好符合他的预定前提,于是,前提就成了结论。这种套路,至少宋朝的时候就开始玩了,碰到自己弄不通的地方,就怀疑原著有问题甚至是伪作,民国的时候开始流行,到"文革"的时候登峰造极,现在学术界称这种套路为"立场优先"。

解读古书,比较难的套路是什么呢?就是尊重原著本身的行文逻辑。拿《红楼梦》来说,回与回之间,上一个情节跟下一个情节之间,逻辑关系是怎样的?难道真的只是日常生活的流水账?如果是日常生活的流水账,那为什么主角的年龄七颠八倒的,甚至按照小说提供的描述,现代人连贾府的准确地图,都绘不出来一个?进一步说,为什么安排一个跟贾宝玉一模一样的"甄宝玉",他爸爸叫"甄应嘉",平时不露面,特定时刻才现身?

钻到细枝末节里,不统观全局的逻辑结构,这在过去的几千年里,是除了佛经以外,人类文化领域的常见现象,外国也差不多。孔孟是最明显的,《论语》基本上被解成了一部杂乱无章的语录汇编,《大学》《中庸》都成了格言警句集锦,后人编了《菜根谭》《增广贤文》以后,愈发让人觉得儒典就是一系列道德箴言。朱子解的《四书》,明确叫"章句集注",再看一看他在注解《中庸》时经常使用的"承上章以起下章","其下八章,杂引孔子之言以明之","自此以下十二章,皆子思之言,以反复推明此章之意"之类的说法,就可以知道他对于《中庸》的主体部分,在结构上的理解有多么模糊了。老庄没那么严重,但总体上也被围绕着"清静""避世"这个预定的主题,提炼成了一系列醒世录。外国的《圣经·旧约》部分,尤其是前面几篇(这往往是一部圣贤经典的精华),篇与篇之间,每一篇的情节之间,究竟是什么关系,好像也没有得到应有的重视,于是,引用其中的格言警句,或者讲解某个单独的故事(比如伊甸园故事),就大行其道了。

为什么说佛经例外呢?这是因为,在汉传佛教里,对于佛经的解释,有个"科判"的传统。面对一部经,某位高手读熟了之后,再理个大致的头绪出来,就像小学生语文课堂上训练的那样,总结出一篇文章的中心思想、每段大意,于是一篇课文的"提纲"就出来了。对佛经来说,一部经的"提纲"就出来了。这样做有什么好处呢？好处多多,最起码的,他尊重了原著的行文顺序,后人捧起一部佛经,一头雾水的时候,浏览一下"科判",哦,原来这部经是这样的。当然了,"科判"未必是唯一的,这就仁者见仁智者见智了,别的高手读熟了之后,也可以自己弄个"科判",佛法不是死的。

我不想详细说科判传统本身,只是要借此说明,过去孔孟老庄两千多年的"注疏传统",容易掉进细枝末节里,佛教的科判传统本来可以成为很好的借鉴。

当然,也不是说过去的"注疏传统"就错了。为什么呢？注疏传统有注疏传统的好处,他围绕一个字、一句话、一段文字注疏半天,其实读经的趣味、受用也在其中了,这种趣味、受用,恰恰正是圣贤经典的一个重要意义所在。会科判的人,跟守定字句的人,谁更靠近圣贤原意,还很难说呢,因为圣贤经典的宗旨本来就不在字面上,自家身心受用只有自己知道。

言归正传,《红楼梦》的基本套路是什么？就是以修行为核心,从发心修行,到后来的明白和行愿,中间经历的种种心路历程。还要注意的是,人名、地名往往信手拈来,却是破解整个迷宫的钥匙。

这样读下去,就可以发现,原来人家不过是借小说的形式,让读者自己参悟、借鉴罢了。既然只是借小说形式来表达修行义理,那么,小说所要求的逻辑一致性,就可以降到第二位甚至更低了,人名、地名、年龄都可以信手拈来,只要不出大的纰漏,也就达到目的了。

为什么作者不直接讲道理,编出来类似《永嘉证道歌》《悟真篇》那样的文章,而是要费那么多笔墨,写出数十万字的小说,把哲理隐藏在故事背后呢？这里面有他的苦心。原因至少有这么两条：

一是，他是建立在个人经历的基础上写的，很多东西只能给后人参考，没法适用于所有人。比如，尤二姐、尤三姐以及尤老娘那些情节，是作者讲自己怎么通过非常漂亮的二妾、三妾来对女色逐渐死心的，能适用于所有人吗？如果没有他这种用心，三千佳丽恐怕都不够。再比如，元春、迎春、探春、惜春四位小姐，隐喻作者自己怎么用琴棋书画打发日子的经历，有多少人是四样都通的呢？探春读了那么多古书，有多少修行人能够，或者说愿意，读那么多佛经以外的古书呢？显然，作者自己玩过的很多套路，只能给别人参考一下而已。要是明确地用道理写出来，就会误导很多人。

二是，修行人往往面临"所知障"的困扰。什么是"所知障"呢？就是主观见解。这种主观见解，一个重要的表现，就是所学到的"道理"。他按照自己所学到的一大堆道理（而不是自家真切体悟出来的东西），来为这个世界立法，就没办法从内心深处跟世界和谐起来了。这就像父子之间，朋友之间，一方对另一方老是灌输道理，或者坚持认为另一方应该怎样不应该怎样，您说双方能融洽吗？还不如两人没事下下棋，说说故事，哈哈一笑。孟子是不主张"严父"的，认为当爹的应该以慈爱为本，至于打骂这种事，跟别人换孩子打就行了，以免伤害父子亲情。明白了这个，也就知道《红楼梦》为什么要讲故事了。要那么多道理干什么呢？真理隐藏在把戏中，看得懂的人自然看得懂，看不懂的人，当故事看也不错。当然要说讲故事，我觉得《西游记》比《红楼梦》更成功，以至于连四五岁的小孩都能跟它结下深厚的缘分。

借助把戏讲真理，可以说是古时中外圣贤的常见手法。佛教不用说了，故事一大堆。《庄子》里面大量的故事，都非常经典。（顺带说一句。庄子其实是儒学传人，可惜后世学术主流硬是把他归到道家里了，他的《人间世》一篇，世间法、出世间法两面都谈了，只不过后人不太重视这一篇,甚至怀疑是伪作,注解的时候也往往粗枝大叶,带着先入为主的定性成见,含糊解释过去。)古代犹太先知是如此的会讲故事,以至于大家真的把《旧约》当故事总集了,这是一种极端情形。从《旧约》第一篇开始,几乎全是故事,看得人晕头转向,不得不求助于专业人员,请他们转达上帝的旨意。

孟子有段话,可以为讲故事提供必要性证明:

> 君子深造之以道,欲其自得之也。自得之,则居之安;居之安,则资之深;资之深,则取之左右逢其原,故君子欲其自得之也。(《孟子·离娄下》)

他说,修道的人(不一定是佛道概念,中国两千多年的文化传统,一般以"道"为根本追求),要的是自家体验,那才是自己的东西。自己体悟出来的,才能踏实,才有根,到用的时候,才能左右逢源,应变无碍。直接灌输给人家的道理,人家不一定接受,即使接受了,说不定是给人家增加所知障,自己提炼、发现的道理,甚至拿自家性命实验出来的,才是贴身棉袄。

二、谁在写谁?

红学界有一种观点认为,《红楼梦》是曹雪芹写的,相当于他的自传。曹雪芹亲眼见证了曹家从繁华到衰落的转变,痛定思痛,写出来这样一部回忆录。这里描写了贵族的纸醉金迷、勾心斗角,描写了真爱无果,更包含了对当时社会的失望,后来,他在回忆的痛苦中,在"举家食粥酒常赊"的贫病打击中,凄凉地死去了。至于小说后面的结局,居然不是悲剧?居然他们家又复兴了?不对,那肯定不是曹雪芹写的。找来找去,对了,肯定是那个书商程伟元伙同高鹗改编或续写的!于是,前八十回是曹雪芹写的，后四十回是高鹗续写的，就这么成了定论。反正，既然是没落子弟的回忆录，就肯定是悲剧，而且必须是悲剧。

这种观点，我觉得也没有问题。还是那句话，只要你按照自己的理解受用了，那对你来说作者就没有白写，一花一世界，一叶一如来嘛。

关于《红楼梦》的各个版本，我觉得还是程乙本最可靠，所以解读的时候依据的底本都是程乙本。《红楼梦》开头的成书历程交待值得深思：

> 空空道人听如此说，思忖半晌，将这《石头记》再检阅一遍。因见上面大旨不过谈情，亦只是实录其事，绝无伤时诲淫之病，方从头至尾抄写回来，问世传奇。从此，空空道人因空见色，由色生情，传情入色，自色悟空，遂改名情僧，改《石头记》为《情僧录》。东鲁孔梅溪题曰《风月宝鉴》。后因曹雪芹于悼红轩中披阅十载，增删五次，纂成目录，分出章回，又题曰《金陵十二钗》，并题一绝。即此便是《石头记》的缘起。

最早是石头的翻跟头经历，"石头"（就是后来的贾宝玉）没翻过跟头之前，喻指一切修行人的"意"，翻过跟头之后，虽仍是那块石头，但已经是"修成圆觉"的了。

空空道人明白了以后，反观自心，回想过去的各种修行经历，就是与石头对答的喻象。他思忖，公开这些经历，会不会害人呢？不会的，我又不是诲淫诲盗，如实记录一下，给别的修行人做个参考吧，涉及现实社会的，也都没有敏感词，怕啥呢？想完了，写出来吧，于是笔录成书，问世传奇。再一直传到曹雪芹手里，经过曹雪芹完成最后的加工工作。曹雪芹"披阅十载，增删五次，纂成目录，分出章回"，这个工作量是极大的。

曹雪芹又是何许人也？这又有意思了，民国以后流行的说法，说他是康熙年间重臣曹寅的孙子，晚年穷困潦倒、"举家食粥酒常赊"、幼子夭折而备受打击,等等,所依据的抄本、脂批等文献材料,其真实性现在还在争论。笔者不想介入这些争论,只想解读小说本身,因为在笔者看来,小说的主旨和情节都够清楚了,如果非要再考证其他的方面,那也是别人做的事情。有时使用"作者",有时使用"曹雪芹",都是为了本书行文上的方便。

至于说这空空道人又是何方神圣呢?既然叫"空空道人",就是叫咱别考证了,考证了也考证不出来,人家根本就不想留名,而且写那么多文字跟没写是一样的,"空空"嘛!这世界从来都是法尔如是,所以佛经说"是法住法位,世间相常住",佛说自己说法四十九年,没有说过一个字。

写的是谁呢?宗旨并不是要说贵族家族怎么样,也不是官宦子弟的真爱怎么样,而是围绕一个主题:梦幻。《红楼梦》说:

> 更于篇中间用"梦""幻"等字,却是此书本旨,兼寓提醒阅者之意。

知道梦幻了又怎样呢?就是觉悟嘛,醒了嘛!

《红楼梦》写的其实就是一个人,一个修行人。他盖起了红楼,他玩了一系列的修行游戏,最后红楼也不要了,在修道这条路上,他终于得到了无数修行人梦寐以求的"成就",其实是什么也没有得到,因为有得有证无非半路风景。贾宝玉比喻修行人的"意"(贾宝玉,就是假宝意,借意识这个假,来修真),众多女子比喻修行人的各种妄情,女子们死的死散的散,最后贾宝玉也失踪了。为什么要失踪呢?但凡有个下落,不管是哪个地方,就还有"意",就不是涅槃。这可以参照《大乘入楞伽经》的说法:

> 一切识自性习气,及藏识意、意识见习转已,我及诸佛说名涅

槃,即是诸法性空境界。

可见,意识不转,就还是凡夫,转了,才能成圣。众生有八识,为什么偏偏只有意识最关键呢?《大乘入楞伽经》告诉我们为什么:

> 大慧言:"若建立者,云何但说意识灭,非七识灭?"
> 佛言:"大慧,以彼为因及所缘故,七识得生。大慧,意识分别境界起执着时,生诸习气,长养藏识,由是意俱我、我所执,思量随转;无别体相,藏识为因、为所缘故,执着自心所现境界,心聚生起,展转为因。大慧,譬如海浪,自心所现境界风吹而有起灭。是故意识灭时,七识亦灭。"

祸是意识闯的,解铃还须系铃人。有了意识,辗转就有了其他的七识,相互纠缠,相互滋长,众生因此轮回;灭了意识,其他的七识也就灭了。

为什么叫"红楼"呢?不是北大的红楼,不是富豪的红楼,是修行人的红楼。借假修真,虽说本来无所修,但是该经历的你还是得经历。佛法在世间,不离世间觉,在红尘世界里修,所以叫"红楼"。《心经》是佛门的精华,很多人都会背,但是有故事的人,跟没故事的人,背出来的《心经》也许是不一样的。黑格尔也说过类似的话,他说,同样一句话,从一个少年嘴里出来,跟从一个饱经沧桑的老人嘴里出来,分量是不一样的。

为什么主要是一大群女子来比喻妄情,不是男人呢?这可以参考丹道家的说法。他们说,众生的身心,都是阴阳混杂,甚至以阴为主,阴就是各种妄情,修成就了,就可以转变为纯阳之躯。比如吕洞宾有一首诗,是这么说的:

独上高峰望八都,黑云散后月还孤。

茫茫宇宙人无数,几个男儿是丈夫?

古人推崇"大丈夫",根本的标准,不是肉体上的性别特征,而是心。就像《圣经》所推崇的义人,或者说"以色列人",根本的标准,不是国家或种族,而是信仰程度。

第十七回以后,《红楼梦》又以大观园为核心空间。关于这个大观园,现在还有人在找,有说在苏州的,有说在北京的,也是公说公有理婆说婆有理。我的看法,大观园就是修行人的内心世界,当你开始有意观察内心的时候,就会发现,各种情绪、各种念头来来去去,圣人和凡夫来来去去,一会儿是佛做主,一会儿是钱做主,一会儿是女人做主……不修行的人,没有起观,就是杂乱而若有若无的内心世界;修行的人,起了观,就是大观园。《红楼梦》全书所涉及的人物纷繁复杂,实际上是放之而为大千,收之则唯一心,全书的主角其实就是修道者自己;至于具体的某一位人物,包括贾宝玉,一般只是参与这种复杂的心理化学反应的某一种元素或化合物而已。

三、《红楼梦》的修行门槛

修行门槛,就是对于宿世善根的要求。作为全书的开篇,第一回叫"甄士隐梦幻识通灵,贾雨村风尘怀闺秀",是从追溯修行人的宿世善根说起,一直说到甄士隐放下俗缘跟着道士走掉,来拉开全书的修道序幕。

什么叫"宿世善根"呢?就是你过去多少辈子干了哪些善事,相当于说你过去在银行存了多少钱,制约着这辈子的提款额度。对修行人来说,过去佛缘有多深厚,制约着这辈子在佛门里的修行成就,于是乎就有了上等根器、下等根器这些说法。上等根器的,这辈子就可能悟道,下等根器的,修福修慧慢慢来,总会开花结果的。

《红楼梦》怎么追溯"宿世善根"呢？他先是说那块石头,是女娲当年炼过的,这就跟普通石头不一样了,是"自经锻炼之后,灵性已通,自去自来,可大可小"的,万事俱备只欠东风,就等来人世走一遭了。

说完石头,开始说"甄士隐",说他是"仁清巷""葫芦庙"旁边的,"禀性恬淡,不以功名为念,每日只以观花种竹、酌酒吟诗为乐,倒是神仙一流人物",这就是说这种上等根器的人,来人世投胎之后,骨子里从小就会有这种禀性。为什么会有这种禀性呢？因为必须有。修行,就是要回到本心,整天追逐财色名利的凡夫,叫他往心里看,他会接受不了,最要命的是,他不一定有那个闲暇,吃个早餐可能都是一边往嘴里塞一边跑步去赶公交,好不容易"五一"小长假了,又得忙着哥几个搓搓麻将,没办法,他心里装的都是别人,唯独没有他自己。《红楼梦》最后,空空道人想找个传书的人,结果"仍袖至那繁华昌盛地方遍寻了一番。不是建功立业之人,即系糊口谋衣之辈,那有闲情去和石头饶舌？"《西游记》开头,美猴王寻仙访道,到了南赡部洲之后,"见世人都是为名为利之徒,更无一个为身命者",也是差不多的意思。

"仁清",是世间人伦道德,"巷"是条条框框,"仁清巷"比喻修行人做过很多辈子的世间善人。"葫芦"是糊涂,超越善恶对立,"庙"跟佛法有关,"葫芦庙"比喻修行人熏修过很多辈子的佛法。

"甄士隐",就是"真士隐",真正的"士",他是有个人原则的,活着不是为了个人的功名利禄,这种人即使高官厚禄,也不会以高官自居,以厚禄自傲,始终在内心里平平凡凡的。古人称这种情形为"大隐在市朝"。甄士隐的老婆姓"封","性情贤淑,深明礼义",这是什么意思呢？就是这种上等根器的人,对于外界诱惑天生有抵抗力。在《大般涅槃经》里,佛说,须陀洹人(就是初果罗汉)即使在野蛮的时代投胎到野蛮的地方,也不会作恶,因为他有前世带来的"道力"。

当然,有人会反驳说,那贾雨村整天想着功名利禄,他不也是修行人的一个心理侧面吗？是的，假如修行人只有甄士隐这一个心理侧面，后面的小说不用写了。就因为修行人还要追求觉悟，所以才来人世走一遭。对于凡夫来说，富贵是最大的建功立业；对于修行人来说，成佛是最大的建功立业。都是建功立业，表面不一样，性质上是相通的，都叫躁动，只不过凡夫的明显一点而已。凡夫的躁动容易看见，三杯酒一灌就出来了，修行人的躁动，则每每是暗流涌动，所以才会有很多人对于宗教徒的诋毁，才会有这部《风月宝鉴》的问世，帮修行人照照镜子，因为潜在的很多心理侧面，连修行人自己都不知道，看看这部书，就知道了。

"贾雨村"是什么呢？就是"假雨村"，濛濛细雨中，一处偏僻村落，看我多悠闲，看我多清高，其实心里浮躁得要死，讽刺得很。禅宗很多公案，就是帮人认清内心深处的这种浮躁。"贾雨村"所比喻的这种烦恼习气，对于修行人来说，一是体现在早年对世间功名的不死心上，二是体现在修行方面对于证果的热望上。贾雨村"风尘怀闺秀"又是怎么回事呢？想在色声香味触法这六尘世界里抓个东西到手，以为佛法是可以到手的，却不知道可以到手的都不是真货，禅宗公案里，好多人在挨棒子之前大约都是这样的，挨了棒子，没准就老实了，再也不想了。成佛作祖不是向外求的，向六尘里讨究竟想成佛，跟怀念女子的俗情性质上是一样的，都是对于外在某个对象的"念兹在兹"，只不过结果不一样罢了，前者可以通过三宝熏修来达到放下的目的，后者则是局限在五欲里打滚。

说完甄士隐的来历，小说开始说"神瑛侍者"和"绛珠仙子"的来历：

只因当年这个石头，娲皇未用，自己却也落得逍遥自在，各处去游玩。一日，来到警幻仙子处，那仙子知他有些来历，因留他在赤霞宫中，名他为赤霞宫神瑛侍者。他却常在西方灵河岸上行走，看见那灵河岸上三生石畔有棵绛珠仙草，十分娇娜可爱，遂日以甘露灌溉，这绛珠草始得久延岁月。后来既受天地精华，复得甘露滋养，遂脱了草木之胎，幻化人形，仅仅修成女体，终日游于离恨天外，饥餐秘情果，渴饮灌愁水。只因尚未酬报灌溉之德，故甚至五内郁结着一段缠绵不尽之意，常说："自己受了他雨露之惠，我并无此水可还；他若下世为人，我也同去走一遭，但把我一生所有的眼泪还他，也还得过了！"因此一事，就勾出多少风流冤家都要下凡，造历幻缘。那绛珠仙草也在其中。

"警幻仙子"，就是佛菩萨。灵河岸上三生石畔的故事，就是进一步交待宿世深厚佛缘。神瑛侍者大体比喻阿赖耶识，绛珠草比喻修行人所理解的"佛法"，是阿赖耶识里种下的一个种子，其他的"多少风流冤家"代表的是修行人的其他妄情。一念妄动，无量无边的乌云都跟着起来了，就像张拙秀才的偈子说的，"一念不生全体现，六根才动被云遮"。"终日游于离恨天外，饥餐秘情果，渴饮灌愁水"，是说没有明白的人，还得靠读经维持慧命，其中感觉如人饮水冷暖自知，烦恼了就自己捧一本经来品品。西方灵河岸边灌溉久了，绛珠草决心投胎走一遭，以眼泪还报灌溉之恩，是比喻累世佛缘既深，这辈子将以证悟佛法为唯一使命，不穷尽佛法，决不罢休。

四、解谜太虚幻境

太虚幻境是什么东西呢？前后出现三次，简直是贯穿《红楼梦》的一条线索。本书后面基本上是按照原著行文顺序解读的，这里干脆单独挑出来，打破原著行文顺序，三次场景汇在一起解析一下。

太虚幻境，就是每个众生的"本地风光"。没有信根的人，是不相信的；准备求道的人，只能听人家（包括佛经、公案等）讲是怎么回事，其实自己还是不知道怎么回事；过来的人，是体会了的。太虚幻境在《红楼梦》里的三次出现，就是分别比喻修行人对于本地风光的结缘、入门、体悟。

太虚幻境显得非常神秘。说它有，却虚无缥缈、不可把捉；说它无，种种妄情便是从它里面化生出来的，修道到了后来，很多女子仍要返归太虚幻境"销号"。这种情形便是佛教所说的"真空妙有"，也是老子所说的"玄之又玄，众妙之门"。

太虚幻境的第一次出现，是在第一回"甄士隐梦幻识通灵，贾雨村风尘怀闺秀"。甄士隐跟随一僧一道来到太虚幻境，比喻前世善根成熟，这辈子遇到相应的法缘。这时牌坊两边写的对联是"假作真时真亦假，无为有处有还无"，意思是说这世界你把它当真了，它就真了，其实还是假的，你无中生有了，它就有了，其实还是空的。这种强调"空""假"的观念，属于佛门的初步教学。这次只是结缘，没有进去，初步知道，原来人心里还有这些名堂好玩，都说外面的世界很精彩，原来里面的世界更精彩。

这种结缘意义非常大，举凡世界上的一切学问，凡是开始把人往内心引的，不管正道还是歪理，都有它的某种妙用，大可不必因为见解上的差异，就动辄乱扣帽子攻击人家。

第一次见识太虚幻境，领路的是一僧一道，这两位在甄士隐眼里是高人，但甄士隐一时还有太多牵挂，没法跟着他们走，只是被他们吸引了注意力而已。这里的道士并不是真的道士身份，只是喻指佛教中的有为法部分，一僧一道，即是比喻在甄士隐心目中，佛法是半有为半无为的。这是依据《维摩诘经》里讲的，菩萨修行，"不尽有为，不住无为"。《红楼梦》里，有时候是和尚单独出场，有时候是道士单独出场，有时候是二人一起出场，就是要以和尚比喻究竟、无为，以道士比喻善巧、有为。比如，佛教有些法门，要遵守一系列严格的程序，次第而修，那这是有为还是无为呢？在旁观者看来，可能就是半有为半无为的，在有为的背后，贯穿着无为。

有人说《红楼梦》是在讲丹道，其实《红楼梦》是以佛教为核心的，极少涉及丹道的东西。当然要说到丹道，依区区之见，那是有上中下差别的，通常理解的什么寻草烧茅、炼金炼铅、打通二脉甚至房中之术，在号称"万古丹经王"的《周易参同契》里早就被否定了。结合后来的丹道祖师吕洞宾、张伯端、刘一明等人的著作来看，真正的金丹大道，要在心上用功，心才是一切秘密的宝藏。《红楼梦》借用"贾敬"（谐音"假径"）服丹暴毙的例子，来提醒修行人，不要死在小道上。

第五回"贾宝玉神游太虚境，警幻仙曲演红楼梦"，是正式入门了，开始领教佛对于这个世界的一系列开示。入门的时候，佛说，烦恼无尽啊，一切都是因为"执着"引起的啊，执着就是情，情就是执着，无量无边的众生迷在里面，造下种种孽业：

> 转过牌坊，便是一座宫门，上面横书着四个大字，道是："孽海情天"，也有一副对联，大书云：
> 厚地高天，堪叹古今情不尽；
> 痴男怨女，可怜风月债难酬。

这次只是入门，并不是究竟，好像"孽""情"都是确定真有似的，好像都有很大的问题似的，所以要等到第三次进去，换了一副对联，才明白佛说的，这世界本来没事，一切法当处解脱，烦恼本不异菩提。

这一回里，警幻仙子主要干了两件事：一是讲解修行人的心理主要有哪些死结；二是通过"法喜"引导贾宝玉从世俗欲乐里脱开，转向对三宝的清净欲乐。

贾宝玉偷看的正册、副册、又副册，评价了各个主要女子；舞女们所唱的《新制红楼梦十二支》，进一步地作了评价。这些都是讲解修行人的心理主要有哪些死结。

这些讲解，贾宝玉一时无法领会，因为才刚入门，对于佛法，没有从内心深处生起真正的热爱之心。就像一个嘴巴上表示要接触佛经的人，他可以捧起一本佛经看一会儿，但是，内心深处其实未必有什么触动，因为他还没有亲自体验到甜头。接下来，就需要"法喜"了。

法喜是什么呢？简单地说，就是亲自体验到身心的愉悦，证明佛说的某某道理或者某某法门，原来是真实不虚的，佛没有骗我。有了这种愉悦，他会从内心真正生起动力，不用别人督促，也会用功。孔子说过类似的话，"知之者不如好之者，好之者不如乐之者"，也是说，只有有了法喜，才会真正走在道上而不回头。《维摩诘经》上讲："先以欲钩牵，后令入佛道。"《法华经》也说了"火宅三车""化城"之类的比喻故事，用意是什么呢？佛说，是为了引导大家继续前进，总是让你觉得前面还有更好玩的，等福德智慧累积到一定时候，机缘成熟，才知道宝贝不用到处找。

古人说饥来吃饭困来眠，听起来简单，但不经过一番大折腾，恐怕不会甘心的。所以警幻仙子告诉贾宝玉说：

> 今既遇尔祖宁荣二公，剖腹深嘱，吾不忍子独为我闺阁增光，而见弃于世道，故引子前来，醉以美酒，沁以仙茗，警以妙曲，再将吾妹一人——乳名兼美，表字可卿者——许配与汝。今夕良时，即可成姻。不过令汝领略此仙闺幻境之风光尚然如此，何况尘世之情景呢？从今后，万万解释，改悟前情，留意于孔孟之间，委身于经济之道。

修行的路上会有各种美妙体验，经历了这些法喜，对于尘俗的五欲之乐自然就看淡了，等该体验的都体验过了，自然就死心了，就可以回归平凡，原来世间万法跟实相不违背，原来大道这东西真的是人人有分，也就不用吃着碗里的望着锅里的了。上面引文里的"宁荣二公""兼美""可卿"等人名含义,本书后文会有专门解析,这里暂且略过。

太虚幻境明明是仙境,这次在宝玉的眼里,却到处都是"情":(1)他之所以来到这里,是受了"秦"(情)氏的引领;(2)追随的是绝色美女——警幻仙姑,本来是要为众生"警幻"的,结果在宝玉的眼里成了绝色仙姑,这可以参考《楞严经》卷一阿难说自己出家的因缘;(3)进来了之后,连那些"大士"(菩萨)竟然也都是以情为名——"一名痴梦仙姑,一名钟情大士,一名引愁金女,一名度恨菩提,各各道号不一",不过,这四位大士的名号,两个是含情的,两个是度情的,总体上是半凡半圣;(4)警幻仙子给贾宝玉喝的茶、酒,也都是以"情"命名的。

同样一个东西,不同的人,理解的可能不一样。

在清净的人眼里,世界是清净的;在烦恼的人眼里,世界是烦恼的;在想从烦恼转为清净的人眼里,世界是烦恼与清净掺杂的,而这,就是贾宝玉此时对佛门的理解。所以,他看到的太虚幻境,仍然以情为主。

第三次来到太虚幻境,是在第一百十六回"得通灵幻境悟仙缘,送慈柩故乡全孝道":

> 又要问时,那和尚早拉着宝玉过了牌楼。只见牌上写着"真如福地"四个大字,两边一副对联,乃是:
> 假去真来真胜假,无原有是有非无。
> 转过牌坊,便是一座宫门。门上也横书着四个大字道:"福善祸淫。"又有一副对联,大书云:
> 过去未来,莫谓智贤能打破;
> 前因后果,须知亲近不相逢。

这一次是和尚领进去的,不再是追随美女进去的,不是"情"了,是真净、无为,所以回目使用了"悟"字。从报恩来看,这个时候是真正报恩了,报佛恩,报父母恩。

"假去真来真胜假,无原有是有非无"是什么意思呢?不再追随假的东西了,那么真的东西自然就出现了,就像苏轼《后赤壁赋》说的"山高月小,水落石出"。这个在佛门的术语,就叫"一真法界",一切都是真的,一切都不虚妄。被假的东西牵着走的时候,一假一切假,所以是凡夫;不被假的东西牵着走的时候,一真一切真,所以是觉悟。佛说了许多年的"无常、苦、无我、空",后来则告诉徒弟们,那是为了引导你们,方便说法,现在我再说另一个版本的"常、乐、我、净"你们听听:

> 汝等当知,先所修习无常苦想非是真实。……汝等应当善学方便,在在处处,常修我想、常乐净想,复应当知先所修习四法相貌悉是颠倒。欲得真实修诸想者,如彼智人巧出宝珠,所谓我想、常乐净想。(《大般涅槃经》)

一味地往"无常、苦、无我、空"那边跑,就容易跑岔路了,可以修定修得很厉害,可以解脱肉身执着,但跟无上菩提还隔层皮,到了一定的时候,要懂得调整调整。佛说,他要讲的东西很微妙,一不小心就有人抓住只言片语跑偏了,所以叫人"依义不依语"。在《大般涅槃经》(北本)卷三十三—卷三十四里,佛举了一些"我诸弟子闻是说已,不解我意,定言……"的例子,就是这种情况。

"福善祸淫"以及那副对联"过去未来,莫谓智贤能打破;前因后果,须知亲近不相逢"又是什么意思呢?就是"不可思议""一切法当处解脱",换成《金刚经》的说法,就是"一切有为法,如梦幻泡影,如露亦如电,应作如是观"。不用多想了,想也想不清楚,世上一切的一切,自然有它的因果秩序(六祖称为"色类自有道,各不相妨恼"),不要再以为自己的大脑是银河超级计算机。不想了,反而清楚;想了,反而糊涂。这像个悖论,鸠摩罗什的徒弟僧肇专门写了一篇《般若无知论》,来解释这个悖论。

摘自陈嘉许:《禅解红楼梦》,上海古籍出版社,2019年

对话：书画作为工夫修养的形式

柯小刚（同济大学人文学院）
燕　凯（上海海事大学徐悲鸿艺术学院）

一、观复：下学上达的书画生活

柯小刚：这次与燕凯、鹿芸薇一起做的书画联展，主题叫作"书画观复"。为什么叫这个题目？我想从刚才跟一位书画班的学员聊天说起。刚才喝茶聊天的时候，有个学员跟我谈到一个话题。她说现在小孩子的教育中特别缺少动手的项目，她觉得应该增加手工劳动的训练。我说这个问题确实很重要，但"手工"也还是不够的。"片面动脑"和"片面动手"都不对。然后，我就跟她说到书法教育。

书法教育的意义是两方面的，一方面它是动手的，就像做手工一样，动手的；另一方面呢，它是文化性的，它是动脑的，它是学文化。书法把动手的一面和学文化的一面结合在一起。所以，书法是沟通身心的绝佳途径，使我们在生活中能做到"下学而上达"。下学就是可以洒扫应对，可以动手；上达的话呢，可以学文化，可以修德，可以悟道。上下之间，书法可以成为特别好的通道。

为什么书法能有这么了不起的功用？这首先是因为中国文字就是这样一个能够关联天地大道和人伦日用的东西。从高的一面讲，伏羲画卦、仓颉造字构成了汉字的天道源头。从这个系统下来的东西，还有我

对话：书画作为工夫修养的形式

们的中国画,它也是取象写意,是关联天地大道的。但同时呢,书写文字、观看物象又是我们日常生活中每天都少不了的事情。所以,书画是关联天道和日常生活的"节点"。因此,书画才能成为一种修道的生活方式。

燕凯、鹿芸薇和我都是那种天生就在这个"节点"中,注定要过那种生活方式的人。我们都是从很早的时候就自发地接触到这样一种非常特别的生活方式和修行方式。它可以向下关系到人伦日用,向上体会天道。这点意思正是我们这次三人书画展特别想要给大家传达的意思。这个意思,我们管它叫"书画观复"。这个题目曾是我给鹿芸薇的画册写的序言的题目。最近在台湾"中研院"和中正大学做讲座,也是用这个题目。当然,讲的具体内容每次会有很大的不同。

什么叫书画观复呢？一方面,这个复啊,是这个《易经》里的复卦。它是指这个天地的运行,天地之道,它是往复;它又是指个人的修行,克己复礼,回到自己的内心认识自己,复性,也是复。譬如说开幕式之前跟大家一起站桩。站桩一方面是回到自己的内心,对自己的身体每一寸的感觉有一个觉知,同时又是通过这样一个对自己的身心的修养,来接通天气、地气。在个人与天地之间,给它关联起来,这叫复。是克己复礼,也是天地复之道。

"书画观复"的第二层意思是在书画史的意义上来说的。中国书画艺术作为一种日常修身的生活方式,已经失传了一百多年。我们可能不得不这么讲,虽然这么讲可能稍微有点挑战性。中国书法和中国画,在这一百年来,应该是更加繁荣、壮大了,因为成立了那么多的专业院系,举办了那么多展览,涌现了一批又一批现代书法家和画家。现代的专业书画家肯定比古代多。三十年内涌现的专业书画家数量可能超过以往三百年的总和。

可是,什么是书画？书画是干什么的？它的性质发生了变化。书画不再是修道用的,不再是修行用的,不再是一种生活方式。也就是说:向上,与天地大道"失联"了;向内,与自己的内心"失联"了,与日常生活"关联"了。于是,孔子所谓"下学而上达"都没有了,下学没有了,上达也没有了。孟子所谓"放心"没人去"求"了。在一个通信发达的时代,人们却普遍处在"失联"状态中。人莫不有心灵的手机,却都"不在服务区","无人接听"。

那么,在这样的时代,书画变成什么了呢?变成了艺术专业,变成了艺术市场,变成了展览,变成了拍卖,变成了赚钱,变成了艺术产业,对不对?于是,书画作为自古以来就有的一种修道方式、一方面关联天地大道一方面关联切己身心的修行方式、既是最日常又是最超越的生活方式,这样一种人类特有的艺术、修行、生活方式,恰恰是在现代的、专业的、学院的、艺术产业的繁荣当中衰落了,失传了。这样的时代需要什么,需要"书画观复"。

我们看到传统文化复兴的趋势正在方兴未艾。书画这样一种古老的修身体道的方式也正在找回来。跟古人比起来,我们三人的水平还差得远。但是,我们愿意做这样的尝试,希望用我们愚笨的双手、拙劣的画笔,来给大家传达这样一个理念:那就是,原先几千年来,我们这个国家,我们这个民族,我们这些说着汉语、写着汉字的中国人,曾经是无比熟悉的这样一种上可以体天道、下可以扫洒应对、人伦日用的这样一种生活方式,我们要重新找回它。

燕凯:刚才柯老师从展览的题目"书画观复"讲起,真是谈到了很多传统书画的精义。我目前也正以"书法的修养之维"作为研究课题,芸薇的博士论文主要探讨"兴与文人画",这都与"复"关系非常大。其实,所谓修养不过是要复归到人的本性之初;而恰恰是因"复"而起的"兴",才是真兴。

我们和柯老师经常在一起书画雅集。说白了,就是大家凑到一起临临古帖,写写画画,让身心闲散下来,不抱有什么目的性。这就容易复归到一种本然的生活状态。当然,通过阅读经典,或者喝茶等等,也都是很好的方式,而我们是习惯于借着笔墨游戏而进入的。

不管是临帖也好,自己创作也好,尽量让当下的心灵感触通过笔墨而流露出来,越是直接畅快越好。彼此之间用心体会,感应交流,那时候语言的层面已不是很重要了,也不一定要形容一下作品怎么样好,都是你方写罢我登场,其乐融融。其实这个时候啊,身心世界是处于一种相通互感的,生动活泼的状态,这才是"生活"的本意。这时的生活一下子就脱离了日常的琐事,比方说上班要赶时间,要完成什么事儿等等,种种目标其实都会成为生活的挂碍。

唯有复归到生动、活泼的状态,"生活"两个字的意义才会不同凡响。柯老师以前就跟我说:"我呀,一写字的时候就感觉成仙了。"当时还作了个飘飘悠悠的表情,超可爱!哈哈,其实神仙也是凡人做,人能跳脱凡俗的桎梏,就已经有点儿仙味儿了。

二、蒙养生活与阴阳感应

柯小刚:神仙生活与常人的不同在于"混一"还是"分别"。石涛《画语录》中有两个核心概念,一个叫"蒙养",一个叫"生活"。蒙是《易经》蒙卦的蒙,养是养生的养。怎样才能活出真正的本来的生活状态?如何才能气韵生动?生气活现?要"蒙养"才行。譬如刚才跟大家一起站桩,站那儿不动,内在地用功,"沉密神采",那就是蒙养的一种方式。

为什么我们每次书画课中都要带大家打坐、拉筋、站桩?因为只有在"蒙养"中才能出"生活"。我们日常打坐、读书、读帖、看古人的画、默默地观赏朋友的作品、独与天地精神相往来,这都是蒙养。我们的书画班叫"读经游艺共修班",没有书画两个字,也是重在蒙养。有蒙养,才有生活,而且只有蒙养才能带来"道自导"的"生活",否则就是"刻意"的"生活"（参《庄子·刻意》篇）。

燕凯：柯老师刚说的这个"蒙"字。现代书画艺术啊，往往就是缺乏"蒙养"，片面追求展览的视觉冲击，把书画艺术都展示在眼睛那儿，却难以滋养内心。

柯小刚：那个就是要追求视觉打击力。而我们的装帧方式，这是燕凯和芸微发明的，哈，却刚好相反，希望是一种朴素的、谦逊的、不引人注意的、"蒙养"的方式。

燕凯：极简式的。

柯小刚：对的，极简。没有夸张的外框，没有炫目的拼接。我们不用那种张扬的、向外表现的、生怕别人注意不到的方式。我们反过来，希望你不要注意到它。卢梭《爱弥尔》里面也提倡最简朴的画框。蒙养，然后才能真正生活。生活是有生气，可这个生气不是那种张扬的、外露的，恰恰是蒙养才有生活。这是石涛的画论思想给我们的启发。

同样，在"谢赫六法"里面（那就更早了，是在六朝，中国画起源时期的思想），其实也有相通的思想。"六法"第一条"气韵生动"，对应于石涛说的"生活"。生活，才能气韵生动。可是，怎样才能气韵生动呢？"骨法用笔"。"骨法用笔"就不能浮在纸上，不能张扬外露，不能"露骨"，而是要象蔡邕说的那样"藏头护尾、力在字中"，也就是石涛所谓"蒙养"的意思在里面。只有这样，你能够收得住、藏得住、养得住，你最后发出来的才是真正有生气的、有生活的东西。这个理解对不对？

燕凯：您刚才说到这个"蒙养"和"生活"，我觉得特别好。其实这俩真是相反相成啊！只有"生活"才能更好地"蒙养"，也只有真正地"蒙养"才能发跃生机，才能"活"过来。

柯小刚：这个意思在中医里可以讲得更清楚。书画的道理其实跟中医是完全相通的。蒙养与生活的关系，就是《黄帝内经》所谓阴和阳的关系。《素问·生气通天论》说："阴者，藏精而起亟也；阳者，卫外而为固也。"意思是说,阴是在五脏里面含藏精气,同时对外面的阳起到一个支撑的作用。它是在内的,但是它又往外撑。而阳呢,它是在外,但又往里护,这叫"秘固"。如果风一吹你就感冒了,阳气就不密固。阳是在外的,它是表层的,太阳最表,阳明少阳一层层往里,再往里就是阴,太阴、少阴、厥阴。三阳在外,三阴在内。可是,阳虽在外,却向里护;阴虽在里,却向外支撑。

太极拳不也是这样吗?我们刚才站桩也是这样。为什么我们的胳膊要这样往里回护?站桩既要有"顶劲"之刚,又要有"虚灵"之柔;既要有"拔背"之阳,又要有"含胸"之阴;而且,只有二者相辅相成,才有站桩的端正与放松并存。

书画的道理也是这样。写字的时候,一方面这个笔要能够按下去,但按下去的同时要有一个往上提的力,要提得起来。同样,往上提的时候则要有一种按下去的力。这样的话就可以使得你啊,按下去的它不死,提起来的它不虚。这里都有一些啊,相互的抗力,但是呢,又能够相互地支撑,这就是阴阳的关系。《易》云:"一阴一阳之谓道。"

燕凯: 您刚刚又引出了中医与太极拳的理论,说到底,都是阴阳变化之道。回到书法问题,您提到用笔的提与按也是阴与阳的关系,而且提中有按,按中有提,也就是阴中有阳,阳中有阴的意思,终归不离往复之道。我再接着发挥一下:其实书法的各个层面都是在讲阴阳。比如:用笔的提按、转折、藏露;结体的开合、聚散、奇正等等。乃至笔画的应带,笔势的贯通,气韵的生动,无不是阴阳运化而展开。但阴与阳必要达到运化的程度才能焕发出神采来。其中的关键是什么呢?是感应。而且是要怀着那个"蒙养"的初心去感应书法,书写的过程才能"生动"起来。若是仅仅依靠眼睛的观察,头脑的认知来理解书法,那就根本谈不上什么气韵生动?停留在眼睛和脑子这儿,就通不上去了。

真正说到书法也好,武术也好,所谓"行家伸伸手,便知有没有",还得要拿出"技"。内行人相遇呀,比划比划就知道你的斤两了。我是最怕那种既没有用功练过书法,但又理论一大套的人,听他们评论书法,我就头大。

柯小刚：现代社会就有这样一个所谓的分工的特点。那艺术家是只管创作,那么评论家呢,其实自己不创作,完了只管评论。然后还有理论研究者,他管研究。这就是庄子所谓"道术之裂"的表现啊。道术分裂之后,"思想"和"技艺"都成为"专业"的东西,不再"道通为一",结果便是思想和技艺的双重败坏。

燕凯：说到这个"技"字,左边一个提手旁,右边是个支字。这恰恰说明"技艺"正是一个支点啊,还可以联想到树枝的"枝",也是与根脉相联的。或者说,"技艺"就是一个管道,是将"道"引归到自心的一个途径。所以古人才把毛笔分为"毫端"与"笔管",以"端"去感应,以"管"来导入,以人心而契会于道。书法之"技"本身不是"道",但作为一个引子,在书写之际,它能将真气、元气引发起来,氤氲而生动。

柯小刚：是啊,笔管是感应的通道,毫端是感应的触角。这个意思在虞世南的《笔髓论》中有非常精深的论述。通过"感应",心、手、管、毫、纸、墨、水,乃至周围环境、天气、朋友,无不"蒙养"为一个浑然一体的"生活世界"。这层意思,我曾专门写过一篇文章,分析王羲之《兰亭序》与王徽之"雪夜访戴"的关系。

所以,"蒙养"的要点,其实是在于它把一些分开的东西,通过技艺分开的东西,通过专业化给它分开的东西,重新合到一起。所谓"蒙养"就是给它"混一下",就像在山水画中常用的技法,通过全局的晕染,使画面浑然一气,达到《庄子》所谓中央混沌之帝的状态,"道通为一"。这样的技法便是《庄子》里说的"进乎技",就是能够比技还要进一层。进一层就是道。这就是道跟艺之间的关系。这跟刚才说的阴阳关系也有类似的地方。阴阳之间,道艺之间,都有一种张力,但又相辅相成。

三、回到原点，感通天地消息

燕凯：您讲的"分"与"合"，也可说成是"一而二，二而一"吧！或者是由原点而分化，再从分化归到原点，这也是阴阳交媾而融通的状态。其实，我们看毛笔的笔锋啊，正具有"原点"之象。它有俯仰、藏露、方圆的种种变化，但笔锋是要最终能够聚拢的，这就意味着要回归原点。但真正的原点在哪呢？还是每一个人的心，这才是汇归于本原。如果真在心源的一点上沟通了，无论武术太极、书法绘画都可以成为体道的一个途径，这个时候才能讲"下学而上达"，也自然不会停留在眼，停留在头脑这个层面。

柯小刚：这回到原点啊，我们可以有一些特别简单的示范（挥毫示范）。你看啊，我一开始教大家做一些简单的笔势练习，左一下右一下，左边一呼，右边一应，其实就回到了你起笔的地方。我们看好多拳术套路，也都是从一个原点开始打，伸胳膊踢腿，满场子转一遍，最后回到起式的地方。所以米芾讲"无垂不缩，无往不收"，都要回到原点。

燕凯：您刚才演示的这个左右回护的用笔动作，恰恰构成了往复之间的照应，是一种感应式的思维。用笔不能太刻板作意，要在有意无意之间去自然感应。

柯小刚：要不我们试着回顾一下最初学习书画的生命原点吧？我是山沟沟里长大的，没有什么学习条件。但是农村里有一个好的传统，就是家家户户都非常重视小孩写毛笔字。所以我小时候，我们村里的老人，我自己的爸爸妈妈哥哥，都是我的老师，都教我，然后我拿起笔就写，经常一写就是一天。我昨天晚上还写到半夜。我从小就是那种一拿起笔就"根本停不下来"的人，呵呵。

燕凯：这就像看见字帖，拿起毛笔，马上接通电源一样。

柯小刚：其实每个人都是接通天地信息的手机，关键看你来电不来电,显示不显示。每一个人都有自己的频率,有自己的天线。每一个人都是个天线宝宝,问题只在于你有没有找到自己的天线和频道。我们的天线就是手上这只毛笔,对不对(把毛笔放到头顶上,做天线状)?呵呵,我们的天线就是这个东西。那我们太极拳老师的天线就是这个(做太极拳状),对不对?

燕凯:对对对。我们拿毛笔当天线。太极拳老师伸出手来就是天线,是吧?

柯小刚:书法跟武术的这个关系,确实很紧密。我在书法教学中总结出来的笔势练习,学员都说很像太极云手啊。我也不太懂。小时候比划过几招少林长拳。那时候流行练气功、习武,地摊上有很多带插图的"武功秘籍",呵呵。

燕凯:照着图式学还真的不行。我看中国的学问,到底还是要手把手来教的。师徒之间所传递的实际上是一种力度和感觉。要见过真人,才能学到真招;有了真人,方可道出真言。那些图示的东西,实在有太多的隔膜了,一般人很难有慧眼将其看穿。

柯小刚:我小时候也走过一些弯路。我从小喜欢写毛笔字。但只有从中学开始通过《青少年书法》等杂志了解到一些书画历史,然后在大学的时候开始懂得直接读古人的书论画论,才算是走上正路。从那之后,我才知道书法不只是"练字"。

通俗所谓"写大字",从"欧颜柳赵"开始"把字写好",大概是从明清以来为了科举写"馆阁体"而发展出来的一种方法。这种方法曾经有很大的功用,但今天已经丧失了实际用途。于是,它的弊端反而更加凸显出来,譬如这种方法会过分强化练习者对于几何结构的关注,而不容易教人领悟书法的深层本质在于体会节奏感和气息的贯通等方面的东西。所以,我这些年一直在摸索书法教学的入门究竟如何才好?我的基本经验是必须回到源头,回到唐以前……

燕凯：您现在讲回到书法的源头，刚才我们是探讨心灵的原点。"源头"也好，"原点"也好，仿佛都指向了事物的源发意义。但越是原初的东西越难说清，越难以领会。就像甲骨文、篆书一样，几乎谈不上什么笔法技巧，但其苍茫浑朴的气象却感人至深。人一生的志向大概也是如此，很难确切地说清楚，但又时时在生命中观照着自己。对我来说，书法就特别能激起这股冥冥中的力量，所以，这么多年来，哪怕学书的过程中会走一些弯路，但与书法的缘分终究是不会断的。哎呀，人与人之间的缘分是不是也有些类似呀！我觉得和柯老师能有缘见面，也很有意思，哈哈哈。

柯小刚：起初，他是在我办的书院网站上，看到我发出来一些书法的照片……

燕凯：我当时一看啊，这信号频率马上就接通了！我们都朝向那个"原点"在写嘛！哈哈……其实也真是，要说技法层面，柯老师和我都有很多不足之处，但那个说不清的东西，它又是相通的。

四、临摹是与古人谈心对话

柯小刚：书画怎么看？怎么欣赏？可能是很多朋友关心的问题，这个真是很难讲。我们现在流行的是去分析什么结构啊，结体啊，构图啊，等等。但这些远不足以理解真正精微的东西。其实，提高欣赏水平几乎没有别的途径，只有去多看古人的笔墨，然后自己要去学，动手实践，找老师，自己写个一两年。再就是第三点，要用心——这个并不虚啊，一点都不虚。

心是最实的，因为每个人第一时间知道的正是自己的心。一幅字画，写的人、画的人用了多少心，非常客观，一点都不虚。他用了心，用了多少意，都在那里，一点都骗不了人，更骗不了自己。意比较多的，用心的作品，它就耐看，怎么看怎么舒服。意少的，不用心的作品，虽然有时可能比较打眼,但是一仔细看,就觉得贫乏,不耐看。这就像有的人,看上去很有腔调,但一深入交往就没什么可聊的。

好的字画就像老朋友一样,是可以与之长久深入对话的。它是活的,是可以与用心的读者相往来的。《兰亭序》的结尾说"后之览者,亦将有感于斯文",诚非虚言啊!《中庸》末章说"君子黯然而日章",就是这样的老朋友、好字画的感觉。在与好朋友、好字画日夕相处晤谈中,我们自己也会慢慢地变化气质,成为"黯然而日章"的君子。

燕凯:甚至说教书法这回事儿,也不需要讲特别多的理论。理论懂得多了反而成为障碍,若直接进入书法的体验之中,所有的阴阳啊,气韵啊,都在里面了。那老师所起的作用是什么呢?其实就是扶持、引导。大家看"六艺"的艺字,书法也是"六艺"之一啊。"艺(藝)"本义就是种植,古文字是这样的"𓍷",就像一个人跪在地上,双手扶持着树苗,下面是土,好让树苗生根,自然地长出来。这个"六艺"的艺字,也象征了练习书法的过程。老师就告诉你,这一笔写得好,画一个圈;那一笔不行,怎么样改进,也用朱笔描一下。在这个过程中,就是给初学书法的人一个扶持作用。若是这棵书法的小树长起来了,老师也就没用了,哈哈哈。

柯小刚:没错,这个艺字,它本来的意思是培植一株植物,培植一个生物。那么带学生写字画画,带学生怎么看,怎么学会欣赏,学会创造,都是把学生当作一个有机的,当作一个活的东西来培养,看护他的成长,而不只是来教一些知识,教一些所谓的技法。当然,知识和技法也要教,但肯定是第二位的。

燕凯:对,那些都是其次的。

柯小刚:我就见过这样的老师。几年前我在某大学教书法的时候,有个学生在高中的时候就得过很多奖啊,应该说基础很好,但实际上,我一看他写字就知道他还根本不知道书法是怎么回事。他的老师怎么教他的呢?光一个点,就要写三个月,一个横要写五个月,再给你分析点有

对话：书画作为工夫修养的形式

多少种，横有多少种，都死记硬背在脑海里面，然后一个字要重复写一个月，以至于每个字都形成一种机械记忆，你再想写成别的样子都不可能了。

燕凯：都学成"标准件"儿了……再把这些"标准件"组装起来就是机械化生产了……

柯小刚：这种机械化生产是与真正的书法背道而驰的。这种东西不但在现代艺术教育中存在，而且其实是整个现代社会的通病、痼疾，表现在政治、经济、社会的方方面面。大家应该都看过卓别林的电影啊，就是讲的这个东西，非常可怕。但艺术教育其实应该成为一种疗救现代性疾病的手段。现在，传统文化的复兴和古典艺术教育的兴起，应该有助于对治现代社会标准化、机械化的毛病。

燕凯：我们学习书法一定要临习古人法帖，但临帖无非是让你体会运笔的感触，从而进入古人当时的书写状态，与之合拍就对了，而不是把古人的字"标准化"，把自己变成了"假古人"。所以，临帖的过程就像是"法帖"随时在扶持、引导你的书写，并不是束缚你的手脚，把你"捆绑"住。刚才我讲到"艺"的生长原理，也包含了这层意思。对了，柯老师您给大家讲一讲临帖，您以前说的那个比喻特别好！

柯小刚：临摹就是跟古人坐一块儿聊天。古人遗留的书迹画作是留给我们的心书、印信，是我们跟古人聊天的语言、信使。所以，书画临摹是跟古人对话，就像写生是跟大自然对话，静坐是跟自己对话。所有这些对话都是"活动"，都是"生活"，不是死的、程式化的。临摹是"尚友古人，变化气质"的活动。在与古人对话中，不知不觉受其濡染，变化气质。庄子说"与天为徒，与古为徒"，就是与古人交朋友，与天地交朋友。每一次临帖，每一次对古画的仿写临摹，都是与古人对话，都是通过与古人对话而来与天地对话，通过字画的生气体会天地的生气，与天地之道对话。

燕凯：要是做成"标准件"，就相当于把电源先拔掉，切断信号，也就没办法与古人对话了。

柯小刚：可不是吗？标准件是固定的，而对话是随机调整的。就像我们做这次书画展开幕的对话活动，对话开始之前的最后一秒还不知道要讲什么呢。（众笑）

燕凯：我说我也不知道，那咱们就随心所欲吧！哈哈！

柯小刚：其实，真正的对话本来就应该是随机的。书画作为一种纸笔对话形式，也应该是一种随机变化的调适。一下笔之后，你感觉到这个纸性，这个笔性，它的弹性如何，水有多少，墨有多少，纸的生熟程度如何，各种随机的变化和调整……那个调整速度之快，肯定超过飞毛腿导弹。

燕凯：这种随机性是脑筋解决不了的，只能感应。学书达到一定的功夫，你一动笔就会将心念的专注力汇聚到笔端，心与笔接通了，即是心手相应，自然感通。

五、神游远方与笔墨化迹

柯小刚：我的经验，无论是临帖还是创作，眼睛其实是看着"远方"。平时看帖的时候认真琢磨，而一到临摹看帖的时候，却只是眼睛的余光略微瞟一眼，取一个意，接一个兴，得一个势，然后落到纸上。这个意、兴、势就在帖子与你纸上的痕迹之间，眼光也在这之间。不能只盯着帖子看，也不能只盯着自己的笔头和纸面看。或者创作的话，是在你存的那个意与你的笔头纸面落墨痕迹之间，不断往复调整。无论是书还是画，都有存意、立意。不是说只有画才有造景、立意，书法也有个意。你的眼总是在你存的那个意与走笔留痕之间，你完全盯着那个痕迹，算来算去，患得患失，肯定匠气，不可能入道。

燕凯：完全盯着临摹对象，对话交流的"之间"状态就会封闭，那种活泼泼的东西也就没了。

柯小刚： 对的。不过，反过来，如果你完全在自己内心的那个意里面，在你要画的那个景里面，那个境里面，你压根儿就没看纸上发生了什么，那也不行。也得看着路标和路况。路标就是临摹对象，可以是古人字画，也可以是写生对象，路况则是自己笔端和纸面上的走笔落墨。不过，关注路标和路况说到底只是辅助行道。引领行道的东西终究是"远方"，是你的"心之所之曰志"，是你要去的地方，也就是意境，意向之境。

譬如我们刚才打车过来，司机问我们去哪？我们说去碧波路，他一方面看路标和路况，一方面还得存一个意，"我得去碧波路啊"，对不对？一方面要看路标和路况，一方面还要有超越于现实路况的东西，也就是你存的那个意。说到这里，我们又回到一开始的话题啦。一方面是至高的天道，一方面是动手的实践和人伦日用的生活。这就是天人之际嘛。

所以，临摹也好，创作也好，每一次书画活动都是心与手的对话，纸与笔的对话，也是我们的心手借助纸笔与古人的对话，与天地的对话。这种对话就是书画修道的方法，也是书画修养生活的方式。

燕凯： 刚说到"对话"，又提到"活泼泼"。这"话"与"活"两个字貌似也有点儿玄机呀！

柯小刚： 一个是三点水旁，一个言字旁。

燕凯： 其实语言和水一样，都要活泼通畅。它们都是最流动，不可拘泥的东西。朱熹不是也有诗说："问渠那得清如许？为有源头活水来。"源头之水是最清澈活泼的。

柯小刚： 对，天地万象没有一瞬间是停留下来的，都是流行不息的，"逝者如斯夫，不舍昼夜"。万象流行不息，而笔端落墨即定形，那么你怎么去画？怎么去写？你落到纸上的东西，它相对而言是一个定格的东西。如果不定格的话,我们去拍卖市场拍了一幅张大千,拿回来一看,哟,那上面明明有这么一座山,怎么拿回来就不见了?或者齐白石的五只虾怎么少了一只?那你不就亏大发了吗?(众笑)所以,书画落墨痕迹相对定格,它不会跑掉。但这样一来,就给书画创作提出了难题,如何用相对定格的笔墨来写流行不息的天地万象?这个问题就是我在给鹿芸薇画册序言里提出的问题:

> 天地何言哉,大美生百物。
> 四时行不忒,日新推陈故。
> 纷芸呈万象,如何笔墨住?
> 借得寸草心,元分观往复。

从顾恺之的一则逸事里,我们或许可以找到索解这个问题的启发。《晋书·顾恺之传》记载说,他曾经把他的一大箱画作寄存在他的一个朋友桓玄那里。桓玄是当时的一个大将军,也是书画爱好者。兵荒马乱的年代啊,书画也不得安生。过了两个月,顾恺之到桓玄这儿来要,"现在我安定了,这些书画作品可以还给我了"。桓玄就当着顾恺之的面,让顾恺之启封。你瞧,这个箱子原封未动哦,你这个封条都在这儿哦。结果一打开,哇,一幅作品都没有了。桓玄这个家伙啊,肯定是秘藏了,把它偷走了。但是顾恺之的反应不是这样的。他说,咦,我以前就听说过,那个神品、逸品啥的,它都会不翼而飞,都会飞走。我原先以为这种说法不过是传说而已,现在才知道这是真的。他好高兴哦,说我画的都是神品和逸品。你看,一幅都不剩,全都飞走了。他特别高兴,他一点都不生气。桓玄在旁边窃笑,心想这虎头可真是痴。

其实,我们现在想想,究竟是谁痴?痴心纸上的形象和拍卖的价值叫痴,还是痴心言外之象、象外之意叫痴?顾恺之真的不知道是桓玄偷

对话：书画作为工夫修养的形式

了他的画吗？还是顾恺之想点拨桓玄和那些像桓玄一样想要占有作品的世世代代的人们？顾恺之要点拨桓玄和我们的那个道理是不是书画所为何事的根本道理？

《晋书》记载的这则顾恺之逸事是不是在告诉我们：落在纸上的东西，就算一幅神品、逸品，它虽然是相对定格的痕迹，但那些定格的笔墨痕迹所要指向的，它要带领你的眼睛和心灵去观看和会悟的，却是那个变动不居的、大化流行的大道？落在纸上的是定格的小道，而它要带你去探访的是变动不居的大道。

我们写的时候，可以是有很大的动作，哗啦哗啦，但是留下来的痕迹相对固定。我们看展览看的是什么？是透过这些定格的笔墨痕迹，这些个道道，去看那个变动不居的、大化流行的大道。这就是观者能从书画作品得到的启发。书画作品本身只是道化的痕迹、动作的残留。它只不过是一个祝愿，一个小小的媒介，一个小小的导火索，一个天线。你们看墙上挂的字画全部是天线。你能看到什么取决于你有没有调到这个频道？所以关键取决于你自己。这就是《中庸》里面讲的"道自导"。我有一本书叫《道学导论》，书名的由来就在这里。

在金文里，这个"道"字和"導"字本来就是一个字。導字底下多一个寸，这个寸是什么呀？这个寸不过就是脚步，行道的步伐。多一个表示走路的部件，还是道。那么简化字的"导"字上面好像不是"道"，而是一个像是自己的"己"字这么个东西（或写成"已""巳"，古书通用），那个其实是草书的"道"字形，楷化之后变成"己"字形而已，没什么区别。"道自导"的意思就是说：从一幅作品或一件事物中，你能够得到多少启发，这在较小的方面取决于这个作品或这个事物，在较大的方面则取决于你自己。这就是道自导。

燕凯：笔墨啊，书画啊，这些都是媒介。媒介实际就是媒人，他的作用是引领见面，介绍对象，关键还是自己要有感觉才行。

柯小刚：入洞房的时候，媒人就走掉了，对吧？

燕凯：是啊，不走掉可不行。

柯小刚：可是桓玄要的却是媒人，顾恺之娶的才是真正的新娘。（众笑）买椟还珠的故事不是每天都在拍卖场上演吗？

我们胡扯一通啊，大家见谅。刚才聊的只是一些心得，可能也有的地方讲得不对，或者不到位，只是分享出来，仅供大家参考而已。

人文山水

江右纪游

张旭辉（自由学者）

小引 黄梨洲云："阳明一生精神，俱在江右。"倾慕久矣，恨无机缘。适戊戌暮春出差江西，事毕遂有四日之游，瞻仰遗迹，蹑攀大川，其胜不可尽纪。谨略记一二，聊以备忘耳。徐霞客《江右游日记》慨叹："人寿几何，江山如昨，能不令人有秉烛之思耶！"笔短情长，昨日明媚，山河如梦，谁谓吾有去来？

戊戌（2018）暮春，与同事有江西出差之事。4月17日傍晚到高安（古瑞州），19日上午造访朱文端墓，下午到华林山镇游览，见胡氏古镇徽派宅第及万山丛中之古造纸遗址。20日出差事成。

21日（周六）驱车至吉安市青原区，一路上柏油公路修整顺畅。下午入青原山，众山不为高峻，夹持河洲。微怀有所窃问，林风阵阵，吹我襟怀，予我回应。甫入山口，即见阳明书院，整身而入，抠衣肃拜阳明先生像及左右四贤像。此世所称"圣域"也。步至学舍小院，静坐久之，院中一棵大树参天，花叶累累可喜，斯见吾道不衰，必当有振起者。后攀登书院背面山峰，远眺庐陵及四周景色，经乡人指点，见山南一条白练蜿蜒北上，盖赣江也。正德十五年（1520）六月十八日，四十九岁的阳明先生重至吉安,游览此山,和黄山谷诗:"咨观历州郡,驱驰倦风埃。名山特乘暇,林壑盘萦回。云石缘欹径,夏木深层隈……我来慨遗迹,胜事多湮埋。邈矣西方教,流传遍中垓。如何皇极化,反使吾人猜?剥阳幸未绝,生意存枯荄。"寥寥数句,无穷维度,天人合一,古今同体,足见先生平生学问和心怀,值得反复涵泳。

下山过河,入颜真卿所题之"祖关",丛林茂密,溪水凛冽。南转数步,赫然见净居寺,古朴拙实,清净超俗。虽已傍晚,却山门旁开,任世人出入其间,门内照壁大书"曹溪宗派"四字。寺内静谧从容,有多株七祖青原行思亲植松柏,几池春水,风起吹皱,池中红鱼悠游,莲叶浮动。后转入殿后山腰,饮卓锡泉水,清洌沁心,见七祖之肉身塔,唐玄宗开元二十八年(740)十二月十三日七祖归真于此,距今已一千二百余年。俯仰前后,群山环抱,林间清风沙沙,宛如宇宙心声。六祖命行思"分化一方",丕振宗风,与衡岳之怀让,双峰并峙,禅法之盛,始于二师。唐文宗太和间人刘轲曾说过:"江西主大寂(怀让法嗣马祖道一),湖南主石头(行思法嗣石头希迁),往来憧憧,不见二大士,为无知矣。"六祖示灭前,弟子希迁问,当依附何人?六祖曰:"寻思去!"六祖灭后,希迁常常于静处端坐,寂若忘生。寺中第一座问他,他答曰:"我禀遗诫,故寻思尔。"答语可见他资质淳朴,乃真法器。第一座为他拨去迷雾:"汝有师兄思和尚,今住吉州,汝因缘在彼。师言甚直,汝自迷耳。""寻思"有"参话头"和寻找行思师兄之双关意。今在寺中堂柱上多处贴有"提起话头",不知可有人提起"寻思去"三字话头否?禅门常用的话头"如何是佛法大意",行思最为人知的回答是:"庐陵米作么价?"城里的米价是多少呢?机锋利钝,出入无间。可是,世间有几人愿意把米价同样看作人生头等大事?希迁到行思座下后,曾奉命到南岳怀让处送书信,他往返之下,在两位大师处均有极为丰富的问答,问答语力量巨大,可穿破时空,若一时悟得,当能直透沉沦。九百年后之明清鼎革,方以智负抱为儒门和禅门双重

"托孤"之志,住持净居寺,山河破碎风飘絮,身世浮沉雨打萍。又七年后之康熙十年(1671)冬,他在青原山被系,沿赣江解往广东,舟行至万安县之惶恐滩头,自沉以殉(余英时:《方以智晚节考》),当时行迹和心事皆不易言说。然而今日在此山此寺,竟无方药地之一丝痕迹。他生前名震天下,南北奔波,九死一生,学问精邃,可与黄梨洲、王船山并驰,可惜声名淹没至今三百五十年,正待后学发覆阐扬。

当夜赶到青原区下富田镇,途中见赣江与群山辉映,风姿不凡,又见滩头细沙,洁白如洗。暮色中初见镇上王氏宗祠风貌,尚不甚了然。又不惮夜深,驱车穷寻,百转千回,终在深山中大坑之原访得文信国墓。山河间寂无一人,唯闻溪水潺潺,与岁月同无休息,夜幕四裹,仅指掌依稀可见。打开手电,飞蛾满目,群山峨峨。遂步步摸索,辨析墓道,脚下不能见寻丈,难知前方台阶几何。先见山下石牌坊,上题"仁至义尽",忠肝义胆,如秋霜烈日。于是拾级而上,忽于虎形山腰处见墓碑开屏,巍巍森森。关闭手电,四周蛙鸣蝉叫,极深呼吸,展拜"臣心一片磁针石,不指南方不肯休"之文信国,万古正气,贯彻长虹。拜罢登绕墓丘,以尽恭敬。此情此景,毕生难忘。想十日前4月11日在北京府学胡同瞻仰文丞相祠,于七百余年前文信国被囚处重温《自赞》:"孔曰成仁,孟曰取义。惟其义尽,所以仁至。读圣贤书,所学何事。而今而后,庶几无愧。"丞相祠不过为二进小院,正院有一大株丁香花树,深揖下去一瞬间,花香扑鼻。

是夜住宿镇上仅见一小旅馆,并无热水洗漱。第二日(22日)早饭时与店主闲聊,他说及当地两则文信国传说,一则说文信国在山前石上跪祷,祈求上天破开山体,引河穿过,一则说文信国当年是骑着竹马北上的。乍闻之下心头震动,如雷击然。世人多不知文信国有仙家功夫,他曾自号浮休道人,"浮休"二字典出《庄子·刻意》"其生若浮,其死若休"。他在狱中曾作《五月二日生朝》诗有云:"江山如许非吾土,宇宙奈何多此身。不灭不生在何许,静中聊且养吾真。"他当年征战艰苦,牢狱灾难,或许仙家功夫不为无助,民间传说亦不尽空穴来风。

早饭后进入昨夜所见王氏宗祠参观,见崇祯五年(1632)仲秋庐陵知事、成都雍鸣鸾所撰《月光台碑文》:"此地之东南山头,俗呼之为血光寨,不解何意,岂文信国之灵,可比苌弘之碧血哉?贼寇几番蹂躏兹土,若有于野之战,是一言误为百年之谶乎?秋深八月登山,见皓魄当空,改名为月光台,期待今而后吾民得耀光明。"后驰骋江右山川大地,见土色皆为深红,北京社稷坛五色土之红土或即取自此地?

当天下午赶往金溪县青田村,几经周折,得以展谒村后山中陆象山先生之墓,墓前后石径曲折修长,若隐若现,两旁杂木夹持,花草点缀。山腰有象山四兄梭山先生之墓,乃南昌大学哲学系教授捐资修葺。二先生墓地均极简朴,人迹罕至,令人沉吟久之。小山静穆无比,清澈小河沿着山脚,淙淙流入青田河,山脚下伴月泉恰为入山石径之陪伴。青田河畔之田间地头,数十村民辛勤耕作,谈笑风生。放眼望去,视野开阔,山河草木皆极明媚,天地形胜,无可名状,此道活泼可爱,至今宛如梦中。忆及象山语录中一段文字,能合象山先生归骨处之风致。先生与晦翁辩论,或谏其不必辩者,先生曰:"汝曾知否:建安亦无朱晦翁,青田亦无陆子静。"

23日赶赴铅山县城时已入夜,明晨打开窗户,见雨中河水不惊,雾罩青山,不可谓非世外桃源。饭后至鹅湖书院,雨势转大,洗刷青藓,于遗迹间细细驰想八百余年前夏季四位先生和而不同,从容辩论。那时象山举来途中诗句"易简工夫终久大,支离事业竟浮沉",发自肺腑,斩钉截铁,没有"此心即宇宙"之真实体悟和气魄,不能出此言。朱子闻之失色,于是各自休息。八百年后亭台讲堂犹存,静坐堂中木椅,观听堂外细雨淅沥,当年可言之话语及不可说之心事如在眼前,流连许久不忍去。

下午至上饶之三清山下,先驱驰至神仙谷,穷索山谷尽头,见大龙潭从天而降,巨声震激,造化呼吸,动彻天地。潭前有龙潭公庙,庙下有乾隆四十一年(1776)《龙王亭记》断碑。后与村民交谈,方知大龙潭仅为玉山之第八碛,当年方志敏被捕在第十八碛之玉山主峰。方志敏余部在此处被两股追军合围,无处可逃,尸首遍野,河水尽红。悲哉!

24日上午九点乘索道上三清山,沿西海岸一线行走,此线路从来猿猱罕至,2002年当地耗五个月修出绝壁栈道,海拔一千六百米,一变为坦途,宛如玉带。中午至三清宫,为明清建构遗存,宫制古朴,坐落风水极佳。门外楹联"殿开白昼风来扫,门到黄昏云自封",甚为超逸脱拔。殿前有一宫门,门下有一巨石,刻有"排云桥"三字。后沿荒草间石径跻升玉京峰,为此山之最高峰,峰顶巨石刺云,映照碧天,历古题刻十数,字迹苍劲遒拙,如"德配天地"最能引人神思。悬日朗照,苍穹无际,极美云海,壮阔无语,绝顶之胜,摄人心魄。"凌绝顶"之"凌"字仍落具相,已不足形容之。子曰"天何言哉,天何言哉",此之谓欤?于峰顶坐卧攀爬,徘徊许久,前不见古人,后不见来者,方悟巅峰体验,能扫去时间和空间之双重束缚,返还本来面目,宜乎古人常常于绝地吞吐天地,出纳气息。后见天色向晚,返途中山石嶙峋,草木万变,峰回路转,赏之不尽。六点下至山脚,飞驰南昌,于午夜抵城中。

(相关图片见书中彩色插页)

寻找弘一

成　庆（上海大学文学院）

小引　无论是"悲欣交集"，还是"天心月圆"，在后世的口耳相传中，渐成一种文艺的想象，全然无视里面的佛法意涵。

弘一法师圆寂的晚晴室，位于泉州第三医院（精神病医院）的院内。从模范巷的小门入，可见一条长长的石板路，两旁的石砌墙体灰暗而压抑。医院已经迁址他处，人去楼空，一片萧瑟的气氛。

绕过废弃的病院大楼，便可见一座孤零零的牌坊，那是南宋所立的小山丛竹书院遗址，也是不二祠的旧址，与韩愈同榜高中的欧阳詹曾在此读书，后人为纪念这位高中进士的泉州乡贤，特立不二祠。朱熹在任泉州同安主簿时，因仰慕欧阳詹之风而常来此地讲学。

如今这个小小的院落里，只剩下了三间晚晴室。

晚晴室堪称近代佛教史上"最文艺的人生告别之地"。弘一大师不仅临终前在此地写下著名的"悲欣交集"，引得一片感叹与臆度，而且在提早准备好的遗书里，还留下了后来被广为传诵的诗偈——"君子之交，其淡如水。执象而求，咫尺千里。问余何适，廓尔忘言。华枝春满，天心月圆。"

但是，正如昔日曾有人对弘一大师说："来访大师求字的人如此之多，但全无一人来问法者，真是令人遗憾。"弘一法师却回答道："我的字即是法。"或许，通过弘一大师所遗留下来的片言只语，能让人与佛法结上一份看似不经意的因缘，正是他的良苦用心吧。

靠近细看，晚晴室的三间房屋已经人去室空，其中两间门窗紧闭，另外一间开启的房间也无任何家具，墙上贴着未处理掉的精神病院工作章程，显示这里曾是作为医院办公场所之用。

我用手机搜索出弘一大师圆寂时的相片，透过窗户比对着室内的空间格局与细节，虽然地砖的样式似乎并未改变，但仍没有找到足够确凿的标志物。经过反复地观察，我大概推断出当年弘一法师圆寂可能所处的房间。

对着房间合十，遥想昔日弘一法师每日在此静省念佛的情景，对比今日晚晴室的无常朽败，心中升起一股莫名的感触。

晚晴室前，一株不知名的大树，树叶繁茂，旁有石板，可供闲坐。东南外海已有台风预报，不时有夏日凉风吹过。晚晴室是这次福建参访的最后一站，恰好也是弘一大师圆寂之地，多少有一些冥冥暗示的意味。

坐在树下看着静谧的晚晴室，似乎并无多少可看之处，但却又觉得此处有无尽的宝藏等待去发掘。终了，起身欲离开，有丝丝小雨落下，天也渐感微凉。

这次来访福建，本来是要去探访明清之际的黄檗僧——隐元隆琦的行迹。年初的九州之行，我在长崎参访了隐元隆琦从福建渡海去日驻锡过的几座寺庙，对这段明清之际的中日禅宗交通史顿时有了相当的兴趣。隐元隆琦从法脉上直承清初天童名僧密云圆悟，本属临济一系，但却在日本开创了和临济、曹洞并列的黄檗宗，可谓是无心插柳柳成荫。虽然还没有机会去造访位于京都附近的黄檗宗大本山——万福寺，但我回国后却一直有心要去参访隐元隆琦位于福建福清的道场——黄檗山万福寺。

但这次的福建之行,却无意中被弘一大师的因缘带向了另外的方向。

因为行程的关系,在造访雪峰崇圣寺与鼓山涌泉寺之后,我们径直赶往厦门,与多年未见的大学老友会面。这是我第一次来厦门,见到老友,在夜晚的海滩边遥望渔火点点的金门岛,心情很兴奋。

入住与鼓浪屿隔岸相望的宾馆,突然生起一念,想上岛看看。于是在夜间搭乘游轮前往鼓浪屿,沿着环岛路四处闲看,突然见有日光岩寺,突然想起弘一大师曾于此闭关静修,遂入寺礼拜。

日光岩寺规模不大,有佛殿若干,数位比丘尼于夜色中念佛经行,正面石岩中供有佛像,偶有香客前来祈福。拾步登上一旁石阶,可见石墙上镌刻有"华枝春满,天心月圆"八字偈颂,绕过石墙,见弘一大师石像。

1936年5月,重病初愈的弘一大师来到日光岩闭关静修,但也未得清闲,不仅关中处理各种来信与编辑事务,而且还要接待各路访客,其中就有著名的郁达夫,尽管弘一法师对这位年轻作家的背景所知不多,也多以郁居士相称。而在郁达夫回忆这次见面的诗中,也多少透露出一些"逃禅"的想法:"中年亦具逃禅意,莫道何周割未能。"

不过,让弘一大师离开日光岩的最后一根稻草,是寺中每日锅碗瓢盆声与厨娘的大呼小叫,令人不胜其扰。于是在此地居住半年之后,弘一大师前往南普陀,为众讲解《随机羯摩》等戒学内容。但他也并未能安住南普陀,在给胜进居士的信中,他如此袒露心迹:

> 迩来心绪不佳,诸事繁忙,养正院训育课,拟请仁者代授。四月初旬,讲律事即可结束。将往他方,埋名遯世,以终其天年,实不能久堕此名闻利养窟中,以辜负出家之本志也。

弘一大师有离开南普陀的想法,除了信中所描述的理由之外,实有对当时闽南佛学院学僧状态之失望。在 1937 年年初,他在养正院讲述《南闽十年之梦影》,对这十余年来在福建的行迹作一番自己的总结,演讲中他反复强调佛教徒要重因果报应,不能让俗人轻视,尤其对出家人的角色有不少可称为言重的警醒。

厦门植物园内,有小寺数座,多与弘一大师有缘。穿过各种不知名的植被与树林,渐见狮山的摩崖石刻,石径旁分一路,举目可见两座并排的山门,一题"万石莲寺",一为"中岩寺"。"万石莲寺"即"万石岩寺",时任南普陀主持的会泉法师邀请弘一法师在中岩闭关,但关房尚未建设完毕,于是从 1937 年 3 月起,弘一大师暂居万石岩寺。

正在寺前的摩崖石刻前徘徊,身旁一位比丘尼黄衣翩翩,匆匆入寺。紧随其后,可见一牌坊,上书楹联正是弘一法师为万石岩寺所题——"一句弥陀声传鹭岛,千年常住业绍庐山。"短短两句,可见寺庙专修净土法门的旨趣。山寺紧靠巨岩,布局紧凑。绕殿一周,民国海军上将萨镇冰的题词赫然可见——"经翻贝叶云生榻,定入蒲团月绕檐。"

出寺门,折向相邻的中岩寺,与万石岩寺相比,中岩寺幽深僻静,更适合闭关静修,难怪弘一大师有意在此长住。入寺,一段山路后,抬头可见门扉大开,上书"放开眼界",入内,可见小殿,供有菩萨像,旁有一路通往岩顶。在此静修,当可避免游人惊扰。

但弘一大师的闭关心愿仍未实现,不久,他就接受倓虚法师的邀请,北上青岛湛山佛学院讲学。之后回到闽南,仍然四处暂住,虽能短期闭关,但从未实现昔日五年掩关的愿望。

这或许是弘一大师以文人名士身份出家而不得已面对的因缘吧。

1918 年 8 月 19 日,弘一大师正式于虎跑寺剃度,然后前往灵隐寺受戒。因为李叔同的名士身份,所以方丈和尚对他礼遇有加,安排住在客堂后的芸香阁里,而非条件艰苦的戒堂里。但戒场的开堂和尚慧明法师对他说:"为什么不进戒堂呢?虽然你是读书人,但读书人就可这样随便吗?就是皇帝,我也一样看待。"

受戒前后,过去曾在佛学方面给予弘一很多帮助的马一浮,也特地送来《灵峰毘尼事义集要》与《宝华传戒正范》,皆是戒学典籍。弘一读时非常感动,也就在此时,他发愿要学戒弘戒,正式确定了出家之后的方向。

受戒之后,按照一般出家人的选择,大抵是要在大丛林里安住参学的,学习传统丛林的规矩。可是如果仔细观察弘一大师出家后所居之地,我们可以清楚地发觉,他四处游走,主要目的是想觅一处地方闭关学戒。

受戒之后,他留在杭州玉泉寺短期居住,又去虎跑大慈寺结夏安居。次年在浙江富阳新登贝山闭关数月,出关后则前往衢州,住莲花寺。

在此后数年里,弘一大师基本在杭州玉泉寺,温州庆福寺,衢州莲华寺、三藏寺,杭州招贤寺等地居住,如果细考这几处的特点,要么是幽静山林,要么就是偏地古寺。弘一大师四处游走的真实想法,就是寻找一处可以长久闭关之所,来研习戒律。在贝山居住期间,他曾自述:

> 庚申之夏,居新城贝山,假得《弘教律藏》三帙,并求南山《戒疏》《羯磨疏》《行事钞》及灵芝三记。将掩室山中,潜心穷研律学;及以障缘,未遂其愿。

事实上,在这样动荡的环境下,他仍然完成了一些重要的工作,如在衢州期间,弘一大师基本完成了《四分律比丘戒相表记》,并校对了《菩萨戒本》。如此烦累的工作和不安的环境,也让他身心颇有不堪重负的问题,因而印光大师得知之后也来信告诫,不宜研习教典和写经,而应专心念佛。

不过弘一似乎并没有听取印光大师的告诫,在接下来数年里,他不仅书写了大量佛经,而且断断续续地闭关,抄写佛经和研习《四分律》。在他写给刘质平的信中,他曾表示会在温州庆福寺闭关五年,但不到两年,他就离开温州,前往沪杭等地,后又陆续在衢州、温州等地停留,虽有短期掩关,抄经研律,但均未实现他长久闭关的心愿,也很难实现他在写给印光大师信中所誓欲证取的念佛三昧境界。

时局动荡,也是他无法安心闭关的重要原因。1927 年,弘一大师本在杭州云居山常寂光寺闭关,但北伐军起,革命思潮澎湃,当地也颇有青年人兴起灭佛舆论,弘一大师写信给相识的堵申甫居士,表示次日出关,好护持佛教。出关后,弘一大师召集当地较为激进的青年政治人物来寺会谈,先手写劝诫纸条若干,分赠诸位到会者,其中最为激烈的一位青年,出寺后感叹道,今日天气寒冷,为何有浃背之汗?杭州灭佛舆论不久就告熄灭。

弘一大师背后所站立的"李叔同",是他永远驱除不了的影子。世间人看弘一,其实只不过是在看一个"无法理解"的李叔同而已,他们心中的弘一,还是演茶花女的李叔同,是在东京美术学校一鸣惊人的李息霜。

2015 年春节前夕,我在东京旅行,参观完国立博物馆,就在附近的上野公园闲逛,不经意间走入一条幽静的道路,似像是学校,再走一段,看到了牌匾——东京艺术大学。当时心中并不知道这所学校有何重要,只是觉得或许可以看看日本的艺术大学有什么样的特色。时值假日,校园几乎不见学生,除开偶尔遇到的不熟悉的铜像外,还有音乐系所立的贝多芬塑像。当时只是感觉,这所大学,小而雅致。

后来仔细阅读李叔同的传记时,见文中常提及他在日本留学时所居住的地方就在上野公园附近,而东京美术学校就在上野,我才恍然大悟,原来这就是李叔同曾经生活过的地方。在这里,他认识了那位后来被世人尽情演绎的日籍妻子,也就在这里,他得以两次参加了美术学校最高级别的白马会展览,名声大噪。而也正是在这里的学习经历,将他推向了西湖边的杭州第一师范学校,认识了夏丏尊与马一浮,走向了虎跑,最终促成了他的出家因缘。

不过,现实环境一再的变动,让弘一大师出家之后长期闭关的愿望始终难以达成,他的学生刘质平、丰子恺以及老友夏丏尊动议在白马湖边为他建造一座闭关房,取名"晚晴山房"。但就在同年,弘一大师在上海造访恰好路经此地的友人尤惜阴居士,听说他们要前往暹罗弘法,弘一大师当下决定要与之同去,次日就于十六铺码头动身出发。

如此看上去似乎略显草率的决定,是否是因为弘一对于这十年来在江浙各地的奔波渐已厌倦,或许很难仓促定论,但是可以确定的是,弘一大师内心中想要闭关静修的想法不仅没有消磨殆尽,反而越来越强烈,这大概是他能如此决断下南洋的重要诱因。正因此,也让弘一大师与闽南结下最后十余年的深厚因缘。

因为身体原因,弘一大师并未前往暹罗,而是在厦门逗留了四五个月,闽南的气候让他感觉非常舒适,在给刘质平的信中,他写道:"南闽冬暖夏凉,颇适老病之躯,故未能返浙也。"就在此年,他第一次前往南安小雪峰寺度岁。

次年回到江浙,但似乎已对在白马湖边闭关失去兴趣,而是请夏丏尊等人改而迎请虎跑寺的弘祥法师来此居住,自己则表示要去福建长住。就在1929年10月,他第二次回到厦门南普陀,而在年底,他再度前往南安小雪峰寺度岁,也就在这里开启了近代佛教史上的一段佳话。

南安杨梅山,是唐代著名禅师雪峰义存的出生地,后来雪峰义存在闽侯雪峰开山,大倡禅风,后曾回南安为父母守灵。有僧人因仰慕雪峰义存之德行,于是在杨梅山建寺,同样取名"雪峰",但为与崇圣寺相区隔,一般被誉为"小雪峰寺"。

从泉州前往小雪峰,并无任何公共交通,只能包车前往,司机一路感叹,这种地方从未载过游客来此地,他也是头次来云云。但是他补上一句,曾载过一位专门研究佛教的学者去过弘一大师曾驻留过的晋江草庵寺,那也是中国唯一尚存的摩尼教寺庙。

小雪峰从建筑来看,并无太多可谈之处,大抵属于闽南寺庙一带的风格,许多皆为新建,径直上高处,见一殿,名为"华严宝殿",内有几位居士,一位妙龄女子跪于普贤像前诵经。我轻声问其中一位,"晚晴亭和太虚洞在何处?"她指着殿后方:"喏"。

绕至殿后,一座孤亭伫立潭边,"晚晴亭"三字为赵朴初所题,亭中立有一碑,载有立亭之因缘。

1929年岁末,弘一前往小雪峰度岁,时在南普陀讲学的太虚大师也与芝峰法师同往,在雪峰相遇。太虚作为现代革新佛教的代表人物,与谨守佛律的传统派代表弘一法师并无半点牴牾,据说还曾在太虚洞整日论说佛法,彼此唱和。

太虚大师因钦慕弘一大师德行,特地题偈赞叹——"圣教演心,佛律严身。内外清净,菩提之因。"如今,太虚大师亲题的赞语已镌刻在晚晴亭两侧石柱之上。住持转逢和尚得见两位高僧在小雪峰共聚度岁,于是分建晚晴亭与太虚洞纪念这段近代佛教史上的因缘。

几位本地的年轻人在亭边徘徊,不过他们更感兴趣的是那一汪潭水。在碑前合十礼拜后,我转而想寻觅太虚洞,可是绕至后山,经过转逢和尚塔,前面便是一片杂树林,寻路几不可得,遂折返至大殿,咨询寺内居士,告知就是那条路线继续前行,于是再度鼓起勇气上山寻觅,山路越发难行,路边多有巨石,但不见半点太虚洞之踪迹。体力殆尽,遂只能接受当下因缘,折返休息,心中暗叹一句:"真是晚晴易觅,太虚难寻啊!"

小雪峰地理偏远,寺庙经济想必并不宽裕,寺内建设也有延宕的迹象,各种法会讯息也透露出,所有的经济收入似乎只能靠法会来支撑。但无论如何,这里毕竟是雪峰义存的出生之地,也有太虚与弘一这样的僧人前来相会，佛法讲一切皆有因缘，或许，如此偏远的山寺就是依此因缘闪烁出佛种延续的光芒吧。

弘一法师在小雪峰度完年后，回到泉州承天寺。承天寺乃闽南名刹，寺内照壁就有"闽南甲刹"的赞语。山门并不起眼，上悬"月台"二字，入内只见宽而悠长的石板路，两侧皆为白墙，右侧墙上则有弘一法师所题《华严经》句，异常醒目。

路边有一小门，上书"月台别院"，入内才知这是弘一大师昔日在承天寺所居之处。1930年年初，他应性愿法师邀请来此为月台佛学研究所上课，每日除上课之外，就为各方求字者题字，他也为优秀学僧题字，常写的就是"以戒为师"。

现在的"别院"已非当年旧物，而是依据当年的格局重建而成，以作纪念。内有僧俗各一，与我谈起弘一大师昔日在此的光景，那位居士不停地感叹："现在没人学了，没人学了啊。"

可是，就算昔日弘一大师尚在之时，又有多少人愿意跟随学习呢？

离开承天寺后，弘一大师回到浙江，在温州时因患痢疾而养病数月，后辗转至慈溪金仙寺和五磊寺，本欲建立"南山律学院"培养僧才，但也因与主事者无法投契而离开。此次讲律未果的事情，对弘一大师打击甚深："我从出家以来，对于佛教想来没有做过什么事情。这回使我能有弘律的因缘，心头委实是很欢喜的。不料第一次便受了这样的打击。一月未睡，精神上受了很大的不安，看经念佛，都是不能。"

在浙江逗留的这一年多，弘一大师常常患病，曾在上虞的法界寺染上伤寒，甚至开始和夏丏尊与主持法师商议料理后事的问题。就在1932年10月，他再度回到厦门，就在万石岩寺不远处的万寿岩寺安居。

在这段时间，弘一大师主要在厦门与泉州之间往返，他长居闽南的心情也越发强烈。他在这段时间梦见自己身为少年，与儒士同行，听见有人诵读《华严经》，并见十余位长髯老者围坐论法。弘一大师认为，这是他余生在闽南弘法的梦兆。于是他开始积极地讲说戒律学,并编写各种教材,鼓励听众发愿学律,其中颇值一提的就是在泉州开元寺为学僧讲律的因缘。

在今天如果乘坐出租车是无法直接抵达泉州开元寺大门的,而只能步行慢慢沿着西街靠近,不久可见远处立有一塔,气势雄浑,顿有时间倒流之感。开元寺山门与天王殿合二为一,殿顶狭长,"紫云"之匾远看则藏于屋檐之下,靠近则可得见全貌。

一入殿内,顿有敞亮之感,朱漆开元寺匾额之下,两侧所挂即是弘一大师所书楹联,那是朱熹昔日赞叹泉州之语——"此地古称佛国,满街都是圣人。"

1933年,弘一大师带领十余位欲学戒律的学僧从厦门来到开元寺,在尊胜院内讲《南山钞记》,并带领大家一起圈点,并不时出考题检验学僧学习情况。

尊胜院今日已经改为弘一法师纪念馆。馆前有一庭院,中树弘一汉白玉半身像,绕过塑像,可见纪念馆照壁上刻有"悲欣交集"四字,馆内展有弘一法师生平行迹。

在泉州停留期间,他也常去承天寺为学僧讲学。这段时间,弘一法师虽然往来于厦门、泉州,但是其讲学与校勘律学典籍的进度明显加快。而在晋江草庵寺居住期间,他开始阅读见月律师的《一梦漫言》,在跋文中,他谈到读到此书时的感触:"欢喜踊跃,叹为希有。反复环读,殆忘寝食。悲欣交集,涕泪不已。"

这番感动,或许是弘一法师与见月律师见律学不彰的悲痛共鸣,但也更让他产生"誓愿尽未来际,捨诸身命,竭其心力,广为弘传"的愿望。

在开元寺内一个博物馆内,我看到一幅弘一法师所写的条幅,看题款,是弘一在1938年承天寺佛七圆满时所写,内容为"念佛不忘救国,救国必须念佛"。如果考虑到此时福建所面临的抗战氛围,当能明白弘一大师对于时局的关切。

就在1938—1939年间,弘一法师四处弘法的速度似乎开始成倍增加,无论是泉州、厦门,还是漳州、惠安和安海,他拖着衰病之躯四处讲《普贤行愿品》《心经》《地藏经》等,并且不停地将手书的华严经偈赠给有缘之人。在他写给丰子恺的信中,他提到预感不久于世,因此只能勉力弘法,报答闽南信众之恩。

越深入地探访弘一法师的行迹,我越感觉无法跟上他的步伐。如果说他刚来闽南时的节奏是缓慢而随缘的,并且一方面急切地想要寻找静修闭关之所。但到了后期,他的行走越发地疾速,也很少提长期闭关的事情。另一方面,抗战交通的不便,也使得他的弘化路线变得更加复杂,而他几乎在任何一家所驻留过的寺庙都在尽力地讲学与不停地赠字,同时还不忘对过去没有完成的一些典籍校勘作最后的补注。

在泉州的百源路上随意游走,路边见一小寺,抬头一看大殿牌匾——"铜佛古寺",啊,又是弘一法师的题字。这座城市似乎与弘一法师融为了一体,你很难不会注意到这位律学僧人给这里留下的细无声的温润影响力。古寺旁,一间相当洋气的露天咖啡馆紧靠百源清池边,点好咖啡,闲坐在庭院中的参天古树下,头脑中的时空感似乎有一点失重与错位。

我无意中卷入一场寻找弘一法师的参访行程,却在这段旅途中,被慢慢带入一场时空加速的漩涡之中。当我停下脚步,不再一座座地细数弘一法师所曾驻锡讲法的寺庙,而只是在这座小小的咖啡馆感受闽南一地与弘一法师的关系时,我突然意识到,其实并不需要跟随他去做那么多的长途跋涉,因为你所走过的每一寸闽南的土地,那位衰病的僧人都已率先踏足而上。

可是,我仍然无法摆脱寻找的执着感。

寻找弘一

次日,我们登上清源山,寻找到弘一法师的舍利塔。游客寥寥,扫塔供养,绕至塔后诵读一卷《普贤行愿品》,这是弘一法师用力最深的一部佛经,在他看来,这是《华严经》的精华所在,而他毕生所依的经典,正是《华严经》。

塔内除弘一法师的舍利塔外,塔后的碑上所刻,是他最亲密的弟子丰子恺所画的大师像。丰子恺所画的同一风格的画像,在南普陀五老峰上的太虚大师纪念碑上也可见到,在太虚纪念碑上,刻着弘一法师所书的华严经偈——"当令众生喜,能报大师恩。"这或许可以看作是弘一法师对太虚大师昔日在小雪峰偈赞的最后回应吧。

在弘一大师像两侧,镌刻的是他在开元寺为"南山律苑"所题的自勉语——"愿尽未来,普代法界一切众生,备受大苦;誓捨身命,弘护南山四分律教,久住神州"。如果不能理解这两句话的内涵,大概就无法真正体解那位在西湖边出家的李叔同的真实内心与追求,而只能陷入无止境的猜疑与惋惜之中。

俗情与圣意,大抵是宗教所区分的界限。不过佛法中本无"圣凡"的绝对对立,故有禅宗涤荡一切执着束缚的潇洒与自在。但俗人见此心喜,便以为放荡形骸便是佛法,因此佛法中也立严苛之律则约束俗人身心,导向善法,契入佛法真实不二之理。因此,弘一法师所寻求之律学的复兴,乃是遵循佛陀昔日圆寂前对弟子们的嘱托——以戒为师,故才有律学代代相传,但也代代兴废。

1942年年初,弘一法师在温陵养老院静修闭关,关中所写的书信似乎透露出不久于世的讯息。七月间,他在晚晴室旁的庭院里为几位法师演示剃度仪式,并撰写《剃发仪式》一卷,交付于人,嘱托未来可依此仪轨进行如法的剃度。八月,弘一法师的身体更加衰弱,他一方面写信给相识之人交代后事,一方面也叮嘱侍从妙莲法师相关助念和毗荼事宜。

九月初四日,弘一法师以吉祥卧姿,留下那一幅令人动容的涅槃相,最终告别人世。两日后,灵龛送往承天寺化身窑进行毘荼。

承天寺里,当年的化身窑早已不存,只留下一块石碑标记着昔日弘一大师的人生终点。他的舍利后来分为二份,一份入清源山舍利塔,一份则由昔日在厦门大学认识的刘梅生居士送回杭州虎跑寺供奉。

到了这里,作为历史记忆的弘一法师,我的寻找之旅似乎可以圆满结束了。不过,弘一法师的影响似乎并没有消失……

(相关图片见书中彩色插页)

往事追怀

真人与真知:管窥毓鋆老师的人格与学问

吴孟谦(台湾中山大学中文系)

一、楔子:目击道存

天德黉舍、奉元书院的创办人爱新觉罗·毓鋆老师(1906—2011),居台六十余年,讲学不辍,是弟子们心目中"嬉笑怒骂皆文章"的一代大儒。在老人家生前与身后,都有许多弟子撰文记述其身教与言教。然而对我而言,毓师的生命气象与风光,实是高山仰止,写之不尽。

在《庄子·田子方》中有一则故事,说孔子一直想见温伯雪子,但见了面却不言语,子路对此有所疑惑,孔子告诉他:"若夫人者,目击而道存矣,亦不可以容声矣。"意谓此人的修养境界极高,人们只需略一瞻顾,便能感受得到,从而获得教益。我心目中的毓老师,正是这样的哲人典型,无论弟子描述得如何活灵活现,都远不及亲承謦欬。

然而如今毓师已仙逝多年,身为弟子的,只好不得已而说之,略述恩师之人格学问对自己慧命的滋养,一则藉此与同门相切磋、共勉励;二则或能对未及亲炙毓师者有所帮助与启发。以下,我将首先追忆自己在毓门的求道历程;其次管窥毓老师的讲学精神;再次则归纳老师对我的启发与影响;最末,以省思与展望作结。

二、毓门求道历程回顾

我在奉元书院求学问道的时间，始于 2002 年秋，终于 2009 年春（毓师最后一次招集同学谈话），其后又有几次单独的请教。为便于叙述，我分为五个阶段来进行回顾。

（一）初入师门：斗室里的历史感

在我就读台湾大学中文系二年级之时，即听闻系上学弟提起过温州街小巷里开私塾讲学的前清皇族，当时仅引为奇谈，不甚留心。大三上学期，蒙该学弟来信告知，说毓老师的书院即将要收最后一班弟子，于是在好奇心的怂恿下，跟着学弟前往拜师，还记得初次听课的日期是 2002 年 10 月 29 日，那年毓师已经九十七岁了。

奉元书院没有宏伟的外观，仅是一间隐身于旧公寓中的地下课室，空间也并不宽敞，很难想象在全盛时期曾挤着两百多人听课。等待上课的教室中，仅有学子们的翻书声，以及带潮的旧书气味。晚间七点一到，只听"咿—呀"一声，似乎是楼上一扇铁门打开了，脚步声沉稳而缓慢地传下楼来，我随着众学子起身肃立，紧接着映入眼帘的，是一位手捧泛黄经书、身着古朴长袍的白须长者。一开始的好奇与未知，在见到毓老师的那一刹那，转换成了肃然的敬意。因为眼前的夫子尚未开口，仅仅往桌前那么一坐，整间教室就已浑然充满了历史的庄严。

"人有大才干，可以欺天下，但绝不可自欺，自欺者绝无成就！"

"你们为何求学？就是要长智慧。有智慧做什么？辨是非。中国思想，都在教你怎么处理事情，不说形而上的空话，读书读明白了，就会有责任感。"

"我一生中从惊险、从苦中熬过来，不是书生之见。……我从不买谁的账，只买良知的账！"

那如洪钟般訇然作响的声音与气势，那斩钉截铁而又蕴含无限深意的谈话,那时而切峻讽刺、时而和易幽默的风范,还有年将期颐却仍叫青年人汗颜的精力与热情,同时从这位饱历世故的前清王爷身上流泄出来。中国近百年的风雨飘摇,数千年的智慧蕴积,仿佛也在一瞬间亲切、鲜明了起来。彼时我心中的震撼,无以言喻。

那一晚之后,我隐隐明白,有一扇通往经典智慧的大门,将在这样一个看似平凡的场域中,不平凡地为我而开启。当时毓师一周上四次课,两日四书(以《论语》为主)、两日《易经》,我都尽可能地不缺席,而每一个书院求道的夜晚,也总是载欣载奔而往、坐尽春风而归。

遗憾的是,2003年起,毓师身体稍衰,医师交代不可多讲话。当年5月初又发生SARS事件,书院于是停课了数月。其后,老师的健康急转直下,甚至一度以为罹癌,所幸检查后确认只是痛风,但体重一度低于五十公斤。至10月22日,书院终于重新复课,引颈企盼多时,终能再睹师容、重闻法音,我不禁胸中热血翻涌,在课堂上潸然泪下。

(二)心境转折:欲去还留新体悟

2004上半年,毓师开始为我们讲《大学》《中庸》。当年,我顺利考上台湾大学中文系硕士班,得以继续留在台北听课。9月开学以后,老师改变了讲学方式,不再逐章逐篇讲书,而是将四书义理贯串发挥,其后又兼讲《易经》《春秋》(以《春秋繁露》为主)。当时老师忧心时局,或许也感觉自己来日无多,因此亟言救世之权术,称呼此班为"急就(救)班",上课几乎有一半的光阴在批评时事。当时我因私人因素,健康状态不佳,内心杂念纷飞,较需要的是身心性命的安顿,人生价值观也转趋沉潜内敛,因此渐渐无法契应于老师所讲授的外王之学,甚至一度兴起淡出书院之想。

所幸到了2005上半年,我的身心状态趋于平稳,聆听师教,竟也有了新的体悟。初入书院之时,我不免挟带了学院习气而来,听课时往往偏重在经典知识、思想概念的吸收与整理,可说是用"脑"学习。而历经毓师在课堂上不厌其烦的棒喝与刮磨,此时终于渐渐能将用"脑"转化为用"心",从而领会到恩师的人格情性、生活态度与处世智慧,其实无一刻不在演示、印证着经典,殆非学院中的理论与概念所能笼罩,儒学之真精神、真血脉其在兹乎!

(三) 侍师见闻:病苦之中见真儒

2005 年下半年,毓师曾上过数次《易经》课,然而彼时身体欠安,时常停课,讲至 12 月底,即因医师之劝戒而停课。至来年 1 月 18 日,老师忽因肺积水而被送至新店的慈济医院,进行插管治疗。消息传来,急就班弟子们莫不忧心如焚,无法确定百岁高龄的老师是否能撑得过这一关。当时同门师兄弟纷纷自愿加入排班照顾老师的行列,我因家中事务而远在台中,未能在恩师床沿奉侍汤药,深感惭愧。

2 月下旬,毓师已经度过险境,体力也逐渐恢复,我便在月底前往医院探病。当时老师的双眸虽已不复课堂上的矍铄,却也更见慈蔼、豁达。老师自承对自己的身体状况太过大意,才导致今日之病。我不禁暗暗感慨,对于变幻莫测的人情事变,皆能远见于未萌的老师,独独疏忽了自己的身躯,这岂非孔子所说的"不知老之将至"吗?我问老师如何熬过来,老师说:"这都是天命,我完全相信。"搀扶老师回到病床上安坐后,老师依旧与我谈起时局,病体初愈的他气力未复,说话带着微喘,然而亲切和柔的语调中,一字一句,却无不掷地铿锵、语重心长。望着侃侃而谈的老师,我更加体会到,师之所以可尊,在其道而不在其身。人生谁能免于老病?然而有道者的身躯虽平凡,其道则始终非凡,任他造次也好、颠沛也罢,盘石终究不转、松柏兀自长青。告辞之前,我将事先准备的大悲水恭敬地呈上,老师听闻此水是我亲身持诵大悲咒所得,甚为欢喜,向我道谢,并立即吩咐侍者:"以后吃药都用这个!"再简单不过的一句话,当下便令学生心中生起无限的温暖,这又是何等练达人情之言呢！窗外细雨纷飞,老师像慈父一般地叮嘱我带上伞、披好衣服。昔日的望之俨然,此刻的即之也温,以及那不曾止歇的励人之语,老师的一言一行,让我更明白孔子;而《论语》中那熟悉的文字,也让我更懂得老师。

毓师于3月初出院后,转至台湾大学医院疗养,3月底始得以返家。他曾说自己住院七十天,读了五十天书,且想了许多问题,其精神力量委实不可思议。事后,同门也曾各自分享照顾老师的见闻,并得出一共同的感想:恩师即使身陷病榻,思虑依旧缜密非常,不断向学生们"出考题"。以下转述其中几件小事,以见毓师的契机施度。

其一,测试反应。某日晚间,负责照顾老师的师兄(暂称为同门甲),至医院餐厅吃晚饭,大约半小时后,同门甲回到病房,一进门即听到老师责问:"怎么去了这么久?"并表示自己觉得很冷,要同门甲添盖棉被,并替自己按摩云云。过后,毓师才向同门甲说明,这其实是他演的一出戏,为的是要测试学生临事的反应。同门甲暗自感慨,当时老师的道体其实非常不适,时常头晕,身子也缺乏气力,但是他仍一心思考如何借机点化学生,这样的境界,绝非常人所能。

其二,抄《正气歌》。又某日,毓师突然问同门乙有否看过文天祥的《正气歌》。学生回答:"中学时候有教过。"老师便要他把课本带过来。一星期后,同门乙至医院轮班,老师也不曾忘却此事,劈头就问:"书带来了没有?"同门乙急忙将课本拿了出来,老师却嫌字体太小,要他当场誊录一次。据同门乙回忆,他当时抄得戒慎恐惧、如履薄冰,深怕写错一笔,短短数百字的《正气歌》,竟足足抄了一个多小时。抄完后,毓师在报纸上试写了"启运毓奉元,逊帝复尧天"几个字,要同门乙在《正气歌》后面加上,最后又补上了"秦始皇、清逊帝,而今安在哉"一句批语。其中蕴藏了无限深意,有待吾人各自领会。

其三,提醒粗心。毓师住院期间,依院方规定,轮班同学都会像记账式般，逐一记录老师每份饭、菜、汤、果、饮料的水分比重，以及每一次如厕的"排水量"。这份"水量收支表"，一方面方便医疗团队追踪病情，另一方面也提醒侍者把关每天的饮水量。据同门丙回忆，他所记录的流水账，老师从不过目，但其实心中皆有谱。有时吃过饭会随口一问："（饭菜重量）都弄好了吗？"又或者从厕所出来，洗过手后，总会问："（排水量）这次多少？"同门丙说，他通常都能据实以对，但有时因大意忘了填写，经老师提醒后，才赶紧补上。由此可知，毓师对周遭的一事一物，无论巨细皆了然于胸，总是淡淡定定，借着若不经意的日常问答，适时委婉地"提醒"了弟子们粗心的毛病。

毓师年轻时曾罹患肺结核，八十二岁时检查出胃癌并动手术，九十八岁得痛风，百岁以后又因肺积水住院插管。几次病苦来磨，老师都凭借其过人的意志而履险如夷，活到一百零六岁才告别人世。老师晚年总开玩笑说，儒家人物没有活过他的，平日里也常说："中国思想没有末世观，因为大《易》之道生生不已，唯变所适。"其实，这岂不是他老人家的夫子自道吗？历经一世纪的沧桑，从百死千难中一路走来，依然活得比青年人更加精神抖擞，不也正是因为老师永远葆有一颗生生不已的赤子之心吗？

（四）重聆师教：群经融贯之化境

2006年12月，书院再次复课，毓师说，这是为了报答急就班弟子们在医院照料之恩。这一期的课程，老师将四书、《易经》、《春秋》融贯着讲，此后又加开《孙子兵法》。然而所谓融贯，也并非随意发挥，每次上课都蕴藏一个主题，摘取书中关键之句，提醒弟子思考其中要义，希望诸生自求会通。次年5月，我顺利考上台湾大学中文所博士班，老师十分高兴，颇予我嘉勉。9月，新学期开学，书院继续上课，老师对弟子们说："武人是马革裹尸，教书的得葬于杏坛，怎么能休息！"本期课程，老师也依旧融贯群经而谈。

2008年,恰逢毓师来台届满一甲子,师似有许多事务要忙,因此上课次数不多,在5月12日以后即宣布停课。一直到2009年的2月28日,老师才召集急就班同学谈话,然而自此之后,便再也没有重新开课了。

毓师停课后,仍会个别联系与接见弟子,我在2010年4月到6月间,屡次蒙恩师召见,或透过电话请我跑腿代办一些事务。记得某次与恩师当面谈完话后,正好有其他访客前来,师示意我可以先回去,我却画蛇添足地想确认方才谈话过程中的细节,立即遭老师严厉喝斥逐出。我当即警觉,老师是在教导我说话的场合与时机,有些事不应在不相干的人面前提起,我犯的正是《易经·系辞传》中"几事不密则害成"的过失呀!

(五)泰山崩颓:从今往后需自立

在书院求道的几年间,世变日繁、处士横议,但弟子们只要想到温州街陋巷中还住着毓老师这样的人物,即使面临天崩地解,也让人觉得多了分心安。曾听闻某位师兄说,老师年轻时去算命,对方告知他能活到七十九岁。不料后来老师竟多活了近三十年,可谓大人造命也!然而,再如何高寿的老师,也终究有离开我们的一天……

2011年3月20日,我接到手机讯息,告知老师辞世的消息。当时的自己似有心理准备,并未特别悲痛。接下来的日子,我与师兄弟一同轮班守灵,帮忙处理老师的后事,并制作告别式时播放的纪念影片。公祭当天,因忙于收取奠仪,也并未掉泪。直到隔日早晨,捧读纪念册,想起老师平日的德行宏愿,音容笑貌;想起多年来世界虽扰动不安,而总有老师于斗室之中播散大光明,今也则无;又想起与老师单独会面时,老人家的谆谆叮嘱,以及自己平日的懒散放逸……种种感动、哀恸、惭愧的情绪交加，终于忍不住声泪俱下，不能自已。

老师生前曾说："人死后都设灵堂，何以叫灵堂？就因人是万物之灵，人与牛马相异者在此。守灵、守灵，最终仍当守己之灵！"是啊！老师走了，弟子不可能永远为他守灵，也不可能永远以他为靠山，我们必须守己之灵，秉承师教，继续前行。

三、管窥毓老师的讲学精神

毓老师在台湾讲学逾一甲子，思想数经变化，至晚年讲解群经，尤见圆通无碍，惜其身后并未有任何著作留下，弟子们仅能各据所闻，将课堂笔记陆续整理付梓，盼在此基础上，能对老师之学术思想有较清楚的把握，这个任务尚待诸同门齐心努力。此下所归纳的毓老师讲学精神，也只能是管窥中的管窥而已。

（一）元体一用

毓师将书院命名为奉元，首先取义于《易》，所谓"元者，善之长"，乾元、坤元都是元，元里含着阴阳，故能生生不息。就字形而言，"元"是上面一点，下面则是一阳爻、一阴爻。上面一点发自"性智"，一划开天地，是一切动作之始。而后才分出阴阳男女，化生万物。毓师又认为，"元"是本体，其作用是"一"，代表"生生"与"仁"的力量。《春秋》讲"大一统"，正是奉元而行事。所以毓师的经学以《易》为体，以《春秋》为用。晚年讲课，黑板上总写着一副对联："以夏学奥质，寻拯世真文"，毓师说，"奥质"是"元"，"真文"是"一"。他以此对联砥砺书院弟子，要从广大精微的文化智慧中，寻求经世济民的良方。

毓师谈的"元"与"一"，绝非只是谈概念，而是有深切的时代感受。我曾在观看电影《卢旺达饭店》时，对此有更进一步的感悟。这部电影以卢旺达境内的种族冲突为背景，描述失去理智的种族互残中，主角保罗超越政治社会仇恨与种族偏见的人道关怀,同时批判西方列强各为己私、罔顾道义的丑态,以及联合国力量的贫乏。爱与恨、义与利、生与死、公与私的对比,贯串整部电影。令人印象深刻的段落,是主角在清晨大雾中行车于湖边小路,在车子滞碍难行时下车察看,赫见同胞尸首堆栈遍满于目前,于是在回到旅馆后痛哭流涕。当时他的情绪杂糅震惊、悲愤、恐惧,使心灵难以负荷。然而在他痛哭一番后,却选择舍弃与家人一同逃难,留下来照顾其他无辜的同胞。此力量从何而来?正是从人间炼狱般的亲历其境中来,因这样的生命冲击,使主角明白,唯有无私的仁者胸怀,才能够安顿自己,并帮助人们超越苦难。看完电影后,我反思毓老师幼时即经历亡国之痛与两次世界大战,在烽火连天中成长,也曾述及四平战役结束时,自己步出城外,见到尸体堆积如山、几无立足之处的残酷体验。毓师之所以终身不懈地阐扬天下一家的思想,建构"元体一用"的学术,背后当有着何等沉痛且深刻的生命实感!

毓师曾云:"我这一套,绝非容易得来,是我一生受苦,六十年的煎熬得来,你们太轻忽了呀!"又云:"一个人所经历的困难、磨练,就是你对这个社会看清与否的显微镜。"因此,毓师之学并不是一套抽象思辨的哲学。哲学之本意为"爱智",老师则强调他的重点在于"用智"。欲用智,则必须观察社会时代的需要,重视实用与时变,既是"实学",也是"时学"。老师总是不厌其烦地提醒弟子需"用心深细",要将古书读得烂熟,一旦遇事,胸中便能涌出成方来。

(二) 依经解经

毓师不只阐发孔学,更弘扬夏学(即华夏之学),只要是中国学问都接受。他并不反对西方思想,但主张研究中国文化应纯粹,不随意掺入西学。而其学脉则非汉学、非宋学,不立门户,不主臆说。老师曾说,汉代以下之书他只浏览而已,真正下工夫的是先秦的经书、子书,其治学之重点，在于发挥古书中的智慧，藉以启发今人的智慧。

毓师诠释古书的方法为"依经解经"，此与清代乾嘉学者所标榜的"以经解经"不同，后者偏重文字训诂、名物制度之考究，毓师所关注的则毋宁是经典义理的贯串与阐发。他将群经视为前哲智慧的总体结晶，彼此之间可以相互映照。与此同时，老师也重视认字，总要弟子勤读字书、勤查字典，他认为一字一乾坤，真对一个字有体会，就足以写一本书，故提示弟子："如果不能将任何一个字根据经典圆融会通，你永远找不到中国文化的灵魂。"

（三）类物之情

毓师讲《易》，时常反复发明《系辞传下》中"古者包牺氏之王天下也"一章，并特别重视该章中的"类万物之情"一句。老师认为"类情"是《易经》全书的要点。所谓"类情"，即是格物致知，能通达了解人情与天地万物之情，才能"智周万物，道济天下"，"裁成天地之道，辅相万物之宜"。例如：知道哪里适合种桃、哪里适合种橘，才能种出好吃的桃与橘，使万物各得其宜。治世之道也是如此，一国有一国的风俗国情，到日本，采取对付缅甸的办法就行不通。所谓"平天下"，不是秦始皇的"统一"，用一套标准来使众人就范，而是《易经》的"首出庶物，万国咸宁"。换言之，即使天下平了，万国依然存在，必须尊重其各自的风俗国情。

老师曾说，万物都有其天性与智慧，如蜜蜂归巢，从无一只飞错地方；牧羊时，羊群混在一起，等到晚上回来，没有一只走错；又如蚂蚁，不管淹多大的水，也不曾把蚂蚁洞给淹了，人类可以从此处得许多启示。毓师的重视"类情"，让我想起围棋之圣吴清源一段很著名的话："当棋子下在正确的位置时，每一颗看起来都闪闪发光。"对毓师而言，世局就如棋谱，一子摆错，满盘皆输，反之则能旋乾转坤，为苍生带来幸福。因此从事政治，必须具有极高的修养与智慧。

（四）法大行小

"法大行小"四字，是毓师对同门颜铨颖的开示，事实上也可视为奉元讲学的重要精神之一。这句话的意思是，立志取法的对象与境界必须高尚广大，但应事接物之间的言语行为，却必须小心微密。在"法大"的一面，毓师常引《论语》"惟天为大，惟尧则之"与《易传》"夫大人者，与天地合其德，与日月合其明，与四时合其序，与鬼神合其吉凶"等文句，说明"大"的境界，引导弟子们打开眼界心胸；而"行小"方面，则常引《易传》"复小而辨于物"、《老子》"治大国者若烹小鲜"等文句，并在实际的办事过程中训练同学细心，前文提到医院中出考题的事例，即可为证。

关于"行小"的锻炼，这里还可以举几个例子。老师曾提醒弟子，到某处办事，若只该说一句话，你却说了两句，那便失败了。他提及有一回某同学来报告事情，已讲完该讲之事，却还想往下讲，老师立即说："够了！"这正是训练他说话掌握分寸。又如毓师编印古籍，书的颜色、图样以及内页的印字，在在都有用意，绝不为省钱而马虎。老师强调，何止印书，做任何一件事，都得有目标，解决任何问题，也都必须从最小、最实际处着眼。老师的身教与言教，正相应于曾文正公（国藩，1811—1872）所谓"不苟不懈，克勤小物"的精神，也体现了清儒刘蓉（1816—1873）称赞林则徐（1785—1850）的一段话："公所以负重名，成盛业，大率善曲体人情，而遇事兢兢不忽于细微。惟深也，故能通天下之志；惟几也，故能成天下之务。"

（五）活出经典

毓师讲古书所达到的境界，在我的见闻中，还未有人能出其右者，那就是：只将经文读诵一遍，不待解释，就能让听者感受到书中藏蕴着无穷的深意。我曾寻思其中的缘故，唯一的答案，应是老师其人已与经典合一。经典之所以不死,只因有人正那样活着。

当年老师讲《易经》乾卦时,先中气十足地为我们念了一段经文:"初九曰:'潜龙勿用',何谓也?子曰:'龙德而隐者也'。不易乎世,不成乎名,遯世无闷,不见是而无闷。乐则行之,忧则违之,确乎其不可拔,潜龙也。"读完以后,老师缓缓地说:"我来到台湾这六十年,就守着这一爻!"在场弟子听完,无不震撼,原来乾卦的一爻,竟可以用六十年的生命去彰显,文句中的境界顿时跃然如在目前。

又有一回,早年受教于毓师的洋弟子,请老师通过视频为美国学生讲学,老师说:"我的话他们听不懂。"洋弟子对曰:"不要紧,您老只要往那儿一坐,大家就都相信了。"这不正是古人所谓"不言而信"的境界吗?哈佛大学的汉学家包弼德(Peter K. Bol)年轻时也曾向老师学习,他的感想是:"我向老师所学习到的,对我自身研究和教学最具影响的是,老师本身就是个拥有经典著作思想的活证。"而一位追随毓老多年的历史系教授也认为,没有人真正了解毓老师,但可以确定的是,"别人都将中国文化当成研究对象,但是老师自己就是中国文化"。活出经典,确实是毓师讲学特别能撼动人心的原因。

四、毓老师给我的启发与影响

在老成凋谢、中华文化花果飘零的年代,我能亲炙人师范型、真儒血脉,甚至多次蒙毓老师私下开示,不能不说是极大的福分。在书院求学问道多年,接受老师人格学问的潜移默化,虽驽钝如我,所获得的教益亦不可胜言。以下仅略举三点,说明毓老师给我的启发与影响。

(一)有真人,而后有真知

第一个最深刻的启发,即是老师用他的身教,让我明白中国传统文化的根本特质,乃是庄子所说的"有真人而后有真知"。"真知"是从成为一名"真人"的实践历程中获得与流露出来的。换言之,若不往"真人"的路上迈进,就永远无法真切明白古人所说的话。今人在学院中谈论传统文化,多采取旁观者的角度,使用各种理论与分析方法,进行概念诠释和系统建构,这样的方式虽然也有价值,但仅像是用一根根的管子来窥探一只豹子;若依照古人的观点,只有自己先变成豹子,才能真正了解豹子。意即,只有自己变成其中的一部分,才能了解传统文化。

真正的中国文化,是学问与生命合一的。正因如此,此种思想、学问的传承,必须倚赖具有真实生命智慧的人师;而此种思想、学问的学习,也不同于一般的知识接收,更必须有信仰、有实践、有生命的印证。正如佛教"信、解、行、证"的修学次第,不能仅有"解",亦必需有"信"、有"行"、有"证"。毓师说:"古书,你们当材料读,我当圣训读。"正因有此敬意与信任,能够虚己笃行,对古书自然多了一分感通与理解。于是,老师能将一切静态的概念,化作活泼泼的动态实践,让中国思想从理论系统式的"平面文本的存在",成为"立体生命的存在"。

已故学者傅伟勋(1933—1996)曾说中国儒道佛三家的哲学具有"整全(顾及全面)的多层远近观"的特质,不是传统西方哲学所谓"客观真理"或"绝对真理",而是随着心性向上、向下、往高、往低实存地转移而成的辩证开放性哲理。透过生命的转化,所见就日益深刻。从毓老师身上,让我更加清楚地印证了这一点。老师常训斥我们并没真正读懂一本书,甚至连一句都没读懂。言下之意是,古圣贤的言语背后,莫不蕴积着甚深的经验与历练,言之愈简,其意愈深。后之读者得之太易,往往滑口而过,未能玩味其中的真意。这一点也是我所常犯的毛病,若非师教,则无以警之。

(二) 道在日用,与物无隔

毓师常引用《中庸》的"道不远人"提醒弟子,他讲解任何经书,也都不离当下时空。如讲《论语》，必不离于为人处事，讲《易》与《春秋》，则不离于天下时势，这正是儒者的真精神，不但时时体贴自家的身心，也时时体贴苍生的身心。

我自己研读儒书，原偏好宋明理学，学术研究的专业领域也在此。多年来虽从理学家的著作中获益匪浅，然而也察觉到理学的精神终不免偏于心性的主观体验与内在境界，安顿身心固然有余，却也容易使人精神过于内倾，自立于一心灵高原之上。程朱虽重视格物，终不免与常民庶物有隔，而有理气分离之讥；王阳明虽讲学于庶民，与百姓较亲，然而末流唯重一心，又不免疏于物理，故有空疏无学之病。理学家的义理，正如精心烹制的菜肴，虽各有美味，却毕竟不若白米一般的《论语》，纵然平平淡淡，却最能养人。正因从学于毓老师，让我能够自觉理学的限制，也才更能相契于先秦儒学博大而笃实的学脉。

（三）风雨如晦，鸡鸣不已

2006年12月18日，是毓老师肺积水住院后的首次复课，当天上完课回到宿舍，我在日记中写下这么一段文字：

冬雨连绵之季，台湾政局方纷扰未宁，然既见吾师，则感春意洋洋，秋阳皓皓。既归，展书而读，一章一句，悉睹圣人身影。

无论世局如何动荡，老师至多只有失望，却从不绝望，依旧尽其在我，作育英才，有一口气，点一盏灯，这就是为何毓老师总能给弟子带来无穷的希望、无限的光明。毓师对于我辈弟子，亦是发自内心的关爱，每回上完课，弟子们行礼既毕、鱼贯而出时，老师总会面带微笑、深意无穷地说："快回去吧！好好努力！"每每忆起这样的画面，胸口均会热血翻腾。

毓师曾说："我的志就是好好教几个明白人，名利都不要，因我什么角都演过了。人必得为明天生活，不做事，难道坐在那儿等死吗？"生病期间,老师常叫年轻同学打开帘子,望着窗外,希望看看空中的飞鸟。同学们当时不知他在想什么,其实老师是在看那飞鸟过处,不留痕迹,一如人世之繁华,皆如过眼烟云。经过这场大病,老师对世俗名利看得更透,一切放下,只愿为了利益苍生而奋斗。而这样的身教,也将永远烙印在我的心中,成为振拔生命、抖落俗情的警策力量。

五、尾声:从"照着讲"到"接着做"

毓老师以其一生的修为印证群经子史,春行雷动之处,活泼泼尽是人生的感悟、实践的智慧。老师认为:"二十一世纪是中国文化的世纪。"并一再勉励弟子,传承思想如跑接力,要"接着讲",而非"照着讲",正所谓"岂止日月易新悬,必也盘皇另辟天"。如今奉元学会面向社会大众,开设各类夏学课程,正是为接棒而努力着。

然而,老师讲课时也常引用辜鸿铭(1857—1928)"天下事非明理之为难,知所以用理之为难"的句子,勉励弟子们学习的目的并不在于怎么"讲"经书,而应是怎么"用"经书。奉元书院培养人才,最重视实德,德是行为的结果,不是讲出来的,而是做出来的。毓师曾鞭策弟子:"中国学问,'天下一人',你们在这屋里都没彼此打招呼,还想'天下一人'?你们'讲'中国文化?我就没看过一人'行'中国文化。"老师又举例,孔子是"志在《春秋》,行在《孝经》"的,我们讲孔学,就应当先问问自己是不是个孝子?孔子又说"少者怀之",我们谁又能爱自己的外甥一如自己的孩子?这些如果都不去做,就无资格讲孔学。

如此看来,身为书院的弟子,不仅应该"接着讲",更要"接着做"。换言之,不是仅拿一套理论学说来服人,更必须用自己持续翻转的生命来养人。毓师讲学,最希望培养的虽是领袖人才,赋予"智周万物,道济天下"的期望,但各人才性有别,并非人人都适合从政,因此老师也常教弟子扪心自问,明白自己究竟想做什么、能做什么。古往今来,从无既做买卖、又做学人、又领导天下的，必真实地认识自己，然后找到一个适合自己的位子，"素其位而行，不愿乎其外"，在自身的岗位上，力求守分知节、去伪存真，如此立身处事，便能够无愧于心。

而就经典的传承而言，有志者自应依循师教、深入涵泳，不急功近利，而是先求能在生活中用得上，让古人的精神资源，成为根植在自身生命中的能量，使自己逐渐默化成为一个笃实光辉的人，而后方谈得上影响社会。诚如《经典中医启蒙》的作者李辛医师所说："文化的传播，是需要实实在在的活出来的人，和真实美好的生活状态来作为载体的，没有这两样作为基础，文化只是一套说辞。"毓老师本身修成了真人，方具有移易世风、启迪学子的真知。今日欲传承毓师学问者，又岂能不朝此方向而努力呢？

走笔至此，我愿引用奉元书院的院训，亦即《中庸》里的一段文字，作为文章的结束，也与读者同道共勉之。其文曰：

> 博学之，审问之，慎思之，明辨之，笃行之。有弗学，学之弗能，弗措也；有弗问，问之弗知，弗措也；有弗思，思之弗得，弗措也；有弗辨，辨之弗明，弗措也；有弗行，行之弗笃，弗措也。人一能之己百之，人十能之己千之。果能此道矣，虽愚必明，虽柔必强。

漂泊在家乡的土地上：记我的父亲母亲

柯小刚（同济大学人文学院）

小引 中秋节后回一趟湖北老家，看到父亲在写回忆录，已经厚厚地写了两本。有些故事，从小就听过无数遍，有些则是刚刚了解。老爸是"三〇后"，今年八十多了，精神仍然健旺，爬山比我还快。看了他的回忆录，想起母亲生前的种种劬劳，感慨万千。于是，在回上海的夜行火车上，写了这篇文章。父亲的回忆录也还在写，等他写完后，再帮他整理出来。

母亲离开我们已经七年了。父亲把她的遗像挂在墙上，每天焚一炷香，跟她谈谈心。坟在村北的黑山，父亲每天要去山下走一走。有时爬到山腰，独自坐在坟头，吟一曲东坡的"十年生死两茫茫"，用他小时候在私塾学会的吟诗曲调。

他想在坟边种一圈柏树。北山没有，找到南山，移来十几棵。山上没水，又从山下挑水上去浇。几年过去，现在已经郁郁葱葱了。

逃离，相识，在陌生的城市

父亲和母亲认识是在1954年的黄石第七小学。那时，父亲二十岁，母亲十七岁。他们是小学四年级的同学。父亲虽然是年龄最大的一个（按现在的标准大得离谱），但其他同学也都有十来岁。父亲小时候上过四年私塾，后来被祖父安排学做豆腐和糕点，帮祖父进货做生意。

母亲身世极苦，生下来刚满月就被扔进山里。没人知道那一晚上她是怎么度过的，为什么没有被狼吃掉。第二天，有人上山打柴，发现这个孩子，就把她捡回去抚养了。长到十一岁的时候，母亲听说她的生母在黄石，就前往投奔。先是帮人看孩子，做保姆，十四岁才开始上小学。到父亲来黄石插班读书的时候，她正好也读到四年级。

父亲来黄石读书，是逃出老家的。1953年土改，我家被划为地主（后来改划富农）。曾祖父和祖父省吃俭用积累起来的田产被分给贫下中农。祖父很配合，并没有什么抵触。他早年在下江（南京、上海等地）做生意，思想开明。父亲则非常兴奋，热烈欢迎一个新时代的到来。然而，他很快就感觉到似乎有哪里不对。这种矛盾的态度后来一直伴随他，直到现在。在某种程度上，这种矛盾也遗传给了我。很可能，这本身就是中国现代史的遗产，每一个人都无法摆脱。因为，中国现代化的历史，就是这样一个不得不在矛盾中发生的历史。

祖父并没有把父亲当少爷养，而是让他从小跟家里请的长工一起睡大铺，一起劳动。父亲与他们感情深厚。土改分给他们田地，父亲由衷感到高兴。

父亲被迫逃离家乡，是因为一场追求平等的小小革命行动。文艺队下乡演出，宣传革命思想，歌颂土改，庆祝翻身做主人。儿童团长（自然是贫农子弟）把二十几个"地主儿""地主崽"关起来，宣称他们没有资格看戏。父亲非常愤怒，在儿童团长得意洋洋地训话的时候，扔石头砸了他的脚。趁团长捂脚的时候，小伙伴们一哄而散。第二天，父亲就"畏罪潜逃"了。

父亲来黄石插班考试，作文题是《春节记》。父亲写了他小时候与穷孩子一起过春节的事情,得到了满分。老师找他谈话,问他什么家庭背景?父亲说:"我并不是贫下中农出身,但我有贫下中农的阶级感情。"老师很欣赏,让他做班长。班里的同学也都很喜欢他,把他当大哥。他从小就是穷孩子们的大哥,这对他很自然。这也是有传统的。我的曾祖父和祖父虽然积累了些田产,但与雇农同甘共苦,仁德遍乡野,老辈人至今感念。无视德性,仅据财富判定一个人是好人还是坏人——人民一旦这样被"启蒙",就会猛然释放出无穷的力量。力的时代降临,于今尤烈,不同的只是贫富和善恶的对应关系被颠倒。德性依然漂泊,在这故乡的土地上。

父亲只身漂泊在陌生的城市,没有生活来源,没有住处。他晚上睡学校的乒乓球台,周末去挑煤球卖,挣生活费。母亲那时是最能同情和关心父亲的同学。她帮父亲一起挑煤球、卖香瓜,挣的钱都给父亲。两个苦命的人,就这样培养出最深挚淳朴的感情。很多年,他们也不知道这叫爱情。有时卖完煤球,他们一起去西塞山飞云洞玩。走过长长的山路,也不牵手,也不说话。默默相守,深心相许。

母亲的家就在西塞山下的黄石第一人民医院。她的养父在那里(我叫他外公),生母也在那里(我叫她外婆),有两个家。我的外公和外婆为什么毫无关系?我小时候一直搞不清楚。我后面的叙述仍然用母亲的"养父"和"生母"这样的表述,不用"外公""外婆"的称呼,也是恐怕读者看糊涂了。

母亲的养父在黄石一院的食堂做工,孤身一人。她的生母在老家被丈夫抛弃后,来黄石重建了家庭,那时也在一院做工。母亲刚来黄石投奔她的生母时,一院还叫普爱医院,是1914年始建于大冶的英国教会医院。母亲来黄石寻找生母,是养父带她来的。养父带她找到生母后,就要告别回乡。母亲不愿他走,哭得死去活来,情形凄惨。普爱老院长王瑞亭先生看到这个场景,为之落泪,遂安排母亲的养父在食堂做工,好让他留在黄石，父女不必分离。老院长是个慈善家，救助了无数孤儿。解放初，他就把普爱医院献给国家，成为黄石地区第一所现代化大医院。

来自土地深处的本性

有一天晚上，在球台熟睡的父亲被狂风暴雨惊醒。他看到教学楼的窗户都没关，雨水打进教室，玻璃窗在风中发出巨响。他冒雨关好了全校所有的门窗。第二天，他的英雄事迹得到通报表扬。还有一个冬天，他刚领到学校新发的棉裤就送给了一位孤寡老人。这对他来说很普通，很自然。他从小就习惯这样做。他的旧道德刚好符合当时提倡的新道德，于是他得到器重，在学校是学生会主席，在班里是班长，在宿舍还是寝室长。但是，后来的经历表明，这种器重只是表面的，一到实质性的资源分配，他就会受到深入骨髓的歧视。出身是不可磨灭的原罪，无论你多么上进。

二十年后，当他们的第一个孩子（我的大哥）考大学的时候，还因为出身不好而被拒录。那时，父母已经回到农村。父亲拼命干活，换来"劳模"身份，希望在孩子上学的"政审"中会有好处。然而，事实表明，这只是一厢情愿的幻想。面对父亲的劳模奖状，母亲又喜又恨。奖赏劳模的一碗肉，父亲喜滋滋地端给母亲吃。母亲含泪说，这不是肉，是父亲的血汗，一块都吃不下。血汗和觉悟无法洗白种姓的低劣。出身是不可更改的罪恶，即使你付出百倍的努力。

但父亲从不气馁，自卑和恐惧更谈不上。他常常理直气壮地训斥那些出身贫下中农的党员："你这样像个党员吗？还有一点党性吗？觉悟这么低，做出这样的事，我都为你害臊！"被训的人哑口无言。近两年，中央提倡"两学一做"，父亲非常拥护。我每次回家，父亲就问我："你知道什么是两学一做吗？你做到了吗？"我说我又不是党员，我做什么？然后他就喃喃地说:"是啊,我也不是。不过,我觉得,就算不是党员,也应该做到。"他又说:"你的书里讲孔子的正名思想,我觉得很好。两学一做就是正名,就是党员要像个党员的样子!"我心里说好吧,老爸您说得对,不过我得先百度一下什么是"两学一做",免得又被您批评"不关心政治"。

父亲在生产队的时候,支书和队长不顾农时,斗天斗地,争先进,拼指标,瞎指挥,分配完任务后,社员们都不动弹,等我父亲发话。父亲不得已,只得出面,重新分配任务,社员们才出工。公社的收成关系到每个人有没有饭吃,能不能活下去。农民心里明白,听谁的话,庄稼才能长得好。后来,他们组织了一次批斗会,控诉父亲"篡夺生产队领导权"。有人气得直叫:"还是地主儿地主崽当权啊!这叫什么翻身啊!"批斗会结束,他们向父亲喝道:"你给我滚下去!"父亲不动。"你耳朵聋了吗?叫你滚下去!"父亲说:"我听党的话,叫我滚下去就得滚下去。不过,台子这么高,要是摔断腿,明天不能出工怎么办?"他们只好改口说:"那你给我走下去!"父亲于是从容拾阶而下。社员们拼命捂嘴偷乐。

在父亲读书的时候,他受到的阶级歧视还不明显。但越是这样,父亲越觉惶恐。仿佛有个定时炸弹,不知何时就会爆炸。1957年打右派的时候,父亲是黄石四中的学生会主席。母亲当时在黄石二中。她非常担心父亲会被打成右派,成天提心吊胆,提醒他要小心。四中的一位田老师教音乐和美术,受到隔离审查。上级很重视学生会主席的意见。被问到田老师的情况时,父亲说:"别的我不知道,我只知道她是一个好老师。同学们都很喜欢她,敬重她。"后来暂时解除嫌疑,上级派父亲带两个同学去一中的隔离审查点把田老师接回来,或者说押送回来,因为他们都要带枪。回来的路上,父亲的心情很沉重,不知道明天会怎样。

很快,父亲转学到了南宁,又是四中。他的五叔那时在南宁工作,他去投奔。1958年大炼钢铁,父亲日夜奋战,终于晕倒在炼钢炉前。他被抬进医院,又一次成了英雄,不得不再次做了学生会主席。有人怀疑他

"政治投机",不知这种劳动热情对他来说只是天性。如果说那时还有政治之机可投,以及后来在生产队务农又有阶级出身的压力而不得不拼命挣"劳模"的话,那么,等到八十年代做豆腐的时候,父亲完全是自主的"个体户",为什么还要拼命工作呢?——年底最忙的时候,他可以连续一周日夜不息,以至于端着碗吃面条都会睡着,一头栽进烧豆浆的灶火余灰,把手烫伤。这是来自祖祖辈辈的勤劳本性,根深蒂固,不是新文化的投机所能驱使。又一次,旧道德在新文化这里还有一点残余的红利。今天,"中国梦""大国崛起"靠的仍然是这片土地上这群人的古老本性。

"患难之交恩爱深"

在病床前陪护我父亲的文芳同学爱上了这位炼钢英雄。文芳是个文静内秀的女孩,她悄悄地爱着。炼钢之后的三年,大家都吃不饱。文芳却说一碗玉米糊太多,她吃不了。在食堂里,她总是看我父亲吃掉她省下的半碗,然后把两个碗摞到一起拿去洗。时间一长,父亲知道了她的情意,感到惶恐不安。一是阶级出身的定时炸弹提醒他不能害了人家,二是他无法忘怀黄石的初恋,我的母亲。

在黄石读书的时候,母亲也曾在医院陪护父亲。有一次,父亲从单杠上摔下来,当时气闭,不省人事。同学四散,吓得到处找老师。母亲远远看见,立刻冲过来,二话不说,背起父亲就奔医院。母亲是一个敦厚而勇敢的人。后来随父亲下乡务农、做豆腐,母亲不避脏活重活,不让须眉。有一年,我家自养的猪被公家拉去宰杀。母亲半夜起来排队,想要买到珍贵的猪油。结果排到她的时候,供销社的人撒谎说卖没了。母亲义愤填膺,拿起刀就切板油,甩钱就走。她从来不会骂街,平时也沉默寡言。但是当她发怒的时候,村里多么横的男人也畏她三分。

母亲背父亲到医院很及时。医生说再晚就麻烦了。母亲守候父亲

漂泊在家乡的土地上：记我的父亲母亲

醒来，高兴得直抹眼泪。两人抱头痛哭。在那一刻，母亲才知道这个人对她有多重要。父亲也是在那一刻才知道，这个世界上究竟是谁最在乎他的存在。父亲那时貌似光鲜的学生干部生活，心里却藏着一种隐忧，一颗阶级出身的定时炸弹。他是同学中的男神，女生都争着帮他打饭、洗衣服，一起玩。母亲从不参与这种嬉闹的游戏，只在背后默默地关心所爱的人。父亲生活中黯淡的一面，挑煤球、卖香瓜，她乐意携手分担；貌似光鲜的一面，她远远地看着。直到有一天看见父亲从单杠上摔下来，人群散去，她不顾一切地冲过去，背起父亲就走。"患难之交恩爱深"，我从小惯听母亲吹笛子唱的一首歌，里面有这样的句子。

母亲对幸福生活的渴望远不及她对被遗弃生活的恐惧。她对生活从无半点非分之想。很小的时候，来黄石之前，她曾找到生父。她想吃板栗，手被板栗毛刺扎痛了也没打开。生父正在旁边磨柴刀，恨恨地说："看我今天不杀了你，还想吃板栗！"母亲吓得赶紧逃回养父身边。养父养母没有生育子女。在母亲十岁时，养母去世了，养父就带她来黄石，帮她找到了生母。母亲有一个妹妹在乡下做童养媳，后来母亲也把她带出来了。又有一个同母异父的弟弟，母亲对他关怀备至。我小的时候，逢年过节，母亲就会带我去黄石走亲戚，看阿姨和舅舅。他们给我表哥们穿旧的衣服，给我吃从没吃过的东西。我第一次见识香蕉这种神奇的水果，就是在那里。还有慈祥的外公，他给我五毛压岁钱，是我见过的第一笔巨款。我跑到黄石新华书店，买了平生第一本书。舅舅送我一套《世界五千年》，一共有六本。我反复看了无数遍，从小养成了神游历史、关怀世界的习惯。读初中的时候，我得了黄石全市地理竞赛的一等奖，有机会到黄石受训，准备全省竞赛（后来也得了湖北省的一等奖）。那个暑假住在黄石阿姨家里，是我第一次在城市生活那么久。有时走在黄石街头，想到父亲母亲都在这里读过书，挑过煤球，是不是也从这条路上走过？

在黄石读书的时候,有一个叫芳芳的同学热烈地爱着父亲。这是一个活泼开朗、聪明可爱的城里姑娘。她公开大胆地追求,全校都知道。她把母亲当情敌,但母亲衷心觉得她与父亲是一对。母亲对芳芳说,你要珍惜那个人,要对他好;又对父亲说,芳芳是校花学霸,你俩很配,不要三心二意。父亲很生气,说,我的心里有谁,你应该知道。小学毕业的时候,有四个同学得到了保送中学的机会,其中三人就是我的父亲母亲和芳芳。父亲保送黄石四中,母亲上二中。芳芳也上四中。母亲说,你看,这是天意,你俩确实是一对。父亲说,天意是我们俩应该现在认亲(订婚)。那个暑假,母亲就带父亲去见了她的养父和生母。两位老人满心欢喜。

然而,初中学业紧张,没时间打工了。母亲想退学做工,支持父亲读书深造。父亲不同意。然而生活无着,不得已与母亲分别,去南宁投奔他的五叔,在南宁四中继续学业。机缘弄人,这时出现了文芳。文芳跟芳芳不同,沉静温柔,有话埋在心里。像母亲一样,她也在父亲最艰难的时候给了他最纯真最珍贵的帮助。父亲很感动,但他不能接受。文芳伤心欲绝。父亲因之痛苦,彻夜失眠,以致忧郁成疾,影响了高考。加之五叔下放,调离南宁,父亲再次生活无着。离开南宁的时候,文芳要跟父亲走,父亲坚辞,洒泪分别。火车缓缓启行,父亲看见文芳跑不动了,瘫坐在站台的水泥地上,泪眼模糊,痴痴地望着,越来越远,越来越小。这一幕让父亲心痛了一辈子,终身负疚。几十年后,父亲听到感人的歌,还会叫我百度一下,看歌词的作者是不是一个叫文芳的人,因为他觉得歌词写得那么像他们的故事,别人写不出来。

从土地中长出的,不可能根除

母亲一接到父亲要回来的信,就把工作辞了。那时她已在大冶钢厂工作。她决意跟随父亲回到农村老家,无论迎接她的会是多么可怕的命运。那是 1961 年腊月,一个灰蒙蒙的冬日午后。精疲力竭而又充满幸福,母亲一上车就靠着父亲的肩膀睡着了。醒来时已经到站,就这样踏上这片土地,俯仰于斯,歌哭于斯,生儿育女,直到躺进她的怀里,成为这片土地本身的一部分。

他们的婚床是自己上山砍树枝搭的,铺上稻草就是最温馨的家。在农村的开头四年是他们最快乐的时光,因为他们获准办一所小学,可以用知识回报乡亲。他们的学校建在一个村庄的宗祠。祖宗神主早被清除,但教化如在。千百年来,从土地深处生长出来的文化生命,是不可能被迅速清除的。最近这些年,家乡各村的宗祠都在恢复。不过,除了逢年过节的返乡祭拜,祠堂平日都是关着的。祠堂虽已重建,但其教育功能却已湮没无闻,反不如我父母回乡时竟在宗祠的废墟中兴办教育。当时以祠堂天井为界,一边是母亲的课堂,带较小的孩子;一边是父亲的课堂,带较大的孩子。所有年级在一个空间,不同课程同时进行。除了语数外,还有音乐、体育。所有年级,所有课程,只有他们两个老师,忙得不亦乐乎。

跟孩子们在一起,他们快乐得也像孩子一样。村民送来米面青菜,甚至专门炖鸡汤送给他们补身体。那时有了第一个孩子,就是我的大哥。他是我们兄弟姐妹四人中唯一有过通常所谓"幸福童年"的孩子,在父母的怀抱中长大,性情敦厚,心地善良,最像母亲。我是老幺,生在"文革"后期,这个家庭濒临崩溃的最艰难时刻。我的童年自然也有一种天生地养的大快乐,但几乎就没怎么见过父母。因为他们起早摸黑干活时,我尚未醒来,等他们披星戴月回来时,我已经睡着。我从小的梦境中最多的情景是到处找父母,怎么也找不到。

1964 年,父亲参加了一场教学比赛,获得了极好的成绩。公开课在金牛南城中学举行。父亲讲的内容是一篇描写旧社会长工生活的课文。父亲从小与家里的长工生活在一起,感同身受,讲得非常生动。上级非常满意,计划升调他来南城中学教书。然而,就在这时候,"四清运动"开始了。我的父亲母亲成为清理对象,"清理阶级队伍"。好吧,那是他们的队伍,虽然我父母的"阶级感情"可能比他们还要真纯。于是,升调不再可能,甚至原有的简陋小学也保不住了。父亲母亲被剥夺了教师资格。即使这样,在村民的挽留下,他们还是顶着压力,继续教了一个学期。最后不得不离开时,同学们都哭了,家长也都哭了。当年的学生如今也老了,对他们曾经的两位老师仍然怀着深深的感念。

从1964年到1974年的十年,父母亲度过了一生中最艰苦的岁月。农作的辛劳和生活的贫困还在其次,更大的折磨是低人一等的屈辱。母亲任劳任怨,忍辱负重。父亲机智勇敢,每每化险为夷。做大冶湖的时候,祖父买了工友的一碗肉菜,多吃了一份。这被当成地主阶级多吃多占的反面典型,受到严厉批评。祖父辩解说,他是花钱买的。领导更加生气。眼看就要开批斗会,上纲上线。父亲及时站出来叱责祖父,促他"低头认罪",才没有扩大批判。事后,祖父赞扬父亲机智,帮他免了皮肉之苦。

二哥常说,他小时候最佩服父亲的一点是,无论到了多么困难的时候,父亲总能想着法儿变一点东西出来吃。我那时还小,不记得父亲怎么变东西出来吃。我只记得二哥是最能想办法找东西吃的人。年底放干水捞过鱼的泥塘,看上去什么都没有了,他却能摸到小鱼和泥鳅,装满一套鞋,上岸哗啦倒出一盆,母亲高兴的不得了。那些年陆续有了二哥、姐姐和我。人口越来越多,粮食却越来越少。我记得有一次吃了米糠做的粑,因为太粗糙,拉不出屎,奶奶拿小树枝帮我捅屁眼儿。

以另一种方式,持续到来

那时的生活虽然贫穷艰苦,却充满了温情和快乐。我记得小时候家里只有一张小桌子,好像没什么凳子。每顿饭只有一个菜放在桌子上,每人夹菜到自己碗里,端到门口吃。我那时大概只有四五岁。我记得夹菜的时候总是想,我不能多夹,多夹的话,别人就没有了。一碗菜,六口人,有时竟然还能剩下一点。一家人并不围在一起吃饭,每人夹菜的时候只有自己,但家庭和亲人以另外一种方式更加真实地在场。

由于害怕孩子饿死,随时准备着把孩子送人,我们兄弟姐妹之间从未被教导互相以兄弟姐妹相称,而是直接叫名字。但即使这样,我们兄弟姐妹之间从来没有发生过什么矛盾,也从来不存在什么争宠、猜忌和相互怨恨。一直到今天,只有相互信任和关爱。父母对我们并没有多操心,甚至很多时候疲于奔命,根本顾不上我们,但我们对父母却从来没有一丁点抱怨。我不知道这些是如何做到的。这几乎不是可以仿效的教育方法,而是父亲母亲这样的人自然散发的自然影响。

另一方面,我们的关系又是平淡的,从来没有特别的关爱。我们家从来不给谁过生日,逢年过节也只是一起作个对子(春联),围炉夜话。最快乐的期待不是什么生日礼物或压岁钱,而是父母亲从山上打柴回来时捎带的山楂、毛桃、鸡屎梨。我见到父母的时间主要不是在家里,而是在田野工地。我眉角的疤痕就是在工地被大锤误伤的。大哥二哥上中学时,在外面住读,很久才回一次家,回家就抓住我掏耳朵、挠痒子。姐姐大我不多,我们常在一起玩,春天采野菜,夏天打猪草,秋天扒松针,冬天她给我织手套。我一度是孩子王,漫天打架。后来搬到陌生的村庄,又开始上学,就喜欢一个人默默读书了。但孩子王的潜力还在,所以会在学校保护姐姐。

我们一家人都不爱赶热闹,在喧闹的酒席总是如坐针毡,能不参加就不参加,能先走就先走。我一家人都这样,即使能言善辩、酒量超大的父亲也这样。我记得有一次村里有人结婚,奶奶叫我去吃肉,我说没时间,我要写作业。奶奶大为惊异,逢人就夸。

我们经常搬家。大哥、二哥生在不同的村庄,姐姐和我生在老家谈桥。到我五六岁的时候,又搬离老家,辗转沟壑。我小时候的印象中,总是帮大人扛着锅碗瓢盆,从一个村庄走到另一个村庄。父亲曾有句子写道:"流浪他乡年半百,东挪西借难度断炊日。"我们似乎总是在家乡流浪的异乡人。为什么我们家总是跟别人家不一样?姐姐对此尤为敏感。我们常常在打猪草的时候探讨这个问题。我儿时的梦境总是反复出现这样的场景:我路过一个陌生的村庄,一条恶狗忽然扑上来咬我。我没命地奔跑,一边跑一边向后扔石头。眼看快要追上的时候,我会突然转身,愤怒以对。我抓起树枝就打,有时直接用脚踹。我的生命深处,毕竟流淌着父亲母亲的血,平静,但有血性。

母亲怀我的时候,湖北开始了计划生育试点。村里的妇联主任带六个孕妇去镇上检查,只有我妈妈查不出有孕,其他孕妇都被迫做了人工流产。那时,母亲怀我已经三个月。妇联主任不死心,尤其不想让地主崽子再增加一个。三个月后,母亲又被带去检查,这次是在县城的医院,用更先进的仪器,但检查结果仍然是没有怀孕。我就这样捡了两条命。母亲信佛教。她相信是在检查的时候,观世音菩萨托我出去了,所以他们查不出来。父亲则跟我开玩笑说:"你的隐居兴趣由来已久嘛,没出生就隐过。"

母亲生我是在一个漫天飞雪的冬天。父亲挑柴出去换米,还没回来。等他回来,才有米下锅。当时连一块包我的破布都找不到。隔壁王奶奶送来旧布头,再裹上旧棉絮和草绳,就成了我的襁褓。母亲因为劳累过度,又缺乏营养,没有奶水。我是喝米汤长大的。没有人相信这个孩子能养活,所以干脆没有记他的生日。但这孩子竟然度过了冬天,活了下来。父亲常说,给我起名"小刚",是希望我刚强,希望我无论遇到什么困难,永远乐观向上,热爱生活。在我们的方言里,名字后面会加一个"来"字。所以,我从小被人唤做"刚来"。我后来知道这在《易经》的表述中意味着阳气的增长和大人之道的壮大。我不知道这一辈子是否能做出一点成绩,配得上"刚来"这个名字,但只要想起母亲的音容笑貌,看到父亲健动不息的身影,就会有一种温柔的力量在我心底,持续到来。

稿　　约

《原学》以回归本源、返本开新为宗旨，是修身之学，德性之学，智慧之学，是生命的学问。

《原学》倡导由修身之维理解、体贴传统学问，以此反求诸己，修治身心，乃至立人达人，经世观物；欢迎义理之探讨阐发，然应以反身实践为旨归；乐见观象游心之作，但须以修身工夫为根基。

《原学》立足传统，儒佛道等平等尊重；面向时代，注重中西互发融通。"志于道，据于德，依于仁，游于艺"，内容应有多层次多角度，形式则不拘一格，长短不限，但须言之有物，会归于道。

凡传统体裁之解经、论说、札记、简牍、游记，乃至书评、讲稿、谈话、杂感均在欢迎之列。唯请采取文化视角，不要涉及时政及宗教宣传内容。为贴近读者，请不要写成今日学界流行的"论文体"，注释尽量简化，并采用随文夹注的形式。来稿除特殊情况以外，请使用简体字，并注明姓名、职业、联系方式。

如蒙赐稿，将于两月内敬复来函，期间请勿一稿多投。稿件一经刊发，即寄赠样书五册，并略付薄酬。来稿请交各编委，或以电子邮件发送至以下地址：

liuhaibin22@126.com（刘海滨）

shaoyu9999@163.com（邵逝夫）

《原学》编辑部
2020 年 10 月

图书在版编目(CIP)数据

原学.第一辑/刘海滨,邵逝夫主编. —上海:复旦大学出版社,2021.3
ISBN 978-7-309-15395-8

Ⅰ.①原… Ⅱ.①刘… ②邵… Ⅲ.①传统文化-中国-文集 Ⅳ.①K203-53

中国版本图书馆 CIP 数据核字(2020)第 221055 号

原学(第一辑)
刘海滨　邵逝夫　主编
责任编辑/陈　军

复旦大学出版社有限公司出版发行
上海市国权路 579 号　邮编:200433
网址:fupnet@fudanpress.com　　http://www.fudanpress.com
门市零售:86-21-65102580　　团体订购:86-21-65104505
外埠邮购:86-21-65642846　　出版部电话:86-21-65642845
上海盛通时代印刷有限公司

开本 787×960　1/16　印张 22.5　字数 281 千
2021 年 3 月第 1 版第 1 次印刷
印数 1—5 100

ISBN 978-7-309-15395-8/K·745
定价:68.00 元

如有印装质量问题,请向复旦大学出版社有限公司出版部调换。
版权所有　　侵权必究